中国国际直接投资
发|展|水|平|研|究

姚利民 等◎著

Research on the Development of
China's International Direct Investment

中国社会科学出版社

图书在版编目(CIP)数据

中国国际直接投资发展水平研究 / 姚利民等著. —北京：中国社会科学出版社，2020.9
ISBN 978-7-5203-6876-6

Ⅰ.①中… Ⅱ.①姚… Ⅲ.①国际直接投资—经济发展水平—研究—中国 Ⅳ.①F832.48

中国版本图书馆CIP数据核字(2020)第132463号

出 版 人	赵剑英
责任编辑	王　曦
责任校对	孙洪波
责任印制	戴　宽

出　　版	中国社会科学出版社
社　　址	北京鼓楼西大街甲158号
邮　　编	100720
网　　址	http://www.csspw.cn
发 行 部	010-84083685
门 市 部	010-84029450
经　　销	新华书店及其他书店
印刷装订	北京君升印刷有限公司
版　　次	2020年9月第1版
印　　次	2020年9月第1次印刷
开　　本	710×1000　1/16
印　　张	18.75
插　　页	2
字　　数	270千字
定　　价	108.00元

凡购买中国社会科学出版社图书，如有质量问题请与本社营销中心联系调换
电话：010-84083683
版权所有　侵权必究

目 录

第一篇 导 论

第一章 中国国际直接投资发展问题与研究思路 …………… （3）
  第一节 我国国际直接投资发展存在的主要问题 ………… （5）
  第二节 关于中国国际直接投资发展水平的思考与
       研究思路 ………………………………………… （8）
  第三节 主要研究问题与研究框架 ………………………… （10）
  第四节 主要研究结论 ……………………………………… （12）

第二章 基于经济增长的国际直接投资促进机制与模型 ……… （17）
  第一节 出口促进经济增长的机理：Feder 模型 …………… （17）
  第二节 出口与外资促进经济增长的机理 ………………… （20）
  第三节 进口与出口促进经济增长的机理 ………………… （23）
  第四节 国际直接投资与贸易促进经济增长的机理分析 ……… （26）

第二篇 中国国际直接投资的技术进步效应水平

第三章 中国外商投资质量评价及其技术进步效应分析 ……… （33）
  第一节 引言 ………………………………………………… （33）
  第二节 文献综述 …………………………………………… （34）

第三节 外资质量水平指标构造与评价 …………………… (36)
第四节 外资质量水平的技术进步效应实证分析 ………… (40)
第五节 结论 ………………………………………………… (44)

第四章 国际国内资本双向流动与地区要素配置效率研究 ……… (46)
第一节 引言 ………………………………………………… (46)
第二节 分析框架 …………………………………………… (50)
第三节 相关变量的测算 …………………………………… (52)
第四节 实证分析 …………………………………………… (57)
第五节 结论与政策建议 …………………………………… (64)

第五章 中国吸收创新知识跨国外溢的国际化渠道比较 ………… (66)
第一节 引言 ………………………………………………… (66)
第二节 国际化渠道吸收国际 R&D 外溢的机制和
　　　 路径比较 …………………………………………… (69)
第三节 变量的设定及数据来源 …………………………… (73)
第四节 国际化渠道的 R&D 跨境外溢效应比较 ………… (76)
第五节 结论 ………………………………………………… (80)

第三篇　中国国际直接投资的贸易效应水平

第六章 国际直接投资提升出口附加值的实证分析 ……………… (85)
第一节 引言 ………………………………………………… (85)
第二节 文献综述与机制分析 ……………………………… (86)
第三节 计量模型构建、变量选取与数据说明 …………… (89)
第四节 检验与结果分析 …………………………………… (92)
第五节 结论与政策建议 …………………………………… (94)

第七章　中国对外直接投资对出口贸易三元边际的影响 (96)
第一节　引言 (96)
第二节　文献综述 (98)
第三节　中国出口增长的特征 (100)
第四节　中国出口增长的影响因素分析 (109)
第五节　基本结论和政策建议 (121)

第四篇　中国国际直接投资的经济增长效应水平

第八章　国际直接投资的产业增长效应
——基于产业比较优势演变的研究 (127)
第一节　引言 (127)
第二节　文献回顾 (128)
第三节　模型与数据 (129)
第四节　实证分析 (131)
第五节　结论 (138)

第九章　国际直接投资与贸易的地区经济增长效应 (144)
第一节　引言 (144)
第二节　经济增长因素演变和相关文献回顾 (145)
第三节　数据来源及实证分析 (149)
第四节　分阶段实证分析 (154)
第五节　结论与启示 (157)

第十章　外资外贸企业对国际金融危机时期经济增长的稳定效应研究 (159)
第一节　引言 (159)
第二节　文献回顾 (160)
第三节　国际金融危机前后中国外资外贸发展现状分析 (163)

第四节　实证分析 …………………………………………… (165)
第五节　结论 ………………………………………………… (173)

第五篇　中国国际直接投资的互利共赢效应水平

第十一章　中国对外直接投资对非洲经济增长的影响研究 ……(177)
第一节　引言 ………………………………………………… (177)
第二节　FDI对非洲经济增长影响的实证分析 …………… (181)
第三节　FDI对非洲东道国经济增长的影响机制分析 …… (184)
第四节　中国OFDI对非洲经济增长稳定性的影响分析 …… (192)
第五节　结论和政策建议 …………………………………… (198)

第六篇　中国国际直接投资与跨国公司成长水平

第十二章　世界一流跨国公司成长的母国因素实证分析 ………(203)
第一节　引言 ………………………………………………… (203)
第二节　世界一流跨国公司成长的母国驱动因素分析 …… (204)
第三节　世界一流跨国公司成长母国因素的检验方法 …… (209)
第四节　检验结果的分析 …………………………………… (215)
第五节　结论与启示 ………………………………………… (218)

第七篇　中国国际直接投资与浙江制造业
开放型经济水平

第十三章　浙江制造业开放型经济水平提升研究 ………………(223)
第一节　引言 ………………………………………………… (224)
第二节　浙江制造业外向型经济的规模水平提升分析 …… (232)
第三节　浙江制造业开放型经济的效益水平提升分析 …… (241)
第四节　浙江制造业开放型经济的效率水平提升分析 …… (253)

第五节 出口与外资对浙江制造业效率水平影响的
　　　 计量分析 ……………………………………………（262）
第六节 结论与启示 ……………………………………（266）

参考文献 ………………………………………………（270）

后记 ……………………………………………………（292）

第一篇

导 论

中国国际直接投资发展水平研究是中国开放型经济发展进入新阶段的重要课题。国际直接投资包含国际直接投资的流入与流出。许多国家将经济增长看做发展国际直接投资的基本目标，因此促进经济增长效应水平是国际直接投资发展水平的最主要的体现。国际直接投资流入与流出都能促进贸易与经济发展，流入与流出的比例结构伴随国家贸易发展与经济发展水平提升而变化。本篇的第一章导论，在分析中国国际直接投资发展现状与存在问题的基础上，提出主要研究问题、主要研究思路、研究方法与结构安排。第二章在介绍与拓展 Feder 模型的基础上，阐述国际直接投资促进开放型经济发展的直接促进与间接外溢机制，尽量厘清国际直接投资的流入与流出如何促进开放型经济的增长。

第一章　中国国际直接投资发展问题与研究思路

改革开放以来,中国国际直接投资发展取得巨大成效,内向的外商投资与外向的出口贸易,大大促进了中国要素配置效率的提高,成为中国开放经济发展的两台强劲的引擎。国际直接投资的流入与流出多数年份处于增长态势,尤其是国际直接投资的流入大大激发了内资的形成与经济的增长。据 OECD 对国际直接投资的统计,到 2016 年年底,中国国际直接投资流入(FDI)达 1706 亿美元,占世界总量的 9.5%,列世界第三位;中国国际直接投资流出(OFDI)达 2172 亿美元,占世界总量的 14.8%,列世界第二位;国际直接投资流出量超过流入量达 466 亿美元,中国一跃成为最主要的净流出国之一。见表 1-1、表 1-2。从国际直接投资占国内资本形成与 GDP 的相对量看,外资流入占资本形成比例(外资依存度)从 1980 年的 0.063% 快速提高到 1994 年的 16.932%,之后稳步下降,到 2016 年为 2.809%。外资流入占 GDP 之比,从 1980 年的 0.019% 快速提高到 1994 年的 5.961%,然后逐步下降到 2016 年的 1.192%。见表 1-3。近 10 年来,对外直接投资的快速发展与出口贸易的转型升级面临严峻压力。近 40 年的粗放式开放发展也带来了国际直接投资发展不协调而引致的突出问题:外资结构的低端化锁定了中国产业链在国际分工中的低端地位;外商投资区位集聚拉大了中国开放经济发展水平的地区差距;对外直接投资的非理性增长与资产转移型投资严重影响了中国对全球资源要素的配置能力和中国在全球价值链地位的改善。这些问题不利于中国要素配置效率的持续提高,不利于中国产业转型升级与可持续发展。中国国际直接投资发展迫切需要从引资到引资、引技、引智结合的转型，从FDI流入到双向流动的转型，从资产转移型对外直接投资向促进产业转型升级与提升全球产业链地位的对外直接投资转型。迫切需要通过内外资联合双向流动与多层次国际直接投资协调发展，积极利用对外直接投资，发展培育中国世界一流跨国公司，提高全球资源要素的配置能力和中国国内外的要素配置效率，积极探索面向发展中国家的中国跨国公司主导的产业价值链体系，提升中国出口效益与出口产业动态国际竞争力，追求互利共赢的对外直接投资模式。如何评价与提高中国国际直接投资水平成为当前中国开放经济发展紧迫的现实问题。

表1-1　　　　　中国国际直接投资流量变化　　　　　单位：亿美元

年份 流量	2005	2006	2007	2008	2009	2010	2011	2012	2013	2014	2015	2016
中国OFDI	137	239	172	567	439	580	484	650	730	1231	1744	2172
世界OFDI	8439	13643	21688	17183	10890	13845	15290	12553	13457	12936	16364	14655
中国FDI	1041	1241	1562	1715	1311	2437	2801	2412	2909	2681	2425	1706
世界FDI	9877	14505	19970	15803	11862	14883	17129	15375	15968	14850	20123	17894

表1-2　　　中国国际直接投资流量占世界份额变化　　　单位：%

年份 份额	2005	2006	2007	2008	2009	2010	2011	2012	2013	2014	2015	2016
OFDI份额	1.6	1.8	0.8	3.3	4.0	4.2	3.2	5.2	5.4	9.5	10.7	14.8
FDI份额	10.5	8.6	7.8	10.9	11.0	16.4	16.4	15.7	18.2	18.1	12.1	9.5

表1-3　中国国际直接投资流量占GDP、资本形成之比的变化　　单位：%

年份 份额	1980	1985	1990	1992	1994	1995	1996	1998	2000	2001	2003	2004
FDI/GDP	0.019	0.626	0.875	2.221	5.961	5.092	4.811	4.403	3.351	3.488	3.202	3.084
FDI/资本形成	0.063	2.020	3.598	7.174	16.932	15.392	14.876	13.091	10.053	10.194	8.207	7.642

续表

年份 份额	2005	2006	2007	2008	2009	2010	2011	2012	2013	2014	2015	2016
FDI/GDP	3.136	2.621	2.339	2.352	1.855	1.891	1.648	1.413	1.286	1.220	1.208	1.192
FDI/资本形成	7.826	6.647	6.048	5.880	4.141	4.180	3.647	3.125	2.834	2.722	2.801	2.809

资料来源：根据OECD统计计算，https://data.oecd.org/fdi/fdi-flows.htm#indicator-chart。

第一节 我国国际直接投资发展存在的主要问题

（一）国际直接投资流入的大量增加，在促进经济增长的同时，使中国产业处于全球价值链的低端化锁定

具体包括5个突出问题：

1. FDI与产业结构提升问题

外资企业大规模投资于低端加工环节，锁定了中国产业在全球价值链中的低端地位，影响了中国产业参与国际分工的高端化与贸易利益分配改善。中国出口商品技术含量与FDI技术水平的低端化发展，又影响本地资源与环境开发利用的不可持续性。即使是在近几年高速发展的高技术产业和产品出口，也只是跨国公司在中国建立低端环节生产基地，R&D投资不足，缺乏核心技术。

2. FDI与技术进步问题

外资企业技术控制影响了外溢效果，"市场换技术"战略目标没有很好实现。有些产业保护发展了30多年，中国产业结构虽然名义上得到提升，外资企业赢得了中国市场大发展的巨大红利，但是产业核心技术仍然没有摆脱从发达国家跨国公司引进的技术依赖困境。通过提高本土企业的技术吸收能力、增加FDI的技术含量、鼓励国内外企业的R&D合作投资能否增加外资企业的技术外溢效果？能否有效实现市场换技术战略？这些是当前学术界关心的热点问题。

3. FDI与内资企业的关系问题

学术界研究FDI对内资的影响存在挤出与挤入的效应。1999年的

世界投资报告专门对FDI的挤入挤出效应做了专题研究。一般而言，FDI对同一产业内国内投资的影响很可能以竞争为主，而对上下游产业的国内投资则会产生关联效应。挤入挤出效应还与FDI产业特点、进入方式、技术水平、本地企业自身技术吸收能力等因素有关。如何构建国内外企业之间的竞争与合作关系是急需研究的一个问题。

4. FDI与国家经济安全、利益共赢问题

有许多产业外资所占比重过大，以中国汽车产业为例，中国迅速发展的国内汽车市场，外资企业在国内市场份额中占了大头。

在企业利润的分配中，资本金结构（中方资本和境外资金）决定内外投资者收益的分配。根据浙江省2004年和2008年两年的经济普查数据比较，2008年浙江制造业中境外资本占比为28.36%，比2004年的25.40%，提高2.96个百分点。在浙江制造业总资本金增加67%的同时，境外资本金增加87%。外商直接投资一方面促进本地制造业的发展，但是另一面提高了外方的利润分成。有些行业境外资本金比例太高，意味着本地企业在本地产业发展中的利益所得面临长期的挤压。

5. FDI国内地区集聚的不均衡性拉大了经济发展水平的地区差距

虽然近几年在国家西部大开发战略指导下，中西部地区外资增长迅速，但是东部FDI集聚优势没有根本改变。FDI的地区集聚性是经济规律，只是从FDI鼓励政策角度去平衡地区经济协调发展存在经济性与可持续性的困难。

（二）中国对外直接投资（OFDI）发展起步晚，近10年增长快，但是促进产业升级和培育民营企业等作用有限，发展规模与促进效应水平均较低

英国经济学家约翰·邓宁提出，一个国家对外直接投资金额与其经济发展水平密切相关。改革开放至今，尤其是2008年以来，中国从一个国际直接投资流入大国变为流出大国，更是从吸引外国直接投资最多的发展中国家变为对外直接投资额最大的发展中国家。尽管2008年国际金融危机以来全球经济遭受重创，但中国对外投资增长势头十分强劲，进入了前所未有的高速发展阶段。但是OFDI存在4个突出问题：

1. 民营企业对外直接投资能力不足是培育中国民营跨国公司过程中的突出问题

中国民营跨国公司是未来中国经济强国的重要标志，而对外直接投资是中国跨国公司培养的唯一途径，中国民营跨国公司的培育需要民营企业对外直接投资的发展。而目前中国对外直接投资的主体主要是国有企业，民营企业国际化升级的能力仍然不足。目前民营企业的国际化能力主要体现在出口能力上，但是 OFDI 发展能力不足。如何提高民营企业 OFDI 能力，消除民营企业 OFDI 障碍因素，使大量民营企业从单一出口模式向对外投资模式升级，这已经成为影响民营跨国公司培育的突出问题。

2. 对外直接投资地区过度集中于避税地区，显示明显的财富转移与避风险特征

避税型 OFDI 对中国产业转型升级没有好处，反而影响了中国产业转型升级的能力。从目的地分布情况看，截至 2015 年 OFDI 存量前五大投资地：中国香港有 6568 亿美元，占当年中国 OFDI 存量总量的 60%；开曼群岛有 624 亿美元，占 5.7%；英属维尔京群岛有 516.7 亿美元，占 4.7%；美国有 408 亿美元，占 3.7%；新加坡占 2.9%，澳大利亚占 2.6%，荷兰占 1.83%，俄罗斯占 1.28%；这八个投资地占中国对外直接投资总额的 77.2%。开曼群岛和英属维尔京群岛排名第二位次、第三位次，超过 10%。其中不乏回避风险的资产转移型投资。

3. 对外直接投资在中国产业转型升级中的作用还十分有限

中国目前的对外直接投资领域主要集中于商业服务、资源等领域。虽然这类投资很重要，商贸类投资对于中国提高全球价值链的营销服务价值具有重要意义；资源获取型对外直接投资对于中国制造业可持续发展也具有战略意义；但是对于中国大量低端制造业的转型升级，需要大量成本效率型、技术获取型对外直接投资的发展。这些投资对中国传统制造产业转型升级是十分重要的。因此，传统制造企业的对外直接投资问题急需尽快解决。

4. 对外直接投资的风险控制与管理能力不足、国际化人才紧缺

产业转移型对外直接投资需要大量的规模化投资，项目周期长、投资规模大，投资企业必须在东道国市场环境中求得长期发展，因此投资风险也较大。国际风险控制与跨文化管理能力有不同于一般国内风险控制与管理能力的特征。单一的传统出口贸易专业人才显然不能适应未来对外直接投资活动的特殊需要。2008年国际金融危机为中国对外直接投资提供了机遇与挑战，对外直接投资得到快速增长，但是国际投资失败的高风险还没有很好防范。如何构建对外直接投资的风险控制与管理体系成为当前对外投资发展的突出问题。

第二节　关于中国国际直接投资发展水平的思考与研究思路

一　国际直接投资发展水平内涵

国际直接投资发展水平是指国际直接投资促进经济发展的正向效应水平。直接水平包括规模水平、质量水平、结构水平等。其间接衡量水平是指促进效应水平，包括技术进步效应、经济增长效应水平、技术与知识外溢水平等。中国国际直接投资发展水平应该包括规模水平与质量水平，质量水平主要体现在国际国内双向投资的经济效应水平与可持续发展水平。目前我国国际直接投资的规模水平，不管是 FDI 还是 OFDI，均已处于世界前列。但是中国国际直接投资的质量水平如何，还需要明确科学内涵与合理量化标准来判断。目前研究国际直接投资的文献很多，多数文献从发达国家视角出发，研究国际直接投资的动机、原因以及经济效应，形成西方跨国公司投资理论（垄断优势论、内部化理论、区位优势理论、综合折中理论）、国际投资发展阶段论、边际产业投资理论、与贸易关系的替代与互补理论。从发展中国家视角出发，形成了小规模优势理论与产业升级理论。现代国际直接投资研究较多地基于内生增长理论从技术知识外溢以及条件因素角度论证国际直接投资的外溢

与效应水平，基于现代国际分工深化与全球价值链理论研究国际直接投资作用与水平。这些经典理论与研究文献为我们判断国际直接投资发展水平提供了理论基础，但是基于全球化与世界开放经济的快速发展，尤其是基于快速发展的中国国际直接投资水平问题还没有统一的理论指导。

根据中国共产党十八大和十九大会议精神，新时代中国开放经济发展将建立新型的开放体系和提高全面的开放型经济水平，共商、共建、共享将成为基本的开放经济建设思路，而基于新的开放型世界经济体系与中国贸易强国的对外贸易水平和国际直接投资水平将成为新的课题。开放包容、互利共赢的可持续发展模式将是重要的追求目标。因此 FDI 和 OFDI 水平内涵应该包括与各地区经济和产业结构的匹配性，有利于投资国与东道国双方的要素配置效率提升，有利于互利共赢的国际直接投资模式。

二 研究思路

本书研究的基本思路是，中国国际直接投资发展水平决定于中国现实的经济与产业基础，FDI 和 OFDI 规模水平与质量水平和现实基础相匹配，最合适的规模与技术水平就是高水平的国际直接投资，尤其是与现实相匹配的内外资双向流动才能更好地促进本国资源要素的配置效率，要素配置效率不断改进的国际直接资本流动才能促进出口优势产业的不断转型升级，才能促进技术进步、提高出口附加值水平，才能可持续地促进贸易三元边际的发展，才能促进本国世界一流跨国公司的水平提升。同样的理由，中国对外直接投资水平不仅需要考虑本国的经济产业基础，还需要考虑与东道国资源要素相匹配、与东道国的经济基础和优势产业结构相适应，互利共赢的中国 OFDI 才能走得更远、才更有可持续性。中国国际直接投资水平提升路径与研究思路见图 1-1。

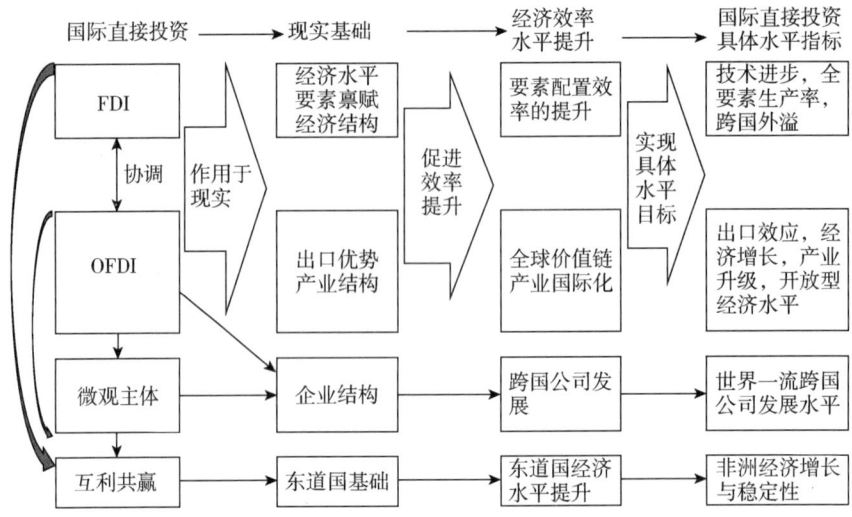

图1-1 中国国际直接投资水平提升路径与研究思路

第三节 主要研究问题与研究框架

一 本书主要研究问题

中国国际直接投资发展水平可以从多个角度去研究，本书主要从FDI和OFDI的质量水平或积极效应水平去分析。本书主要从以下具体问题开展研究：

（1）FDI质量水平的测量。党的十八大报告提出要提高FDI质量，就要引资、引技与引智相结合。本书首先研究，如何识别与分离FDI的引资、引技、引智三种效应？中国FDI的引资、引技、引智水平是否促进中国产业技术进步？

（2）FDI和OFDI的双向流动能否促进中国地区要素配置效率（全要素生产率）的提高？这是FDI和OFDI水平的体现之一。根据经济学基本原理，基于市场的国际国内资本流动是提高地区要素配置效率的基本途径，中国FDI和OFDI是否促进了要素配置效率的提升，成为检验中国FDI和OFDI水平的重要指标。

（3）FDI 和 OFDI 可否促进中国更好地吸收国际 R&D 创新知识的跨国外溢？贸易与投资是促进国际创新知识跨国外溢的基本渠道，怎样的国际化渠道更有利于这种跨国外溢？中国目前的贸易与国际直接投资状况可否成为吸收国际创新知识外溢的有效渠道、吸收效果如何都是我们关心的问题。

（4）FDI 和 OFDI 的贸易效应水平如何？可否促进出口贸易附加值的提高？中国、美国、日本 OFDI 的出口附加值效应有何差异？FDI 和 OFDI 影响一国出口产业在全球价值链中的地位，因此会影响出口附加值水平提升，这是 FDI 和 OFDI 水平的重要体现。

（5）中国 OFDI 促进出口贸易增长是从三元边际的哪些途径产生影响的？FDI 和 OFDI 改善一国产业结构，因此促进贸易增长，具体的影响机制如何？贸易的三元边际分析可以更好地解释 OFDI 提升出口水平的机制，进而检验 FDI 和 OFDI 水平。

（6）FDI 与 OFDI 的产业经济增长与地区经济增长效应。经济增长效应是最重要的国际直接投资目标，FDI 与 OFDI 可否促进产业出口竞争优势，进而促进产业经济增长。FDI 与 OFDI 对不同发展阶段的地区经济的增长效应有何区别？由于不同发展阶段的地区经济形成了不同国际直接投资类型与结构，因而其经济效应也有区别。

（7）OFDI 的持续发展水平，决定于互利共赢。以非洲为例，中国 OFDI 和其他发达国家 OFDI 对发展中国家的影响有何区别？中国 OFDI 是否有利于非洲经济增长与增长的稳定？怎样的 OFDI 模式更有利于国际可持续的互利共赢发展。

（8）OFDI 发展水平最终要体现在该国拥有多少世界一流跨国公司，OFDI 促进跨国公司发展，同时跨国公司是开展 OFDI 的主体，两者之间存在互动关系，因此跨国公司水平体现了 OFDI 水平。世界一流跨国公司的发展受到哪些因素的影响？OFDI 会起到怎样的作用？

（9）FDI 与 OFDI 如何促进开放型经济水平提升？从微观企业层面看，开放型经济主体包括出口企业与外资企业。中国的国际直接投资促进了开放型经济主体的水平提升吗？开放型经济主体的规模水平、效益水平以及效率水平又有怎样的变化与提升？2008年国际金融危机造成了怎样的冲击？

二 本书研究框架

本书从研究问题中提炼研究内容与研究方法，最后完成研究目标。主要研究问题包括：FDI的质量、FDI与OFDI的技术进步水平、出口效应水平、产业转型与开放型经济水平、互利共赢水平、世界一流跨国公司水平等。通过对这些问题的研究得到FDI的质量水平、FDI与OFDI的效率提高、出口附加值与三元边际增长、经济增长与互利共赢效应以及世界一流跨国公司成长等国际直接投资发展水平影响因素与发展特征的研究目标。详见图1-2。

第四节 主要研究结论

中国国际直接投资的发展在中国改革开放的大背景下形成，中国国际直接投资发展水平是根据中国开放经济发展过程中对外贸易、国际直接投资、经济增长发展实践的实际数据的研究与评价，主要得到以下10点结论。

（1）根据FDI的不同来源构造外资的引技、引智等质量水平指标，通过面板数据模型对FDI规模水平与质量水平的技术进步效应进行实证检验，结果发现外资规模水平和质量水平与研发投入一样总体上促进技术进步，外资质量中的引技水平与人力资本对技术进步的作用更有滞后性，说明了高质量FDI更要注重长期影响，不能只看短期引资利益而忽视了长期的引资质量。

（2）中国的FDI正从单向流入模式向双向流动模式转变，分析"国际国内资本双向流动"框架发现，内资流动与FDI促进全要素生产率提高，OFDI的战略性与投机性、盲目性影响了其对全要素生产率的促进效应。

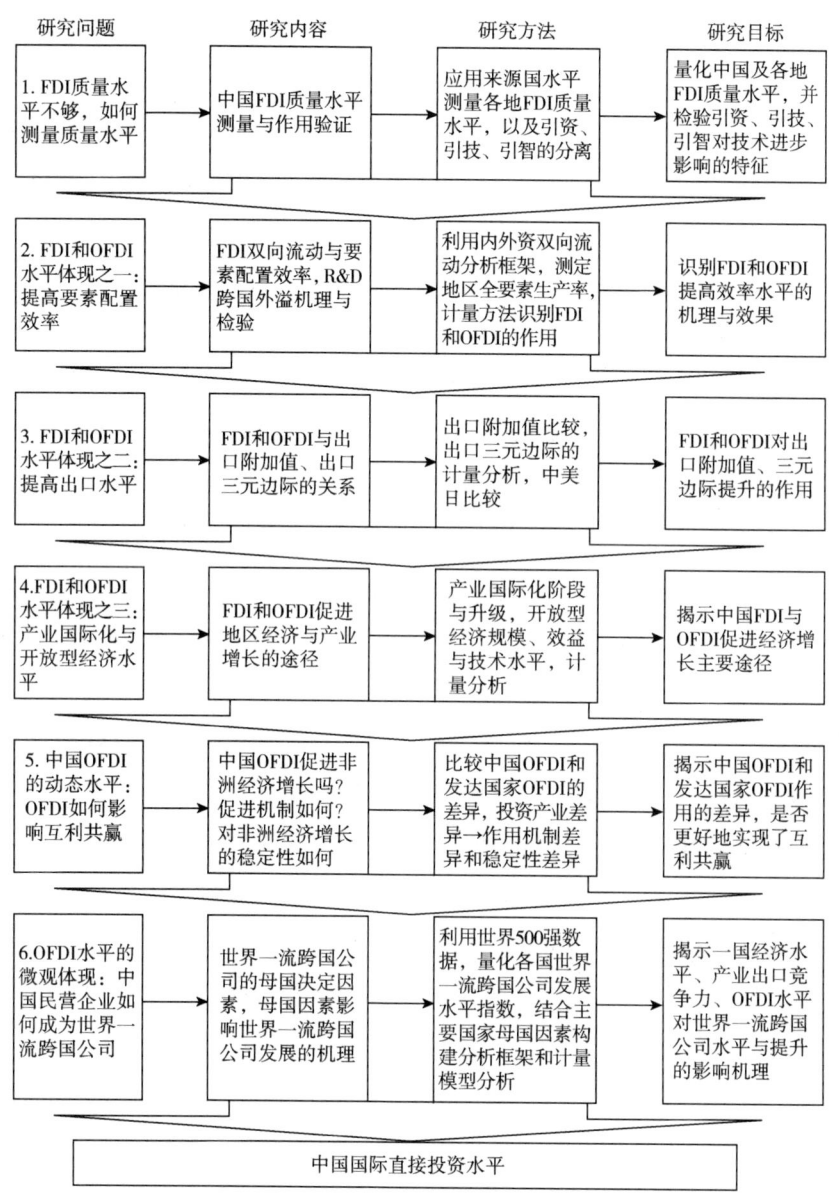

图 1-2 本书研究框架

（3）加快内外资的双向流动、提高资本流动效率是提升区域要素配置效率与促进产业转型升级的重要手段。国际创新知识的外溢与吸收受到进出口贸易与国际资本流动等国际化渠道的影响，渠道规模决定了贸易渠道外溢效果大于投资渠道的外溢，随着国际直接投资规模的增长，其促进创新知识外溢的效果将会不断增强。

（4）用出口附加值代替出口额分析出口水平逐渐成为主流，而研究对外直接投资的出口附加值效应，有利于更好地认识出口附加值指标的应用价值和对外直接投资的质量水平。研究表明，对外直接投资的出口附加值效应大于外商投资；发展中国家跨国直接投资的双向流动对出口附加值的提升效果均优于发达国家；发展中国家对外直接投资有利于其全球价值链地位的提升。

（5）美国对外直接投资对贸易附加值产生替代效应，而日本与中国则是互补效应。从目前发展阶段来看，日本对外直接投资的经验对中国更有借鉴意义。从促进出口产业转型升级目标分析，需要积极鼓励基于顺比较优势周期或顺贸易型的对外直接投资，严格控制资产转移型的对外直接投资。对外直接投资的产业结构影响出口附加值效应，金融套利型对外直接投资不利于出口产业转型升级与出口附加值提高。

（6）三元边际可以清晰地分析贸易增长的途径，研究发现中国出口增长中数量边际贡献最大，其次是扩展边际和价格边际。扩展边际的贡献比较稳定，价格边际则波动较大。中国对外直接投资具有显著的出口创造效应和滞后影响，主要通过扩展边际和数量边际来实现对出口增长的积极影响。其中，对发达经济体的对外直接投资并没有明显的出口创造效应，而对发展中经济体在数量边际和扩展边际上均有显著正向影响。对外价格边际影响的波动性说明，中国对外直接投资在改善出口产业升级与出口质量上效果不明显，还有较大的提升空间。

（7）国际直接投资对中国产业经济增长产生影响，劣势产业的增长主要依靠进口与外资的效率贡献；随着产业出口优势的进一步提高，出口的作用才会逐步显现，高优势产业的增长又转向对外资的依赖。从地区经济增长效应看，外贸外资的经济增长效应随经济发展阶段而周期性变化。2008年国际金融危机突出了出口和外资的高效率优势，缓解了外部冲击。但后危机时期开放部门与非开放部门的效率差距扩大，挤出效应明显。出口优势比较大的行业 2008 年国际金融危机后外资外贸企业的效率优势对产业经济增长的直接贡献均高于金融危机前，而出口优势比较小的行业则相反。

（8）研究中国直接投资对非洲东道国经济增长及稳定性的影响，这有利于合理评价我国对外直接投资的互利共赢水平。对比发达国家的投资，中国对非洲 OFDI 的产业结构更注重实体产业，对非洲的经济增长作用更显著，对非洲的资本积累、就业改善和技术进步均有积极作用，对非洲经济增长稳定性的负面影响要好于其他国家 OFDI。

（9）中国强国梦需要培育一批世界一流的跨国公司，但是世界一流跨国公司的成长受到母国宏观、中观、微观因素的影响，这些因素构筑了世界一流跨国公司创新与国际化的成长基础。实证显示，世界一流跨国公司成长需要母国大量对外直接投资的实践、较高收入水平的经济基础、强大出口竞争力的产业基础、高 R&D 强度的创新基础，政府支持和外汇资源利用也发挥了积极作用。中国跨国公司成长需要政府创新国际化政策的积极支持。

（10）国际直接投资促进开放型经济发展。以浙江省的三次经济普查中制造业企业数据为例，相对于非开放型企业，2013 年浙江制造业开放型企业的相对规模水平较高、相对效益水平较好，而全要素生产率水平较低。2004 年到 2013 年的十年间，开放型经济绝对规模水平大幅增长，相对规模水平大幅下降；微观效益水平维持低位而社会效益水平有较大提高；但是全要素生产水平下降明显，显示了开放型经济增长的低效益与效率恶化型增长特征。相对于非开放型企业发展，开放型企业规模水平提升与效率水平提升相对优势不足，开放型经济增长动力由外资为主转向以内资出口企业为主。

中国国际直接投资发展，需要坚持市场机制与政府引导相结合的原则，坚持短期利益与长期战略转型的平衡，坚持规模积累与质量提升的兼顾，坚持流入与流出的协调与互动。国际直接投资的发展要充分考虑现实经济基础与产业结构，充分发挥国际国内资本的双向流动，促进地区要素配置效率提升、促进出口产业转型升级、创造双赢贸易利益的市场机制。适度利用政策引导，鼓励顺比较优势周期演化的国际直接投资发展，鼓励促进出口产业转型升级、全球价值链地位提升、跨国公司培育的对外直接投资发展，鼓励发展基于东道国经济与产业结构基础的互利共赢的对外直接投资。

第二章 基于经济增长的国际直接投资促进机制与模型

第一节 出口促进经济增长的机理:Feder 模型

Feder 于 1982 年提出了出口促进经济增长机制的模型。Feder 将一国经济分为出口和非出口部门,由于出口部门受到国际竞争的影响,更多地引进新技术、新设备以及高素质的劳力,因此,会比非出口部门的效率高。同时,出口部门的高效率生产要素又会对非出口部门起到推动作用,即为外部经济效应。公式表示为:

$$N = F(K_N, L_N, X), \quad X = G(K_X, L_X) \qquad (2-1)$$

上式中,N 和 X 分别表示非出口部门与出口部门产出,K_N、K_X、L_N 和 L_X 分别表示非出口部门与出口部门的资本与劳力投入。其中,X 是决定 N 的(出口)因素,反映了出口部门对非出口部门的外部经济作用。

假设出口部门的要素边际产出率比非出口部门高 δ,则有 $G_K/F_K = G_L/F_L = 1 + \delta$,由于国内总产出:$Y = N + X$,

则 $dY = dN + dX = F_K dK_N + F_L dL_N + F_X dX + (1+\delta) F_k dK_X + (1+\delta) F_L dL_X$,

国内总投资 $I = I_N + I_X = dK_N + dK_X$,总劳动力增加 $dL = dL_N + dL_X$,

将上式整理得:$dY = F_K I + F_L dL + \left(\dfrac{\delta}{1+\delta} + F_X\right) dX$,

两边同时除以 Y,令 $F_K = C_1$,$(F_L L)/Y = C_2$,$\left(\dfrac{\delta}{1+\delta} + F_X\right) = C_3$;添加常数项 C_0,可以得到如下回归模型:

$$dY/Y = C_0 + C_1 (I/Y) + C_2 dL/L + C_3 (X/Y) dX/X \quad (2-2)$$

Feder 推导出的理论模型比传统模型更加清楚地表达了出口促进经济增长的机制。如果出口部门并不比非出口部门效率高,那么 $\delta = 0$;如果出口部门并不具有外部经济效应,则 $F_X = 0$,这样 dX 系数就变为 0。也就是说出口扩大对经济增长没有贡献。但是,在实际回归时,将 δ,F_X 两项合并为一个回归系数。

为了进一步说明外部效应,Feder 采用 F_X 项明确的表达式来分解要素生产率微分。假设出口对非出口部门生产的影响是常弹性的,那么非出口部门的生产函数为:

$N = F(K_N, L_N, X) = X^\theta \times F(K_N, L_N)$,$\theta$ 为参数。从上式可得:

$$\frac{\partial N}{\partial X} = F_X = \theta\left(\frac{N}{X}\right)$$

这样式 (2-2) 可以写成:

$$\frac{dY}{Y} = C_0 + C_1 \frac{I}{Y} + C_2 \frac{dL}{L} + \left(\frac{\delta}{1+\delta} + \theta \frac{N}{X}\right)\left(\frac{X}{Y}\right)\frac{dX}{X} \quad (2-3)$$

经过变换,将式 (2-3) 按系数 δ 和 θ 分解开,则有:

$$\frac{dY}{Y} = C_0 + C_1 \frac{I}{Y} + C_2 \frac{dL}{L} + \frac{\delta}{1+\delta} \frac{X}{Y} \frac{dX}{X} + \theta \frac{N}{Y} \frac{dX}{X} \quad (2-4)$$

式 (2-4) 作为分析出口对增长影响的主要方程。

许和连、栾永玉 (2005) 在 Feder (1982) 两部门基础上又将出口部门分为两个出口部门,称为三部门模型。模型假设出口有两个:初级农产品出口部门 (PX) 和制成品出口部门 (MX),推导得出方程:

$$\frac{dY}{Y} = \alpha \frac{I}{Y} + \beta \frac{dL}{L} + \left(\frac{\delta}{1+\delta} - \nu\right)\frac{dPX}{PX}\frac{PX}{Y} + \left(\frac{\eta}{1+\eta} - \phi\right)$$
$$\frac{dMX}{MX}\frac{MX}{Y} + \nu\left(1 - \frac{MX}{Y}\right)\frac{dPX}{PX} + \phi\left(1 - \frac{PX}{Y}\right)\frac{dMX}{MX} \quad (2-5)$$

其中:PX 为初级品出口,MX 为制成品出口,Y 为产出,I 为投资,δ 为初级品出口部门效率优势,η 为制成品出口部门的效率优势。

式（2-5）反映了经济增长不仅与资本和劳动生产要素投入有关，还与初级产品出口部门与工业制成品出口部门的增长有关。出口部门主要通过两个渠道影响经济增长：一是出口部门相对非出口部门的要素生产率优势，初级产品出口部门为 δ，工业制成品出口部门为 η。二是出口部门对非出口部门的技术扩散效应，其中初级产品出口部门的扩散效应为 ν，工业制成品出口部门的扩散效应为 ϕ。

为了研究国际贸易与国际直接投资对经济增长的影响，本书在该方法基础上做些改进。改进思路逐步拓展：首先，在模型中同时考虑出口和外资；其次，在模型中考虑进口、出口和外资；最后，在模型中考虑出口、外资、进口和对外直接投资四种国际化模式。

图2-1是考虑出口与外资两种模式的 Feder 拓展模型与原 Feder 模型的机理比较示意图。

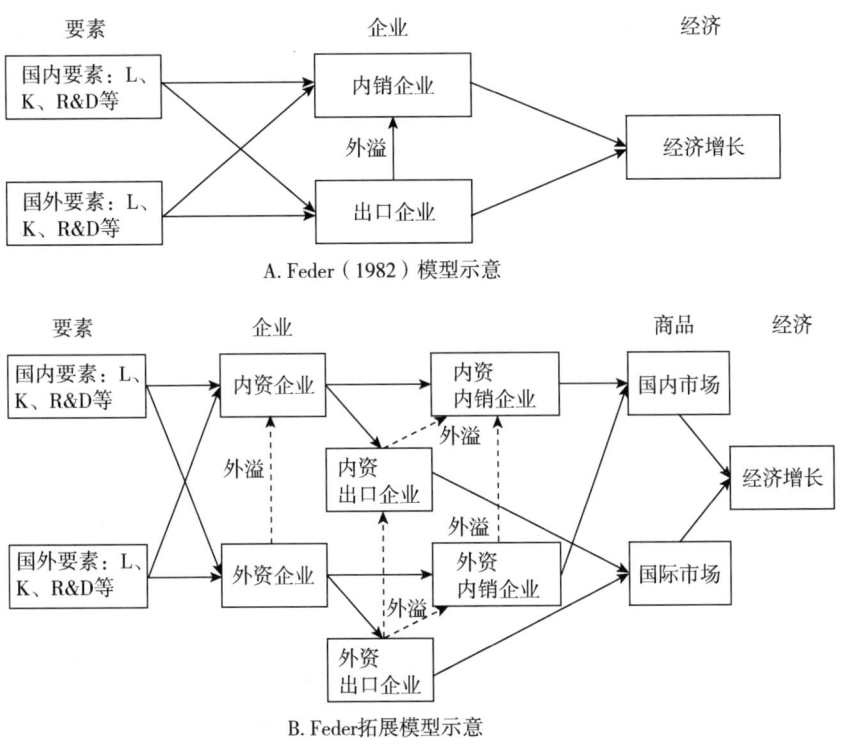

图2-1 Feder（1982）模型与拓展模型的比较

注：实线为直接作用方向，合成或分解；虚线为外溢效应传递方向。

第二节 出口与外资促进经济增长的机理

为了同时分析出口与外资促进经济增长效应,我们对 Feder (1982) 模型做进一步拓展。假设存在三个部门:内资内销部门(N)、内资出口部门(X)、外资部门(W),以此引出出口与外资促进经济增长机制与效应。

考虑三个部门产出:内资内销部门(N)、内资出口部门(X)、外资部门(W),生产函数分别为:

$$N = F(K_N, L_N, X, W), \quad X = G(K_X, L_X, W),$$
$$W = T(K_W, L_W) \quad (2-6)$$

三部门合计得国家总产出:$Y = N + X + W$,以上三式表示外资部门对出口部门和内资内销部门都有外部性影响。

假定外资部门效率高于内资内销部门、内资出口部门效率高于内资内销部门,即:

$$G_K/F_K = G_L/F_L = 1 + \delta, \quad T_K/F_K = T_L/F_L = 1 + \eta \quad (2-7)$$

$\delta > 0$ 表示出口部门效率比非出口部门效率高出的程度,$\eta > 0$ 表示外资效率比内资非出口部门高出的程度。

分别对式(2-6)求导,得:

$$dN = F_K dK_N + F_L dL_L + F_X dX + F_W dW$$
$$dX = G_K dK_X + G_L dL_X + G_W dW$$
$$dW = T_K dK_W + T_L dL_W$$

三部门合计得:

$$dY = dN + dX + dW$$
$$dY = F_K dK_N + F_L dL_L + F_X dX + F_W dW + G_K dK_X + G_L dL_X +$$
$$G_W dW + T_K dK_W + T_L dL_W \quad (2-8)$$

将式(2-7)代入式(2-8),得:

$$dY = F_K dK_N + F_L dL_N + F_X dX + F_W dW + G_W dW + (1+\delta)$$

$$(F_K dK_X + F_L dL_X) + (1+\eta)(F_K dK_W + F_L dL_W) \quad (2-9)$$

又有总资产增量等于总投资：$I = I_N + I_X + I_W = dK_N + dK_X + dK_W$

总劳动力增量：$dL = dL_N + dL_X + dL_W$

代入上式得：

$$dY = F_K dK_N + F_L dL_N + F_X dX + F_W dW + G_W dW + (1+\delta)$$
$$(F_K dK_X + F_L dL_X) + (1+\eta)(F_K dK_W + F_L dL_W)$$
$$= F_K dK_N + F_L dL_N + F_X dX + F_W dW + G_W dW +$$
$$(F_K dK_X + F_L dL_X) + (F_K dK_W + F_L dL_W) +$$
$$\delta(F_K dK_X + F_L dL_X) + \eta(F_K dK_W + F_L dL_W)$$
$$dY = F_K I + F_L dL + F_X dX + F_W dW + G_W dW +$$
$$\delta(F_K dK_X + F_L dL_X) + \eta(F_K dK_W + F_L dL_W) \quad (2-10)$$

又因为：

$$F_K dK_X + F_L dL_X = \frac{1}{(1+\delta)}(G_K dK_X + G_L dL_X + G_W dW - G_W dW)$$
$$= \frac{1}{(1+\delta)}(dX - G_W dW),$$
$$F_K dK_W + F_L dL_W = \frac{1}{1+\eta} dW \quad (2-11)$$

代入式（2-9），得：

$$dY = F_K I + F_L dL + F_X dX + F_W dW + G_W dW +$$
$$\delta \frac{1}{1+\delta}(dX - G_W dW) + \eta \frac{1}{1+\eta} dW \quad (2-12)$$

将上式两边除以 Y 得：

$$\frac{dY}{Y} = F_K \frac{I}{Y} + F_L \frac{L}{Y} \frac{dL}{L} + \left(F_X + \frac{\delta}{1+\delta}\right)\frac{X}{Y}\frac{dX}{X} +$$
$$\left(F_W + \frac{1}{1+\delta}G_W + \frac{\eta}{1+\eta}\right)\frac{W}{Y}\frac{dW}{W} \quad (2-13)$$

根据 Bruno（1968）分析，假设一个给定的部门实际劳动生产率与整个经济的人均产出之比存在线性关系，即 $F_L = \beta \frac{Y}{L}$，$\beta = F_L \frac{L}{Y}$。再令 $F_K = \alpha$。

另外，$F_X = \frac{\partial N}{\partial X}$，$F_W = \frac{\partial N}{\partial W}$，$G_W = \frac{\partial X}{\partial W}$，分别表示内资出口企业对内资内销部门的外溢效应、外资部门对内资内销部门的外溢效应、外资部门对内资出口企业的外溢效应。

将它们分别代入式（2-13），得：

$$\frac{dY}{Y} = \alpha \frac{I}{Y} + \beta \frac{dL}{L} + \left(\frac{\partial N}{\partial X} + \frac{\delta}{1+\delta}\right)\frac{X}{Y}\frac{dX}{X} +$$

$$\left(\frac{\partial N}{\partial W} + \frac{1}{1+\delta}\frac{\partial X}{\partial W} + \frac{\eta}{1+\eta}\right)\frac{W}{Y}\frac{dW}{W} \quad (2-14)$$

其中：$\frac{I}{Y}$ 为投资率。

假设内资出口部门与外资部门对内资内销部门的影响、外资部门对内资出口部门的影响分别是有不变弹性的，可设：

$N = F(K_N, L_N, X, W) = X^\theta W^\phi \phi(K_N, L_N)$，$X = G(K_X, L_X, W) = W^\sigma \psi(K_X, L_X)$，其中 θ，ϕ，σ 是参数，分别表示内资出口部门和外资部门对内资内销部门的外溢性、外资部门对内资出口部门的外溢性。分别求导，则有：

$$\frac{\partial N}{\partial X} \equiv F_X = \theta X^{\theta-1} W^\phi \phi(K_X, L_X) = \frac{\theta}{X} X^\theta W^\phi \phi(K_X, L_X) = \theta \frac{N}{X}$$

$$\frac{\partial N}{\partial W} \equiv F_W = \phi X^\theta W^{\phi-1} \phi(K_X, L_X) = \frac{\phi}{W} X^\theta W^\phi \phi(K_X, L_X) = \phi \frac{N}{W}$$

$$\frac{\partial X}{\partial W} \equiv G_W = \sigma W^{\sigma-1} \psi(K_X, L_X) = \frac{\sigma}{W} W^\sigma \psi(K_X, L_X) = \sigma \frac{X}{W}$$

$$(2-15)$$

将式（2-15）代入式（2-14），得：

$$\frac{dY}{Y} = \alpha \frac{I}{Y} + \beta \frac{dL}{L} + \left(\theta \frac{N}{X} + \frac{\delta}{1+\delta}\right)\frac{dX}{X} \cdot \frac{X}{Y}$$

$$+ \left(\phi \cdot \frac{N}{W} + \frac{1}{1+\delta}\sigma \frac{X}{W} + \frac{\eta}{1+\eta}\right)\frac{dW}{W} \cdot \frac{W}{Y} \quad (2-16)$$

又 $\because$ $\theta \frac{N}{X} = \theta \frac{N/Y}{X/Y} = \theta \frac{\frac{Y-X-W}{Y}}{\frac{X}{Y}} = \theta \frac{(1-X/Y-W/Y)}{X/Y} =$

$$\left(\frac{\theta}{X/Y} - \theta - \theta \frac{W/Y}{X/Y}\right)$$

$$\phi \frac{N}{W} = \phi \frac{N/Y}{W/Y} = \frac{\phi(1 - X/Y - W/Y)}{W/Y} = \frac{\phi}{W/Y} - \phi \frac{X/Y}{W/Y} - \phi$$

$$\frac{\sigma}{1+\delta}\frac{X}{W} = \frac{\sigma}{1+\delta}\frac{X/Y}{W/Y} = \frac{\sigma}{1+\delta}\frac{(1 - W/Y - N/Y)}{W/Y}$$

$$= \frac{\sigma}{(1+\delta)W/Y} - \frac{\sigma}{1+\delta} - \frac{\sigma}{1+\delta}\frac{N/Y}{W/Y} \qquad (2-17)$$

将式（2-17）代入式（2-16），得：

$$\frac{\mathrm{d}Y}{Y} = \alpha \frac{I}{Y} + \beta \frac{\mathrm{d}L}{L} + \left(\frac{\theta}{X/Y} - \theta - \theta\frac{W/Y}{X/Y} + \frac{\delta}{1+\delta}\right)\frac{X}{Y} \cdot \frac{\mathrm{d}X}{X} +$$

$$\left(\frac{\phi}{W/Y} - \phi\frac{X/Y}{W/Y} - \phi + \frac{\sigma}{(1+\delta)W/Y} - \frac{\sigma}{1+\delta} - \frac{\sigma}{1+\delta}\frac{N/Y}{W/Y} + \frac{\eta}{1+\eta}\right)$$

$$\frac{\mathrm{d}W}{W} \cdot \frac{W}{Y}\frac{\mathrm{d}Y}{Y} = \alpha\frac{I}{Y} + \beta\frac{\mathrm{d}L}{L} + \left(\theta\frac{N}{Y} + \frac{\delta}{1+\delta}\frac{X}{Y}\right)\frac{\mathrm{d}X}{X} +$$

$$\left(\phi\frac{N}{Y} + \frac{\sigma}{1+\delta}\frac{X}{Y} + \frac{\eta}{1+\eta}\frac{W}{Y}\right)\frac{\mathrm{d}W}{W}$$

$$\frac{\mathrm{d}Y}{Y} = \alpha\frac{I}{Y} + \beta\frac{\mathrm{d}L}{L} + \theta\frac{N}{Y}\frac{\mathrm{d}X}{X} + \frac{\delta}{1+\delta}\frac{X}{Y}\frac{\mathrm{d}X}{X} + \phi\frac{N}{Y}\frac{\mathrm{d}W}{W} +$$

$$\frac{\sigma}{1+\delta}\frac{X}{Y}\frac{\mathrm{d}W}{W} + \frac{\eta}{1+\eta}\frac{W}{Y}\frac{\mathrm{d}W}{W} \qquad (2-18)$$

其中：$\alpha\frac{I}{Y}$ 为投资率贡献，$\beta\frac{\mathrm{d}L}{L}$ 为劳动力增长贡献，$\frac{\delta}{1+\delta}\frac{X}{Y}\frac{\mathrm{d}X}{X}$ 为出口部门的效率差异贡献，$\theta\frac{N}{Y}\frac{\mathrm{d}X}{X}$ 为出口对内资内销部门的外溢贡献，$\frac{\eta}{1+\eta}\frac{W}{Y}\frac{\mathrm{d}W}{W}$ 为外资部门的效率差别贡献，$\varphi\frac{N}{Y}\frac{\mathrm{d}W}{W}$ 为外资对内资内销部门的外溢贡献，$\frac{\sigma}{1+\delta}\frac{X}{Y}\frac{\mathrm{d}W}{W}$ 为外资对内资出口部门的外溢贡献。

式（2-18）体现了出口与外资和产业部门经济增长的关系。

第三节　进口与出口促进经济增长的机理

本节进一步拓展 Feder（1982）模型，引入进口模式。根据发展中国家的实际情况，进口的主要产品是技术设备，因此可以假设进口的是资本品。假设经济体有资本品进口的出口与非出口两部门。

模型基本假设：两部门（出口部门 X 与非出口部门 N），三种投入（本国资本品 K、进口资本品 M、劳动 L）。生产函数如下：

$$Y = N + X, \quad N = F(K_N, M_N, L_N, X),$$
$$X = G(K_X, M_X, L_X) \tag{2-19}$$

两部门合计得国家总产出，上式表示出口部门对非出口部门有外部性影响。

假定出口部门效率高于非出口部门，两种资本品比较，进口资本品效率高于本国资本品效率，即：

$$G_M/F_M = G_K/F_K = G_L/F_L = 1 + \delta,$$
$$G_M/G_K = F_M/F_K = 1 + \mu \tag{2-20}$$

$\delta > 0$ 表示出口部门效率比非出口部门效率高出的程度，$\mu > 0$ 表示进口资本的效率比本国资本品效率高出的程度。

分别对式（2-19）求导，得：

$$dN = F_K dK_N + F_M dM_N + F_L dL_N + F_X dX$$
$$dX = G_K dK_X + G_M dM_X + G_L dL_X \tag{2-21}$$

将式（2-20）、式（2-21）代入 $dY = dN + dX$，得出：

$$dY = F_K dK_N + F_M dM_N + F_L dL_N + F_X dX + (1+\delta) F_K dK_X +$$
$$(1+\delta) F_M dM_X + (1+\delta) F_L dL_X \tag{2-22}$$

变换得：

$$dY = F_K (dK_N + dK_X) + F_M (dM_N + dM_X) + F_L (dL_N + dL_X) +$$
$$\delta F_K dK_X + \delta F_M dM_X + \delta F_L dL_X + F_X dX$$

又因为：

$$I = dK = dK_N + dK_X, \quad dM = dM_N + dM_X, \quad dL = dL_N + dL_X$$

代入式（2-23）得：

$$dY = F_K I + F_M dM + F_L dL + \delta F_K dK_X + \delta F_M dM_X +$$
$$\delta F_L dL_X + F_X dX \tag{2-23}$$

又有：$\frac{G_M}{1+\delta} = F_M$，$\frac{G_K}{1+\delta} = F_K$，$\frac{G_L}{1+\delta} = F_L$，

代入式（2-23）得：

$$dY = F_K I + F_M dM + F_L dL + \frac{\delta}{1+\delta}(G_K dK_X + G_M dM_X + G_L dL_X) + F_X dX$$

$$= F_K I + F_M dM + F_L dL + \frac{\delta}{1+\delta} dX + F_X dX \quad (2-24)$$

假设出口部门与外资部门对内资内销部门的影响、外资部门对内资出口部门的影响分别是有不变弹性的影响，可设：

$N = F(K_N, M_N, L_N, X) = X^\theta \phi(K_N, M_N, L_N)$，其中 θ 是参数，表示出口部门对内销部门的外溢性，则有：

$$\frac{\partial N}{\partial X} \equiv F_X = \theta X^{\theta-1} W^\phi \phi(K_X, L_X) = \frac{\theta}{X} X^\theta W^\phi \phi$$

$$(K_X, L_X) = \theta \frac{N}{X} \quad (2-25)$$

代入式（2-24）得出：

$$dY = F_K I + F_M dM + F_L dL + \frac{\delta}{1+\delta} dX + \theta \frac{N}{X} dX \quad (2-26)$$

等式两边除以 Y 得：

$$\frac{dY}{Y} = F_K \frac{I}{Y} + F_M \frac{dM}{Y} \frac{M}{M} + F_L \frac{dL}{Y} \frac{L}{L} + \frac{\delta}{1+\delta} \frac{X}{Y} \frac{dX}{X} + \theta \frac{N}{Y} \frac{dX}{X} \quad (2-27)$$

根据 Bruno (1968) 分析，假设一个给定的部门实际劳动生产率与整个经济的人均产出之比存在线性关系，即 $F_L = \beta \frac{Y}{L}$，$\beta = F_L \frac{L}{Y}$。

再令 $F_K = \alpha$，又有：$F_M = (1+\mu) F_K = (1+\mu) \alpha$，代入式（2-27）得到：

$$\frac{dY}{Y} = \alpha \frac{I}{Y} + \beta \frac{dL}{L} + (1+\mu) \alpha \frac{M}{Y} \frac{dM}{M} + \frac{\delta}{1+\delta} \frac{X}{Y} \frac{dX}{X} + \theta \frac{N}{Y} \frac{dX}{X} \quad (2-28)$$

其中：

$\alpha \frac{I}{Y}$ 为投资率贡献，$\beta \frac{dL}{L}$ 为劳动力增长贡献，$(1+\mu) \alpha \frac{M}{Y} \frac{dM}{M}$ 为进口资本品的贡献，出口部门的贡献包括：效率差异贡献 $\frac{\delta}{1+\delta} \frac{X}{Y} \frac{dX}{X}$、出

口对内资非出口部门贡献 $\theta \frac{N}{Y} \frac{dX}{X}$。

式（2-28）体现了出口、进口与产业经济增长的关系，体现了出口、进口促进经济增长的途径与机制。

第四节 国际直接投资与贸易促进经济增长的机理分析

一般而言，产业国际化模式存在进口、出口、FDI、OFDI四种主要国际化模式共存的现象。将四种国际化模式融入一个计量模型中是比较多种国际化在经济增长中效应差异的主要方法。为此，需要进一步拓展 Feder（1982）模型，我们假设：有进口（M）与对外直接投资（O）行为的内销（N）、出口（X）和外资（W）三部门模型。

模型基本假设：三部门（出口部门 X、内销部门 N、外资部门 W），三种投入（本国资本品 K、进口资本品 M、劳动 L），还有对外直接投资行为（O）。

生产函数如下：

$$Y = N + X + W, N = F(K_N, M_N, L_N, X, W, O), X = G(K_X, M_X, L_X, W, O), W = T(K_W, M_W, L_W) \quad (2-29)$$

三部门合计得国家总产出，上式表示出口部门、外资部门、对外直接投资对内销部门有外部性影响，外资、对外直接投资对出口部门有外部性影响。

国家总产出的增量为：

$$dY = dN + dX + dW \quad (2-30)$$

假定出口部门效率高于非出口部门，两种资本品比较，进口资本品效率高于本国资本品效率，外资部门的效率也比内资部门效率高，即：

$$G_M/F_M = G_K/F_K = G_L/F_L = 1 + \delta, \ T_M/F_M = T_K/F_K$$
$$= T_L/F_L = 1 + \eta, \ G_M/G_K = F_M/F_K = 1 + \mu \quad (2-31)$$

$\delta>0$ 表示出口部门效率比内销部门效率高出的程度，$\eta>0$ 表示外资部门效率比内资部门效率高出的程度，$\mu>0$ 表示进口资本品效率比本国资本品效率高出的程度。

分别对式（2-29）求导得：

$$dN = F_K dK_N + F_M dM_N + F_L dL_N + F_X dX + F_W dW + F_O dO$$
$$dX = G_K dK_X + G_M dM_X + G_L dL_X + G_W dW + G_O dO$$
$$dW = T_K dK_W + T_M dM_W + T_L dL_W \quad (2-32)$$

将式（2-31）、式（2-32）代入式（2-29）$dY = dN + dX + dW$，得出：

$$dY = F_K dK_N + F_M dM_N + F_L dL_N + F_X dX + F_W dW + F_O dO +$$
$$(1+\delta)(F_K dK_X + F_M dM_X + F_L dL_X) + G_W dW + G_O dO +$$
$$(1+\eta)(F_K dK_W + F_M dM_W + F_L dL_W) \quad (2-33)$$

又假定：国内投资 $I = dK = dK_N + dK_X + dK_W$，

资本品总进口 $dM = dM_N + dM_X + dM_W$，劳动力增量 $dL = dL_N + dL_X + dL_W$

代入式（2-33）得：

$$dY = F_K I + F_M dM + F_L dL + F_X dX + F_W dW + F_O dO + G_W dW +$$
$$G_O dO + \delta(F_K dK_X + F_M dM_X + F_L dL_X) +$$
$$\eta(F_K dK_W + F_M dM_W + F_L dL_W) \quad (2-34)$$

又假定出口部门、外资部门、对外直接投资对内资内销部门的影响，以及外资、对外直接投资对内资出口部门的影响分别是有不变弹性的影响，可设：

$N = F(K_N, M_N, L_N, X, W, O) = X^{\theta_X} W^{\theta_W} O^{\theta_O} \phi(K_N, M_N, L_N)$，其中 $\theta_X, \theta_W, \theta_O$ 是参数，分别表示出口部门、外资部门和对外直接投资行为对内销部门的外溢；$X = G(K_X, M_X, L_X, W, O) = W^{r_W} O^{r_O} \Psi(K_X, M_X, L_X)$，其中 r_W, r_O 分别表示外资和对外直接投资出口部门的外部性，则有：

$$\frac{\partial N}{\partial X} \equiv F_X = \theta X^{\theta_X - 1} W^{\theta_W} O^{\theta_O} \phi(K_X, L_X) = \frac{\theta}{X} X^{\theta_X} W^{\theta_W} O^{\theta_O} \phi(K_X, L_X) =$$

$\theta_X \frac{N}{X}$,同理得:

$$\frac{\partial N}{\partial W} \equiv F_W = \theta_W \frac{N}{W}, \quad \frac{\partial N}{\partial O} \equiv F_O = \theta_O \frac{N}{O}, \quad \frac{\partial X}{\partial W} \equiv G_W = r_W \frac{X}{W},$$

$$\frac{\partial X}{\partial O} \equiv G_O = r_O \frac{X}{O} \tag{2-35}$$

代入式(2-34)得出:

$$dY = F_K I + F_M dM + F_L dL + \theta_X \frac{N}{X} dX + \theta_W \frac{N}{W} dW + \theta_O \frac{N}{O} dO +$$

$$r_W \frac{X}{W} dW + r_O \frac{X}{O} dO + \frac{\delta}{1+\delta} \left(dX - r_W \frac{X}{W} dW - r_O \frac{X}{O} dO \right) +$$

$$\frac{\eta}{1+\eta} dW \tag{2-36}$$

等式两边除以 Y 得:

$$\frac{dY}{Y} = F_K \frac{I}{Y} + F_M \frac{dM}{Y} \frac{M}{M} + F_L \frac{dL}{Y} \frac{L}{L} + \frac{\delta}{1+\delta} \frac{X}{Y} \frac{dX}{X} +$$

$$\frac{\eta}{1+\eta} \frac{W}{Y} \frac{dW}{W} + r_W \frac{X}{Y} \frac{dW}{W} + r_O \frac{X}{Y} \frac{dO}{O} + \theta_X \frac{N}{Y} \frac{dX}{X} +$$

$$\theta_W \frac{N}{Y} \frac{dW}{W} + \theta_O \frac{N}{Y} \frac{dO}{O} + \frac{r_W}{1+\delta} \frac{X}{Y} \frac{dW}{W} + \frac{r_O}{1+\delta} \frac{X}{Y} \frac{dO}{O} \tag{2-37}$$

根据 Bruno(1968)分析,假设一个给定的部门实际劳动生产率与整个经济的人均产出之比存在线性关系,即 $F_L = \beta \frac{Y}{L}$, $\beta = F_L \frac{L}{Y}$。

再令 $F_K = \alpha$,又有: $F_M = (1+\mu) F_K = (1+\mu) \alpha$,代入式(2-37)得到:

$$\frac{dY}{Y} = \alpha \frac{I}{Y} + \beta \frac{L}{Y} \frac{dL}{L} + (1+\mu) \alpha \frac{M}{Y} \frac{dM}{M} + \frac{\delta}{1+\delta} \frac{X}{Y} \frac{dX}{X} +$$

$$\theta_X \frac{N}{Y} \frac{dX}{X} + \frac{\theta_W}{1+\delta} \frac{N}{Y} \frac{dW}{W} + \frac{\theta_O}{1+\delta} \frac{N}{Y} \frac{dO}{O} + \frac{\eta}{1+\eta} \frac{W}{Y} \frac{dW}{W} +$$

$$\frac{\theta_W}{1+\delta} \frac{N}{Y} \frac{dW}{W} + r_W \frac{X}{Y} \frac{dW}{W} + \frac{\theta_O}{1+\lambda} \frac{N}{Y} \frac{dO}{O} + r_O \frac{X}{Y} \frac{dO}{O} \tag{2-38}$$

其中: $\alpha \frac{I}{Y}$ 为投资率贡献,$\beta \frac{dL}{L}$ 为劳动力增长贡献,$(1+\mu) \alpha \frac{M}{Y}$

$\dfrac{\mathrm{d}M}{M}$ 为进口资本品的贡献；出口部门的贡献包括：效率差异贡献 $\dfrac{\delta}{1+\delta}\dfrac{X}{Y}$ $\dfrac{\mathrm{d}X}{X}$、出口对非出口部门贡献 $\theta_X \dfrac{N}{Y}\dfrac{\mathrm{d}X}{X}$；外资部门的贡献，包括：效率差异贡献 $\dfrac{\eta}{1+\eta}\dfrac{W}{Y}\dfrac{\mathrm{d}W}{W}$、外资对内资非出口部门的外溢贡献 $\dfrac{\theta_W}{1+\delta}\dfrac{N}{Y}\dfrac{\mathrm{d}W}{W}$、外资对出口部门的外溢贡献 $r_W \dfrac{X}{Y}\dfrac{\mathrm{d}W}{W}$；对外直接投资的贡献包括：对内资部门的外溢贡献 $\dfrac{\theta_O}{1+\lambda}\dfrac{N}{Y}\dfrac{\mathrm{d}O}{O}$、对出口部门的外溢贡献 $r_O \dfrac{X}{Y}\dfrac{\mathrm{d}O}{O}$。

式（2-38）体现了出口、进口、FDI 与 OFDI 对产业经济增长作用的途径与机制。我们可以用该式做实证计量分析，但是在应用以上模型计量分析过程中，需要十分重视各变量之间的内生性问题的解决。

第二篇

中国国际直接投资的技术进步效应水平

技术进步是经济增长的基本动力，技术进步效应水平是国际直接投资水平的重要体现，本篇分三章从技术进步、全要素生产率、知识外溢效应角度去理解中国国际直接投资的发展水平。第三章初步探讨了外资质量及其促进技术进步效应，第四章研究国际直接投资内外双向流动的全要素生产率提升效应，第五章研究创新知识跨国外溢的渠道与外溢效应比较。

第三章　中国外商投资质量评价及其技术进步效应分析[*]

第一节　引言

自1992年以来，中国的外商直接投资持续高速增长，FDI流量从1992年的40亿美元增长到2013年的901.7亿美元，年平均增长率为16%。高速发展的外商投资是中国投资驱动模式的重要组成部分。我国外商投资不仅覆盖了国民经济所有行业类别，而且来源地分布广泛，至今已吸收来自两百多个国家和地区的直接投资，其中亚洲国家和地区是最主要的外资来源地。当今中国吸引外资的规模已经达到较高水平，而产业转型升级的压力日益提高，利用外资促进产业转型升级成为引进外资的重要目标。因此，中国对外资的需求逐渐从看重数量转向看重质量。党的十八大报告也提出中国外资发展迫切需要从引资到引资、引技、引智结合的转型。那么，外资质量的定量研究所需要的引技与引智水平如何衡量呢？外资质量的技术进步效应又如何衡量呢？

大量文献研究FDI的技术外溢效应、经济增长效应与技术进步效应，较多文献结论是积极作用，也存在负面效应的文献，但是关于外资质量的文献很少，对于外资的引技、引智水平的度量以及技术进步效应的研究更没有涉及。由于投资来源地的产业水平有差异，不同来源地的

---

[*] 姚利民、项婕妤2014年工作论文，部分成果发表于《经营与管理》2015年第2期。

FDI质量水平存在差异。本章根据外资来源地的技术水平、智力水平构造外资的引技、引智水平指标，采用中国及省级层面的面板数据，尝试构造引技与引智水平指数，分离引资规模水平与引技水平、引智水平的不同技术进步效应，求证高质量FDI是否也有高水平的技术进步效应。

第二节　文献综述

不同学者选取不同的指标来衡量FDI质量。Buckley等（2004）主张用FDI的项目规模度量FDI的质量，认为两者成正比，即企业规模越大，企业的科研经费支出越多，越有能力进行R&D活动，越有可能采用更先进的技术开发更多的新产品、提升管理水平；同时企业规模越大，资本、知识密集度越高。Kumar（2005）从东道国的R&D、技术、企业管理知识、产业结构、出口等方面的变化来分析FDI的质量是否对东道国有积极效应。陈自芳（2005）基于FDI的溢出效应提出了利用FDI质量评价指标，从FDI对东道国的直接作用和间接作用两个层面各提出7个指标。直接作用包括FDI与国内产业的互补性、技术含量、税收贡献、资源环境、出口水平、占用国内紧缺资源的程度和就业贡献，间接作用包括技术溢出、产业关联、管理知识的溢出、品牌产品的关联效应、国际化生产的影响、出口关联效应和人力资本的提升。魏彦莉等（2009）通过构建包括利用外资规模、外资产业结构、经济社会效益和技术进步的利用外资质量评价指标体系，用引进外资对本地区战略目标所做的贡献来衡量利用外资的质量。祖强、仲瑞（2010）建立FDI自身质量属性的评价指标、FDI利用质量属性的社会指标和经济指标，对江苏省数据进行评分和实证检验。汪春、杨晓优（2011）通过因子分析法对我国1995年至2008年利用FDI质量进行分析，证明我国利用FDI质量呈先升后降的态势。傅元海、史言信（2011）用14个评价指标和因子分析法评估了不同地区1999—2003年和2004—2008年两个时间段利用 FDI 的质量，得出我国利用 FDI 的质量主要由 FDI 的数量贡献决定；利用 FDI 质量较好的省份主要集中在东部，较差的省份主要集中在西部，中部地区的质量排名波动较大；区域利用 FDI 质量的差异随时间的变化而缩小。而本章借鉴出口质量与出口复杂度、技术外溢等测量方法，从外资来源国的技术、智力指标出发，构造 FDI 的引技、引智质量评价指标，并进一步检验 FDI 的技术进步效应。

目前有大量文献研究 FDI 的规模水平对技术进步的影响，直接研究 FDI 质量对技术进步影响的文献还很少。在 FDI 的技术进步效应方面，黄先海、张云帆（2005）基于 Coe 和 Helpman（CH 1995）贸易溢出的拓展模型，得出我国外资企业的技术溢出效应略大于外贸的溢出效应且相互间存在着共生互补关系，强调本国 R&D 投入对外贸外资的溢出效应贡献。姚利民、唐春宇（2005）通过实证得出结论：无论长短期，我国 FDI 中独资企业比合资企业的技术溢出效果更好。赵克杰、刘传哲（2007）利用投入产出模型计算出了江苏省各产业的工艺创新溢出效应和产品创新溢出效应。张宇和蒋殿春（2008）用 DEA 分析方法和面板数据模型得出 FDI 有力地推进了相关行业的技术进步且对高技术产业有更明显的影响。龚艳萍、郭凤华（2009）根据 2004 年到 2006 年我国对外直接投资和全要素生产率，通过灰色关联度分析得出 FDI 促进了产业技术进步，其中批发零售业、信息传输计算机服务软件业和制造业尤其显著。Keller（2009）探讨技术知识的国际流动如何影响各行业和企业在不同国家的经济表现，并通过国际贸易和跨国公司的活动找到证据证明技术溢出效应。王滨（2010）通过中国制造业 27 个行业 1999 年至 2007 年的面板数据，得出 FDI 对制造业的全要素生产率的横向和前后向关联溢出效应为正，前向关联对技术效率和技术进步的影响都显著为正，后向关联仅对技术进步有显著的正效应，而横向溢出效应对技术进步的影响不显著。姚利民、王若君（2011）研究得出发达国家的 R&D 的创新知识可以通过国际贸易与对外直接投资等渠道实现跨国外溢。

本章从外资来源国的技术、智力指标出发，构造 FDI 的引技、引智质量水平，尝试分离引资规模水平与质量水平对技术进步的影响差异，并检验引技、引智指标构造的合理性。

第三节 外资质量水平指标构造与评价

评价外资质量的文献多数是从外资的外部正效应考虑，正外部效应大就被认为质量好，正外部效应弱或负外部效应就认为是质量差。衡量外部效应的指标多数从经济增长效应和技术进步效应出发，经济增长指标可能具有短期性，没有考虑增长的质量。本章从外资来源国的角度直接关注 FDI 规模水平与质量水平，结合党的十八大报告中提及的外资要注重"引资""引技""引智"三者结合的要求，尝试分离外资质量水平的规模水平与质量水平。这样考虑的理由是，我们认为引资与引技、引智的结合是强调引资质量水平，外资是一揽子要素的载体，在外资中内含了技术与智力要素。因此本章用间接的方法来定义引技与引智，认为从技术水平越发达、技术要素越丰富的国家引进外资，则外资的技术水平就越高；如果外资来源地的教育资源与创新要素越丰富、水平越高，外资中的引智水平也就越高。在引资质量水平指标上，借鉴 Coe 和 Helpman（1995）、Lichtenberg 和 Potterie（1998）和 Falvey、Foster 和 Greenway（2004）的研究模型和思路，把外贸、外资看做国际知识转移的渠道。在这里把外国的技术知识与智力知识通过外资渠道转移和外溢到本地，判断外资质量的标准是看外资的来源地具有什么水平的技术要素与创新知识要素。FDI 的规模水平指标直接使用外资规模（外资的绝对规模与相对规模），FDI 的质量水平指标使用引技水平（以来源国专利数为基础）与引智水平（以来源国的教育投入指标为基础），分别以 1/3 的权重进行加权综合衡量。用统计方法对计算值进行标准化处理，以 1—100 分进行打分，通过分值能够较清晰地看出不同 FDI 来源国所带来的经质量指标修正的外资水平。

具体而言，其中引资规模水平指标采用来源国的实际投资金额。在引技、引智水平的度量中，技术、智力往往伴随着资本流入，两者是以引资为载体，通过引资作为外溢渠道传递技术、智力等要素，因此外资规模作为乘数对引技、引智的原始水平指标做技术处理。引技水平指标采用经过外资规模乘数处理的来源国专利数占其 GDP 的百分比，因为专利数一定程度上代表了该国的技术发展水平，经过该国 GDP 的修正获得每单位 GDP 中包含的技术含量，体现相对的技术水平。而来源国的对外直接投资承载着该国的技术含量转移或外溢到东道国。引智水平采用引资乘数处理过的来源国教育支出占 GDP 比例，因为一国的教育支出可以理解为对该国智力的投入水平，教育投入比 GDP 体现该投资国的相对智力水平。该来源国的智力投资水平通过该国的对外直接投资实现转移或外溢到东道国。具体指标如表 3-1 所示。

表 3-1　　　　　　　　　FDI 水平评价指标

指标	权重	指标内容	指标作用	计算方法
1. 引资	1/3	外资的规模水平（实际投资金额）	来源国直接对东道国的 FDI	FDI_i
2. 引技	1/3	外资的引技水平（外资规模水平乘来源国相对 GDP 的专利数）	技术含量以 FDI 为载体转移到东道国	$FDI_i \times \dfrac{Pat_i}{GDP_i}$
3. 引智	1/3	外资的引智水平（外资规模水平乘来源国相对 GDP 的教育支出额）	智力含量以 FDI 为载体转移到东道国	$FDI_i \times \dfrac{Edu_i}{GDP_i}$

一国 FDI 水平由外资规模水平、外资引技水平、外资引智水平三方面加权构成，其中外资的引技水平与引智水平体现外资的质量水平。用公式来表示则是：

$$Q_i = 1/3 FDI_i + 1/3 FDI_i \times \frac{Pat_i}{GDP_i} + 1/3 FDI_i \times \frac{Edu_i}{GDP_i} \quad (3-1)$$

结合数据的可获得性、完整性以及相关性，本章选取美国、日本、韩国、新加坡、德国、英国、法国、荷兰、瑞士、加拿大、马来西亚 11 个投资中国的主要国家数据进行计算。

表 3-2 是根据式（3-1）计算所得再经过标准化处理后的分值。

可以看出，韩国的平均分值最高，达到55.4分，在个别年份达到过99.8分。结合主要国家和地区对内地实际投资情况来看，韩国出现最高值，整体保持在比较高的实际投资额，因此对分数的影响比较大。日本为45.3分，位居第二，是因为实际投资额也比较高，和韩国类似的是在每单位GDP中的专利数这个指标非常高，可见包含的技术因素比较多。美国虽然投资额也比较大，因其GDP较大，专利占GDP的比重数值不太明显，因而影响了分数。从第四名新加坡的12.5分起，分数较前3名差距较大，新加坡在实际投资额上还是占有优势的，但是因为专利数占GDP的比重比较明显地低于前几名，故分值比较低。第五到第八名分别是德国、英国、荷兰、法国这四个欧洲国家，分值上相差不是很多，原因是实际投资额比较低并且很接近，教育支出比相对其他国家和地区而言比较高，均值在5%左右，而专利占GDP的比重又相对比较低，故而整体分值不高。后3名国家是受到低外资规模水平和低引技水平影响，所以分值低。另外可以发现，欧美国家的教育支出比普遍比较高，说明政府对于教育的投入比较重视，单从引智的角度而言，外资的引智水平较高。

表3-2　　　　　不同来源国的外资质量评分　　　　单位：分

年份	美国	日本	韩国	新加坡	德国	法国	英国	荷兰	瑞士	加拿大	马来西亚
2001	29.6	48.0	34.0	8.9	8.1	3.2	5.9	4.1	1.2	2.3	1.8
2002	36.0	46.2	39.9	10.6	6.0	3.5	5.4	3.0	1.2	3.2	2.7
2003	28.3	52.5	69.8	9.5	5.3	3.7	4.4	4.0	1.1	3.0	1.8
2004	25.4	54.6	99.8	8.5	6.3	4.0	4.5	4.4	1.2	3.2	2.3
2005	19.3	65.6	81.2	8.3	9.1	3.6	5.5	5.7	1.2	2.3	1.9
2006	19.8	47.4	58.8	10.2	11.0	2.3	4.3	4.7	1.1	2.2	2.1
2007	17.1	34.9	51.6	11.4	4.0	2.6	4.7	3.3	1.5	2.0	1.8
2008	19.0	32.9	48.9	15.1	5.1	3.4	5.1	4.7	1.2	2.6	1.1
2009	16.3	35.0	46.1	12.8	7.3	3.9	4.0	4.3	1.6	4.4	2.7
2010	19.9	32.9	41.6	19.9	5.3	7.4	4.5	5.3	1.4	3.4	1.5
2011	15.7	48.0	37.1	22.3	6.4	4.3	4.6	4.7	3.0	2.5	2.1

续表

年份	美国	日本	韩国	新加坡	德国	法国	英国	荷兰	瑞士	加拿大	马来西亚
平均分	22.4	45.3	55.4	12.5	6.7	3.8	4.8	4.4	1.4	2.8	2.0
排名	3	2	1	4	5	8	6	7	11	9	10

资料来源：世界银行及2013年外商直接投资报告，表中为计算所得结果。

表3-3列示了中国在2001年至2011年，引进上述11个主要国家外资的质量水平评分。可见分数从2001年至2004年是增加的，最高值89.2分出现在2004年，之后是较为明显的下降，在2007年以56.1分达到新低，虽然后期逐渐增加，但是就整体的趋势而言是呈现下降的趋势。说明中国引进外资的规模水平和质量水平都有波动（上升之后出现下跌）。

表3-3　　　　2001年至2011年中国外资水平评分　　　　单位：分

年份	外资的规模水平	外资的引技水平	外资的引智水平	经标准化处理的FDI质量水平分数
2001	175.5	862.1	800.1	61.3
2002	188.1	900.4	878.8	65.6
2003	197.2	1170.0	919.9	76.2
2004	221.7	1453.6	1000.2	89.2
2005	221.4	1376.9	944.9	84.8
2006	193.3	1008.1	845.8	68.2
2007	168.1	805.9	708.5	56.1
2008	155.3	770.9	781.6	56.9
2009	178.4	741.8	807.3	57.6
2010	201.5	666.5	918.8	59.6
2011	219.2	705.2	956.3	62.7

资料来源：世界银行及2013年外商直接投资报告，表中为计算所得结果。

从上文可以发现，来自韩国、日本、美国、新加坡的外资质量优于别的外资来源地，其次是英国、法国、德国等欧洲国家。该排名情况和中国实际利用外资来源地的规模相似，可见乘数产生比较明显的作用，外资规模因素对FDI质量作用明显。另外，2001—2011年中国吸引外资的质量水平整体呈现下降的趋势。

第四节 外资质量水平的技术进步效应实证分析

罗良文、阚大学（2012）以柯布—道格拉斯生产函数为基础，考虑研发和人力资本是技术知识生产的主要因素，并考虑了国际技术知识传播的国际贸易与国际直接投资因素。本章将外资因素分成三个：外资的规模水平（FDI）、外资的引技水平（TECH）、外资的引智水平（INTE）。计量模型为：

$$LnTFP = C + \beta_1 LnRD_{it} + \beta_2 LnH_{it} + \beta_3 LnO_{it} + \beta_4 LnFDI_{it} + \beta_5 LnTECH_{it} + \beta_6 LnINTE_{it} + \mu_{it} \qquad (3-2)$$

其中 TFP 是全要素生产率，是衡量技术进步的指标。它的计算是利用柯布—道格拉斯函数 $A = Y/K^\alpha L^\beta$，用索洛残差法求得。Y 为 GDP，K 为固定资本净值，用永续盘存法求得，L 为劳动力，数据来源均是《中国统计年鉴》。α、β 的取值沿用 Hall 和 Jones（1999）对 $\alpha = 1/3$ 的假定。RD 为研发投入，通过《中国统计年鉴》可以获得。H 为人力资本，根据统计年鉴中受教育程度进行计算获得。O 为开放度，即进出口总额占 GDP 比重，通过国家统计局计算获得。FDI 为外商直接投资的规模因素，来源于世界银行数据库。引技的指标 TECH 中，其居民专利申请数量、国家的 FDI、国家的 GDP 等数据来源是世界银行数据库。引智指标 INTE 中，教育占政府支出的比等值均来自世界银行数据库。i 表示第 i 个国家、省份或地区，t 表示第 t 年，μ 为误差项。

在此模型基础上，分别用 2001 年到 2011 年的国家层面面板、省级面板和地区面板数据进行实证检验和模型修正。结果如表 3 – 4 所示。

根据实证结果我们可以发现，中国研发的投入对技术进步产生积极的影响。增加 R&D 的力度，一方面能够让企业保持"追求创新"的生产和经营理念，通过学习、模仿以纳为己用。另一方面，给予企业追求创新和技术进步的物质基础，鼓励企业自主创新研发，利用外资来源国

表3-4　2001—2011年FDI质量水平与技术进步效应模型的实证结果

变量	国家层面数据模型1	国家层面数据模型2	省级面板数据模型3	东部地区数据模型4	中部地区数据模型5	西部地区数据模型6
C	-10.18218 *** (-22.97150)	-17.86662 *** (-10.30632)	1.590988 *** (4.214418)	1.735219 *** (8.581904)	-1.621755 ** (-2.482669)	-18.85803 *** (-24.94003)
LnRD	4.480461 *** (38.21672)	2.230531 ** (3.067513)	0.458973 *** (19.92018)	0.359286 *** (28.28661)	0.219158 *** (7.285127)	1.674214 *** (8.995554)
LnH	-3.407090 *** (-23.49404)	-0.292433 (-0.408541)	-0.293975 *** (-6.628828)	-0.285520 *** (-11.13061)	0.277711 *** (4.493443)	0.067202 (0.319803)
LnO	-31.65834 *** (-38.41292)	-15.95072 ** (-3.101498)	-0.015885 * (-1.727950)	-0.018870 *** (-4.671483)	0.193372 *** (5.285440)	-12.08969 *** (-9.205667)
LnFDI			0.072819 ** (2.386955)	0.085304 *** (2.898107)	0.616798 *** (8.070707)	0.067545 ** (2.557369)
LnTECH		0.211832 * (2.056270)		-0.202728 *** (-14.44150)	0.329595 *** (11.33577)	0.001226 (0.232134)
LnINTE		0.628469 *** (4.195758)		0.155049 *** (5.156204)	0.311427 *** (5.607218)	0.075631 *** (2.632876)
LnFDI (-1)	0.500217 *** (20.83974)					
LnTECH (-1)			-0.162189 *** (6.142393)			

续表

变量	国家层面数据模型 1	国家层面数据模型 2	省级面板数据模型 3	东部地区数据模型 4	中部地区数据模型 5	西部地区数据模型 6
LnINTE(-1)			0.101207*** (3.114041)			
LnTECH(-2)	0.026918* (1.844471)					
LnINTE(-2)	1.002632*** (19.60257)					
统计量						
R-squared	0.991204	0.991204	0.902379	0.957138	0.980672	0.961164
Adjusted R²	0.982409	0.982409	0.896341	0.953181	0.976673	0.959120
F-statistic	112.6916	112.6916	149.4403	241.9134	245.2351	470.2321

注：括号中为 t 统计值，*、**、*** 分别表示在 10%、5%、1% 的显著性水平上显著。

技术层面的竞争效应，加大研发力量，促进整体产业的技术进步。

人力资本对技术进步的作用有正面和负面的两面性。一方面，劳动者的受教育程度和知识积累有助于整体劳动者的素质提升，在劳动过程中对于技术的需求和依赖程度提升，逐渐认识到技术创新、技术进步对产业乃至国家经济发展的重要性，在科研、技术创新等方面具有促进作用，从而推动国家的技术进步。另一方面，随着国家经济进一步开放和各国之间的经济往来增加，整体劳动者的素质提升，虽然有外国优秀人才的流入，但是其创造的技术提升以及对经济的贡献更大程度上归属母国，对东道国的技术进步改善不大。而本国高素质人才的外流也比较严重。由于上述原因，存在不利于国家技术进步的可能。

对外贸易的开放度提升以及在 GDP 中比例的增长，虽然并不能明确让技术进步出现下降，但是如果陷入低技术低档次水平的出口优势陷阱，则可能会阻碍技术进步的增长，影响技术革新的动力。国际贸易和外商直接投资是中国和外国进行经济交流的途径，国际贸易在 GDP 中所占的比例越高，说明中国和外资来源国经济往来的途径更多的是通过国际贸易来实现，这会在一定程度上影响外商直接投资的规模，进而不利于技术转移和技术进步。从另一个角度考虑，中国的贸易商品以初级加工产品为主，所包含的技术含量非常低。国际贸易的规模扩大之后，生产加工活动依然围绕技术含量比较低的产品展开。将大量的资本、要素、人力资源投入到这类低技术含量的成熟商品生产中，则技术创新、技术进步将会减弱，会减少企业对技术研发、技术创新的投入，不利于对技术的研发和学习，进而影响技术进步率。

外资的规模水平和质量水平对技术进步同时存在当期和滞后期的影响。个别数据实证结果中，由于质量水平中包含的技术、智力因素是伴随外资规模流入东道国并且产生作用的，外资规模对东道国技术进步的影响比较直接，而技术、智力因素对技术进步产生作用还需要通过东道国的吸收和利用，因此引技、引智和引资也存在时滞性，滞后的期数不同。外资的引技与引智技术进步效应比外资规模水平的技术进步效应更有滞后性。整体而言，外资规模、质量水平均在一定程度上促进了技术进步，但同时也存在个别地区、省份的引技指标对技术进步率产生抑制作用。究其原因，是外资来源国所提供的外资水平与地区所需要的外资水平不一致。这种不同水平外资资源的"错配"，也使得外资中包含的技术没有得到合理配置，不能满足 FDI 流入地的生产、经营需求来促进技术进步，反而可能因为造成效率低下而进一步阻碍技术进步。另外，本土企业对于外资的利用能力存在差异也是对技术进步产生差异化效应的原因。即使企业获得所需水平的外资，整体获得的技术含量得到提升，但是不具备利用的能力就无法汲取外资中的优势技术用于实际生产、经营。甚至还会因为降低效率，过分依赖外资的技术而放弃自主研发，最后反而抑制了技术进步。

第五节　结论

本章利用 11 个主要外资来源国数据构造外资的引技水平与引智水平指标以测量外资的质量水平，外资总体水平包括外资规模水平和外资质量水平。按照外资总体水平指标计算发现来自韩国、日本、美国、新加坡的外资水平优于别的外资来源地，其次是英国、法国、德国等欧洲国家。2001 年至 2011 年中国所吸引的外资的总体水平和质量水平呈现下降的趋势。

用面板数据模型对 FDI 质量的技术进步效应实证研究发现：中国研发的投入和外资规模对技术进步产生积极的影响；人力资本对技术进步的作用有正面的也有负面的；国际贸易对技术进步有比较明显的抑制作用。外资的规模水平和质量水平都存在当期和滞后期的影响。外资质量因素被东道国吸收并对技术进步产生影响的过程和作用存在时滞性。从国家层面模型看，外资规模水平和质量水平均对我国的技术进步率产生显著的正面影响。而省级面板数据模型中，外资规模和引智水平对技术进步率产生积极影响，但是引技指标可能存在供求的"错配"导致负面影响。

党的十八大提出"引资、引智、引技三者结合"的要求,既符合当下的经济与产业发展的现状,也为企业吸引和利用外商直接投资指明了方向;既有现实意义,又具有前瞻性。

第四章 国际国内资本双向流动与地区要素配置效率研究[*]

第一节 引言

21世纪以来，跨国公司的扩张加快了世界经济一体化进程以及市场化开放程度，FDI已逐渐成为促进地区经济发展的重要条件之一。然而2008年国际金融危机席卷全球，世界经济再次放缓。世界FDI流向发生重大变化，但是中国依旧保持了外国直接投资流入与流出双向流动量的高速增长。在利用外国直接投资（流入）上，从2007年的748亿美元增长到2013年的1176亿美元，年均增长8.29%。在对外直接投资（流出）上，从2007年的265亿美元增长到2013年的1078亿美元，年均增长达30.45%。[①] 根据2015年《世界投资报告》，2014年中国超越美国成为世界第一吸收外资目的国，达1290亿美元。2014年超过日本成为世界第三大对外投资国家，OFDI达116亿美元。中国香港为第二OFDI流出地区，达1430亿美元。跨国资本的流入与流出对中国经济具有重要的作用。

在中国国内地区投资上，东部省市受到土地、劳动力、环保成本上涨因素的影响，东部沿海地区产业向外转移明显，尤其在2009年

---

[*] 姚利民、潘华锋：2014年工作论文。
[①] 根据中国国家统计局数据统计。

之后出现了明显的爆发性增长趋势。最近 10 年，东部地区的内资流动规模远远超过中部和西部地区，中部地区的资本流动规模略高于西部地区，西部地区由于产业结构、地理位置的影响，其资本流动性不是很强。地区经济的增长受到地区要素增加与各要素配置效率提高的影响，且受到地区内不可流动资源和环境的约束，资本的跨区域流动意味着产业的跨区域转移以及地区资源配置效率的提高。本章研究国内外资本跨地区流动对地区要素配置效率提高的影响。与本章相关的文献有全要素生产率的测算、国内资本流动、国际资本转移、产业转移等相关文献。

（1）国内有大量文献研究全要素生产率的测算与地区经济增长，傅晓霞、吴利学（2006）利用索洛残差法研究 1990 年以后地区间全要素生产率的时候发现，全要素生产率的贡献正在持续提高，可能会成为地区差距的重要因素，而要素投入对地区差距的作用正在减弱。郭庆旺、贾俊雪（2005）通过运用四种估算方法对全要素生产率进行了测算，认为四种结果较为一致，得出国家宏观经济波动和全要素生产率变化有密切的关系。邱斌、杨帅、辛培江（2008）采用 DEA Malmquist 指数方法将全要素生产率分解成技术进步和技术效率，陶长琪、齐亚伟（2010）综合了 Malmquist 指数分解思想和 TOPSIS 理想解方法（又称优劣解距离法）分析外资、人力资本、R&D 的相互作用。覃毅、张世贤（2011）用全要素生产率分析 FDI 对上游、下游企业的影响。我们用全要素生产率水平及变化来表示地区要素的配置效率。

（2）研究货币资金的区域间流动情况和地区经济增长。国内有较多文献研究货币资金流动对经济增长的影响。伍海华（2002）采用多变量因子分析法对 31 个省市区的金融发展状况进行定量评价，实证发现经济增长很大程度上取决于资金积累能力和引入外部资金能力。贺瑞、杜跃平（2005）研究得出我国地区间资本流动与当地经济增长之间，存在一个类似于"贫困的恶性循环"的现象；王广友、陈清华和方福康（2005）等的研究结论均为东部地区的投资效益、资金利用率、资本配置效率等指标优于西部。胡永平、张宗益、祝接金（2004）基于投资和储蓄基本关系研究地区资本流动与经济增长，采用 ARDL-ECM 模型，比较中国东、中、西三个地区储蓄—投资的长期供给关系，计算其储蓄保留系数 FH 检验模型中的 β（Feldstein and Horioka 1980），得出的结论是：东部是资本净流入地区，西部是资本净流出地区，中部地区基本持平，揭示了资本向东部地区流动的区域间资本流动基本趋势。徐冬林、陈永伟（2009）研究得出东部地区的资本长期流入降低了东部地区的投资收益。李志国（2008）与张璟、陈继明、刘晓辉（2013）同样用 FH 方法估计了区域间信贷资金流动性及其对地区经济增长的促进作用。

（3）要素流动、产业转移与经济增长问题的研究。姚枝仲、周素芳（2003）实证研究发现，劳动力要素的空间流动能够显著地降低人均 GDP 和平均劳动报酬的变异系数，实证了劳动力跨区域流动有助于缩小地区间的收入差距。潘越、杜小敏（2010）则利用非参数可加模型实证考察了劳动力要素流动对我国不同区域的经济增长的影响，研究发现劳动力要素跨区域流动对经济增长的影响强度存在显著的区域差异。朱汉清（2010）则对要素流动与产业转移对经济增长的影响进行了承接地与转出地的比较分析，认为产业转移对承接地和转出地的经济增长影响各有利弊，但要素跨区域流动对流入地的经济增长有较大的促进作用，而对流出地则会有釜底抽薪的负面危害。冯根福等（2010）研究认为试图通过推动东中西部间的产业转移来缩小我国地区间经济差异在相当长的时期是难以实现的。李强（2011）将产业转移细分为低端产业技术和高端技术两个层次或产业部门，研究发现在存在技术进步的情况下，产业转移对转出地经济增长率的贡献取决于人力资本存量。陈刚（2001）认为，"优化效应""扩大效应""发展效应"构成了产业转移对承接地的经济效应。魏后凯（2003）基于企业层面和地区层面，分析了产业转移对竞争力的影响。从企业层面考虑，产业转移对于企业整体竞争力的提高有正向促进作用。毛蕴诗、汪建成（2002）基于四个维度研究大型重点企业的扩展路径，进而讨论企业空间拓展对地区经济增长的影响。

(4) 多数研究认为跨国资本（FDI）能提高地区要素配置效率与经济增长。邱斌、杨帅、辛培江（2008）采用 DEA Malmquist 指数方法将全要素生产率分解成技术进步和技术效率，从总体上来看，FDI 对内资的技术外溢效应具有正向作用。覃毅、张世贤（2011）通过选取 2000 年到 2007 年工业企业数据计算，研究结果显示 FDI 对上游企业全要素生产率增长和技术效率有促进作用，相反，其对于下游企业则有阻碍影响。陶长琪、齐亚伟（2010）综合了 Malmquist 指数分解思想和 TOPSIS 理想解方法，指出外资、人力资本相互作用对技术效率、技术进步和生产率提高正向作用明显，但是 R&D 对外资的吸收能力不高。Boisot 和 Meyer（2008）分析了中国中小企业对外直接投资的动因，发现当国内来自地方保护主义和物流不通畅等商务成本上升时，促使中小企业退出国内市场转投国际市场进行对外直接投资。Zhao 和 Wang（2008）也认为，政府的扶持和银行的优惠贷款是使得企业对外直接投资的重要原因。Cui 和 Jiang（2009）通过研究中国企业对外直接投资和发达国家跨国公司对外投资决定因素的差异，得出政府支持是中国企业对外直接投资主要考虑的因素。Ran、Voon、Li（2007）利用来自 19 个行业层面以及来自中国 30 个省级层面的最新面板数据，实证研究发现外国直接投资的净影响依旧是正面的，但是区域差距一直在扩大；Cheng 和 Kwan（2000）发现当某一个国家或者地区市场，其具备良好的基础设施以及经济基础时，对外国直接投资是具有积极影响的，而工资成本则对其具有负面效应，教育变量却没有显著影响对外国直接投资，同时还具有集聚效应。Lei、Zhao、Deng、Tan（2013）则基于 Malmquist 生产力指数建立一个理论模型来帮助其评估外国直接投资（FDI）的吸引力，结果表明一个地区的市场化程度、经济发展程度越好对其影响力就越大。Gao、Liu、Zou（2013）对中国对外直接投资（OFDI）采用时间序列研究，证明高技能人才的双向流动显著促进了中国对外直接投资。

以往研究大多实证分析了单一资本流动对区域经济要素配置的促进关系，同时大部分学者认为 FDI 对全要素生产率的提升具有促进作用、内资的转移在东部地区集聚带来正向作用。本章利用 FDI、OFDI 和内资流动规模构建的"FDI双向流动模型"进一步分析内外资本双向流动提高中国东中西部区域要素配置效率的机理和影响。

第二节 分析框架

假设存在两类要素，一类是不能在地区之间流动的要素，如土地、依附于特定地区的要素或政策等，称不可流动要素；一类是可以在地区之间流动的要素，如资本、劳动、技术、管理等，称可流动要素。特别是产业资本要素，会伴随企业家才能、技术等一揽子要素随产业跨区域转移而流动。不可流动的土地要素存在稀缺性，难以随经济增长而增加，而资本要素随着经济增长会不断积累。由于存在不同地区经济增长的不平衡性，资本的增长积累也存在不平衡性，发达地区由于高速增长而资本存量大幅增加，由此存在资本要素边际生产率的下降，而不发达地区由于经济增长缓慢，资本要素积累少，边际资本生产率相对较高。资本跨区域流动是资本追求高收益的结果，由于不同地区资本边际收益的差异，导致了资本从低收益地区流向高收益地区。

同时，产业资本依附于特定产业而具有异质性，产业资本按照产业技术水平可以分为高技术产业资本、低技术产业资本。由于地区经济发展水平差异而导致产业资本结构差异，而且土地、劳动、创新等要素集聚与边际生产率存在地区差异，这些差异导致发达地区对于低技术产业资本的边际收益日益降低而高技术产业资本边际收益不断提高，进而导致低技术产业资本从发达地区向落后地区的转移，而高技术产业资本不断在发达地区形成并向发达地区集中，由此形成了产业资本跨区域的双向流动。

纵观中国改革开放以来的经济发展，大量境外资本流向劳动力资源丰裕的中国，尤其是流向首先开放的东部地区，这是推动中国经济增长并形成地区差异的重要原因之一。随着中国东部地区收入水平不断提高，基于低成本的低技术产业资本收益不断降低，东部地区产业结构不断升级，东部地区的低技术产业集聚效益已经不能抵消日益提高的生产经营成本，发达地区的低技术产业必然转型升级到高技术产业，低技术产业的流出与高技术产业的流入，这种差异化产业资本的双向流动就有发生的内在动力。我们可以首先考虑资本的跨国流动，发达国家资本流向发展中国家，境外资本流向中国；其次考虑中国经济存在明显的地区差异，发达的东部区域与比较落后的中西部地区，资本积累日益丰裕，资本边际收益下降，东部地区的原有低技术产业资本为了追求和保持较高收益，就会流向中西部地区投资发展。同时，由于境外资本与东部地区资本的异质性，以及东部地区产业升级的需要，境外的高技术产业资本将继续流向中国东部地区，而东部地区的传统产业资本将转向中西部地区。由此，我们构造了国际国内资本跨区域转移示意图，见图4-1。在市场有效的前提下，资本的国际转移与国内转移将有效促进地区要素的优化配置，提高地区全要素生产率水平。

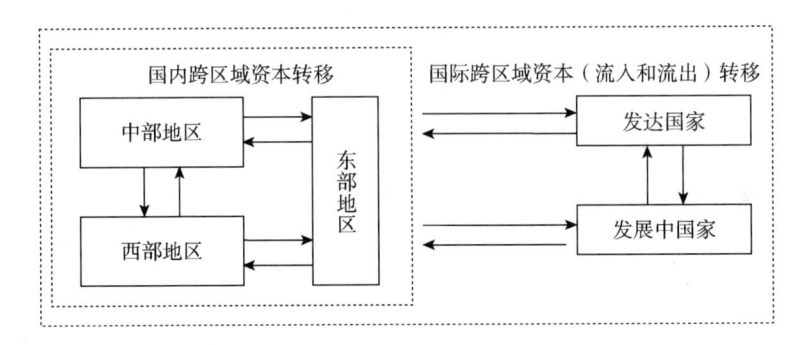

图4-1 国际国内资本跨区域转移示意

我们把国际直接投资双向流动促进全要素生产率提高的机理分为两条路径：以东部地区为例，首先，当外商直接投资进入我国东部沿海城市，资本来源不管是发达国家还是发展中国家，根据资本流动追求高收益的特性，进入东部区域的大部分外资结合东部地区的不可流动要素，将产生较高的生产效率与经济效益，即资本边际生产率相对来源区域内的资本要高，高效率的外资进入东部地区并通过其技术外溢效应、竞争效应提升了本地的不可流动要素的产生率，进而提高了全要素生产率。同时外资的流入在东部地区产业结构形式上出现较高技术产业的转入与增加，改善了东部地区产业结构。其次，由于在东部地区高效率外资的进入带来的挤出效应，使原本处于东部的本地企业迫于成本、竞争压力向资本配置效率相对更高的中西部地区和东南亚发展中国家转移，在产业结构上出现低技术产业的转出与减少。高效率资本的流入与低效率资本的流出，同时结合不可流动要素，东部地区资本的双向流动相对提高了东部地区不可流动要素的边际生产率，提高了东部地区全要素生产率水平。

关于国际资本的双向转移：外商直接投资流入→要素配置效率较高的外资进入中国东部沿海地区→形成技术外溢效应和竞争效应引起 TFP 提高；对外直接投资流出→资本要素配置效率较低的产业流出到周边要素配置效率相对更高的国家→边际产业转出提升本国 OFDI 国家 TFP 水平。

关于国内资本的双向转移：发达的东部地区由于高收入导致不可流动的土地要素的高价格→土地高价格形成了低技术低效率传统产业的经营困境→由此导致低技术低效率产业资本的流出。同时，由于东部地区丰富的企业家资源与良好的产业基础及经营环境更有利于高新技术产业资本的形成与集聚，高技术产业资本的流入进一步降低了低技术产业资本的效益并挤出了低技术产业的发展空间，从而更进一步提高了东部地区的全要素生产率。对于中西部地区而言，中西部地区的成本优势使得东部传统低技术产业资本流入，提高了中西部地区不可流动要素的配置效率，提高了全要素生产率。当然中西部地区在高新技术产业资本的形成上不如东部地区，这不影响中西部地区全要素生产率水平的提高。综上所述，不管是内资还是外资，资本的本性都是一样的，即从低收益地区流向高收益地区。内外资的双向流动都将提高本国各地区的全要素生产率水平。

第三节　相关变量的测算

"双向流动"模型主要是基于国际直接投资的流入（FDI）与流出（OFDI）、内资流动规模等数据对要素配置效率进行测定，而要素配置效率我们用全要素生产率（TFP）数据来代表。FDI 和 OFDI 数据是通过《中国统计年鉴》经过价格指数换算得到，各省份的内资流动规模则利用 F－H 模型通过测算各省份的投资与储蓄的相关性得到。而关于全要素生产率的测算分为参数法和非参数法，通过对两种方法的测算比较，本书选取测算结果精度相对较高的非参数方法。

一 全要素生产率的测算

目前学术界对全要素生产率的测算主要用两种方法：第一种最常用的方法是索洛残差法（Solow，1957），基本思路是根据生产函数，在产出总增长中扣除各投入要素增长后的残差来测算全要素生产率增长，故也称生产函数法。在规模收益不变和希克斯中性技术假设下，全要素生产率增长就等于技术进步率。第二种常用的方法是非参数数据包络分析（Data Envelopment Analysis，简称 DEA，Charnes，1978），这种方法直接利用线性优化给出边界生产函数与距离函数的估算，无须对生产函数形式和分布做出假设，从而避免了较强的理论约束。遵循法雷尔（Farrell，1957）的思想，经济增长归为要素投入增长、技术进步和能力实现改善（技术效率提升）三部分，全要素生产率增长就等于技术进步率与技术效率改进率之和。

我们用两种方法对全要素生产率进行测量[①]，对 2003—2012 年间我国全要素生产率的数据进行估算，索洛残差法估算平均增长率为 0.05%，根据 DEA-Malmquist 指数方法得到年平均增长率为 -0.024%。分析东中西部的整体趋势，与我国的宏观经济政策、国际经济大环境和区域经济结构还是比较吻合的，两种模型方法估算全要素生产率总体的大小和趋势是一致的。2003—2012 年，总体上均出现下降趋势，见图 4-2 和图 4-3。在经济繁荣的阶段（2003—2007 年），TFP 增长率都出现了逐步上涨的特点，在经济不景气或者受经济危机影响的阶段（2008—2012

---

① 两种测量方法，详见潘华锋、姚利民《各地区全要素生产率变化与比较》，《现代营销》2014 年第 11 期。

年），都出现了下滑，降至阶段低点。但是对于波动幅度较大的差异，索洛残差法对全要素生产率的估算比较平缓，但在经济冲击比较大的背景下波动又显得较为剧烈。用索洛残差法估算全要素生产率的变化，东部地区和中部地区基本都在 TFP 变化率上下震荡，且东部地区和中部地区差距描述不是很明显。而 DEA-Malmquist 指数方法对全要素生产率的梯度差估算更为显著，经济危机和国家政策对地区投入的冲击波动也更为平稳和顺畅。

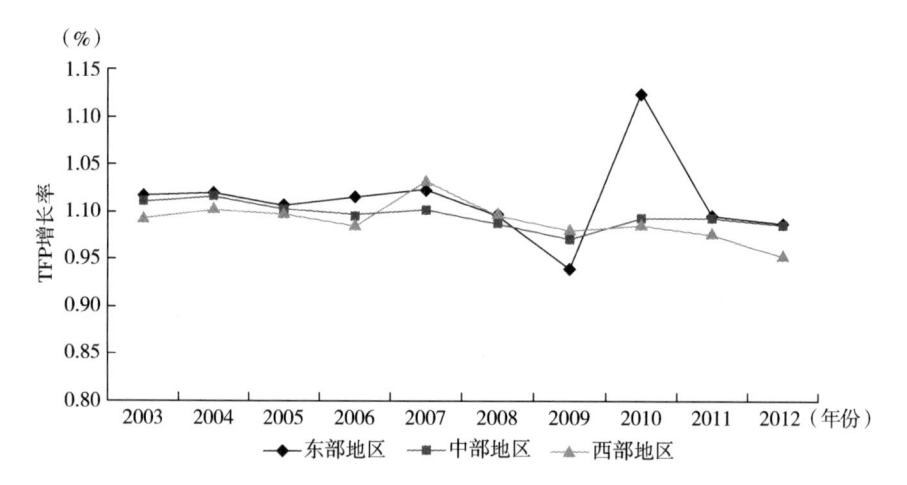

图 4-2 2003—2012 年我国东中西部 TFP 增长率（索洛残差法）

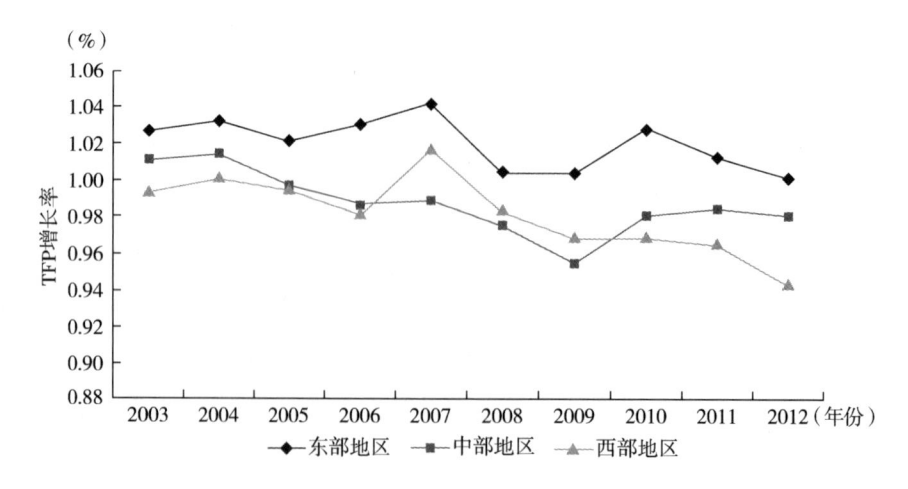

图 4-3 2003—2012 年我国东中西部 TFP 增长率（DEA-Malmquist 指数方法）

2003—2012 年，全国全要素生产率平均增长率为 -0.2%，主要原因是技术效率的增长率为 -2.3%，技术进步的增长率为 2.1%。表明我国全要素生产率的提升主要来自 R&D 投入这一领域，而技术效率的年平均 -2.3% 的下跌是我国全要素生产率不高的主要原因。技术效率是指产业结构能否符合总体要求（综合效益）并使之发挥最大的经济和社会效益，根据我们对技术效率数据的观察，技术效率最高的前三个省市分别为天津、上海、广东；而技术效率最低的四个省份分别为广西、西藏、内蒙古、吉林。从区域层次来看，2003—2012 年，Malmquist 全要素生产率增长率顺序从高到低依次是东部、中部和西部地区。技术效率指数仍然是东部地区最高、中部次之，西部地区最低。详见表 4-1。本章下面的分析采用 DEA-Malmquist 指数方法测得的全要素生产率数据。

表 4-1　　DEA-Malmquist 指数及其分解（2003—2012 年）

地区	全要素生产率	技术效率指数	技术进步指数
东部地区平均	1.021	0.979	1.024
中部地区平均	0.988	0.977	1.019
西部地区平均	0.982	0.976	1.016
全国平均	0.998	0.977	1.021

二　内资流动规模的测算

国内资本跨区域流动规模的测算是困难的，目前主要有两种方法测算国内省际资本流动量的大小。一种是基于市场交易中资金与货物流向相反的逻辑，以地区货物和服务净流出减去其净出口，来测算中国省际资本流动的规模。胡凯（2011）通过对 1980—2008 年的中西部省级面板数据进行测算，实证结果表明东部地区是资本净流入地区，中西部地区为资本净流出地区。另一种是基于 Feldstein（1980）所提出的 F-H 模型（如李治国，2008），分析区域内储蓄与投资之间的关系系数（β

值）得出资本流动规模。β的取值在0—1，相关系数β值越高，说明该区域的投资基本上是来自本地的储蓄，表明该区域的资本净流入规模越低；相关系数β值越低，说明区域的投资大部分是来自其他区域的资本的转移，表明该区域的资本净流入规模越大。本章选用F-H模型对内资流动规模进行测算。

选取2003—2012年的中国省级层面的储蓄率和投资率数据，来自《中国统计年鉴》。因为OFDI数据的限制，所以时间序列选取2003—2012年的数据，测算10年间资本流动规模的平均值。

F-H模型的基本方程是

$$\left(\frac{I}{Y}\right)_t = \alpha + \beta\left(\frac{S}{Y}\right)_t + \mu_t \tag{4-1}$$

其中：I/Y表示投资率，S/Y表示储蓄率，β表示内资流动规模，β值越大表示资本流动规模较少，β值越小表示资本流动规模越大。

部分省份β值见表4-2，比较东中西部三地区资本流动规模大小，如表4-3所示。

表4-2　　2003—2012年中国部分省份平均资本流动规模β

省份	β	省份	β	省份	β	省份	β	省份	β	省份	β
北京	0.707	河南	0.911	辽宁	0.468	海南	0.615	浙江	0.648	陕西	0.921
天津	0.602	湖北	0.852	吉林	0.872	四川	0.928	安徽	0.985	甘肃	0.945
河北	0.915	湖南	0.962	黑龙江	0.885	贵州	0.959	福建	0.903	青海	0.962
山西	0.878	广东	0.808	上海	0.597	云南	0.919	江西	0.964	宁夏	0.934
内蒙古	0.938	广西	0.859	江苏	0.838	西藏	0.97	山东	0.896	新疆	0.904

表4-3　　2003—2012年中国东中西部地区资本流动规模β平均值

地区	东部地区	中部地区	西部地区
β	0.727	0.913	0.931

总体来讲，我们发现东部地区的资本流动规模远远超过中部和西部地区，中部地区的资本流动规模略高于西部地区，西部地区由于产业结

构、地理位置的影响，其资本流动性不是很强。

第四节　实证分析

根据资本流动提高全要素生产率水平的理论分析，将外资流入、对外直接投资以及内资流动引入模型，同时考虑到影响全要素生产率的其他主要的相关因素，包括 R&D 投入以及人力资本，建立国际国内资本双向流动模型。

$$\Delta \text{Ln}TFP_{i,t} = C + \alpha_1 \Delta \text{Ln}RD_{i,t} + \alpha_2 \Delta \text{Ln}H_{i,t} + \alpha_3 \Delta \text{Ln}FDI_{i,t} + \alpha_4 \Delta \text{Ln}OFDI_{i,t} + \alpha_5 \beta_t + \varepsilon_{i,t} \quad (4-2)$$

本章使用的是 2003—2012 年中国省级层面的数据，包含 10 年 29 个省份的面板数据，在研究方法的选择上，根据 Hauseman 检验，本章采用固定效应进行研究。数据来源于《中国统计年鉴》《中国金融统计年鉴》、国家统计局数据、同花顺数据库以及知网数据库。

$TFP_{i,t}$ 表示 i 省份 t 年的全要素生产率，$RD_{i,t}$ 指的是 i 省份 t 时间的 R&D 投入量，衡量 R&D 指标比较多，在选取多种指标参数进行尝试后，最终选择了各省份历年专利申请数作为历年各省份的 R&D 指标。本章选取的 $H_{i,t}$ 是指 i 省份在 t 年的人力资本（Human Capital），人力资本选取的数据为历年各省份就业人口数 × 就业人口人均受教育程度；$FDI_{i,t}$ 和 $OFDI_{i,t}$ 分别指 i 省份在 t 年的外商直接投资额和对外直接投资额，β 系数代表省级层面资本流动的规模，将在下面章节进行数据测算，$\varepsilon_{i,t}$ 为控制变量。人力资本的测算参考（彭国华，2005）教育年限法。

一　单位根检验

Augmented Dickey-Fuller 即单位根检验，简称 ADF 检验，显示各变量一阶差分在一定置信区间平稳，其中全要素生产率、人力资本、外商直接投资在 5% 水平下通过 ADF 检验，对外直接投资在 1% 水平下通过 ADF 检验。见表 4-4。

表 4-4　　　　　　　　　　单位根检验

变量	ADF 统计值	显著性水平（%）
ΔLnTFP	-7.1255	1
ΔLnH	-7.9936	1
ΔLnRD	-18.0757	1
ΔLnFDI	-16.6043	1
ΔLnOFDI	-16.5396	1

二　自相关性检验

计算各变量之间的皮尔逊积矩相关系数（Pearson Product-moment Correlation Coefficient，PPMCC 或 PCCs），相关系数见表 4-5。Pearson 自相关性检验结果显示，各因变量之间存在关联性较弱。个别因变量之间由于时间序列的原因，也存在置信区间在 10%—20% 的关联，之后我们将对数据用广义最小二乘法进行处理，剔除自相关因素。

表 4-5　　　　　　　　　Pearson 自相关性检验

		人力资本	R&D	FDI	OFDI	内资规模 β
人力资本	Pearson 相关性	1	0.192	-0.046	-0.121	0.013
	显著性（双侧）		0.112	0.461	0.052	0.841
	N	261	261	261	261	261
R&D	Pearson 相关性	0.192	1	-0.074	-0.059	0.156
	显著性（双侧）	0.112		0.233	0.345	0.211
	N	261	261	261	261	261
FDI	Pearson 相关性	-0.046	-0.074	1	-0.096	0.047
	显著性（双侧）	0.461	0.233		0.121	0.451
	N	261	261	261	261	261
OFDI	Pearson 相关性	-0.121	-0.059	-0.096	1	-0.026
	显著性（双侧）	0.052	0.345	0.121		0.674
	N	261	261	261	261	261

续表

		人力资本	R&D	FDI	OFDI	内资规模 β
内资流动规模 β	Pearson 相关性	0.013	0.156	0.047	-0.026	1
	显著性（双侧）	0.841	0.211	0.451	0.674	
	N	261	261	261	261	261

三 全国层面的面板回归分析

基于方程，我们利用 Eviews 7.2 软件测算人力资本、R&D 投入、IFDI、OFDI 以及内资流动规模对全要素生产率的回归分析。见表 4-6。

表 4-6　三个模型对全要素生产率影响回归结果（全国）

变量	模型一 全要素生产率 ΔLnTFP	模型二 技术进步 ΔLnTC	模型三 效率变化 ΔLnEC
人力资本	-0.066291 (0.040389)*	-0.023042 (0.019887)*	-0.041612 (0.019887)*
R&D 投入	0.036619 (0.016201)**	0.00101 (0.007977)	0.034672 (0.007977)***
外商直接投资	0.012616 (0.012090)*	0.001096 (0.005953)	0.010792 (0.005953)*
对外直接投资	-0.000662 (0.012090)**	-0.0003 (0.000152)**	-0.000362 (0.000152)*
内资流动规模	-0.147129 (0.02053)***	-0.105915 (0.010108)***	-0.040754 (0.010108)***
R^2	0.723252	0.672138	0.528767
Adj. R^2	0.653521	0.635871	0.440545

注：括号内为标准差。***、**、*分别表示在1%、10%、15%的显著性水平上显著。下表同。

对全国面板数据进行回归，我们发现内资流动的影响最大，其次是系数较小的人力资本与 R&D 投入，对外直接投资的影响最小；人力资本、对外直接投资对全要素生产率的增长呈负相关，R&D 投入、外商直接投资和内资转移规模与全要素生产率的增长呈正相关。

(1) 内资流动促进全要素生产率，实证结论与预期相符。内资流动规模 β 系数和全要素生产率的增长为负相关，且 $0<\beta<1$，当 β 值越大时，表明所用来衡量的内资流动规模越小，因为相关系数为负，所以全要素生产率的增长也降低。换句话说，内资流动规模量越大，对全要素生产率提升就越明显；当内资转流动模量每增加 1% 时，对全要素生产率有 0.147% 的提升，其中对技术的提升有 0.106%，对效率进步的提升仅有 0.04%，且各模型对应的 β 参数都通过 1% 显著性检验。所以内资流动对全要素生产率的提升，不论是技术进步还是效率提升都有着正向的促进作用。技术进步主要表现在由于产业的转移形成的溢出效应，对周边要素配置效率较低的区域有技术带动作用，而通过竞争效应，实现对目标省份的追赶，通过对全要素生产率前沿效率进步的提升，进一步优化内资的资本配置效率。

(2) 外商直接投资（FDI）对全要素生产率的提升具有正向作用。每增加 1% 的 FDI，对全要素生产率可以提升 0.013%，效率变化提升 0.001% 左右。技术进步提升不显著，且都在 15% 水平下显著。FDI 进入中国后，在短期内通过溢出效应带来的全要素生产率的提升不显著，更多的是提升地区的经济效率。张宇（2007）在利用数据包络分析（DEA）方法测算对全要素生产率的影响时，认为 FDI 对全要素生产率的影响不是短期现象，更多的是对全要素生产率的一种长期性趋势。

(3) 对外直接投资（OFDI）对全要素生产率的影响呈负相关，与理论预期不符。每增加 1% 的 OFDI 流出，仅导致 0.00066% 的全要素生产率的下降。这个结果说明 OFDI 存在微弱的负效应，在国内经济不景气的背景下，对外直接投资出现非理性高潮。在 2003 年非典疫情暴发，国内市场环境不景气，投资回报率很低，2004 年全国平均 OFDI 较上年增长了 175%，其中西部地区较上年增长了 285%，东部地区增长了 117%，中部地区增长了 122%。2007 年受美国次贷危机影响，全球经济不景气，我国平均 OFDI 较上年增长了 249%，其中西部地区增长了 394%，东部地区增长了 179%，中部地区增长了 174%。从 2004 年到 2012 年，全国平均年增长率达 178%。我国商务部、国家统计局、国家外汇管理局发布《中国对外直接投资统计公报》显示，2011年，我们境外企业亏损占22.4%，其中2000家境外央企中有27.3%是亏损。所以根据理论分析OFDI能够通过市场规模效应、竞争效应以及边际产出转移效应为母国带来技术外溢从而提升全要素生产率，但是现实与理论相差较大，林秀（2014）基于2004—2011年的面板数据对全国29个省区市进行OFDI和全要素生产率回归分析，发现OFDI每增加1%，全要素生产率就会下降0.046%，说明OFDI对全要素生产率存在显著的负溢出效应。我们认为结果呈负相关主要有两方面原因。第一，我们对外直接投资起步比较晚，而近年来外商直接投资的流出量又较大，导致在国内的投资不足，对本土企业研发投入不足，使得国内的全要素生产率降低，未起到产业转型升级效果。第二，对外直接投资即使是在2008年国际金融危机期间，仍然呈现疯狂高速增长的态势，一定程度上带有投机性与盲目性，甚至是资产转移型OFDI，而境外投资企业的高亏损比例又影响境内母公司的发展，导致全要素生产率提升不足。

（4）R&D投入对全要素生产率的影响呈正相关。每增加1%的R&D投入，将会使得全要素生产率提升0.037%，且在5%的水平下比较显著。R&D增长率的提高是企业自主创新开发能力的体现，是促进企业技术进步和生产创新的源泉。但是根据表4-6模型二、模型三进一步分解，我们发现R&D投入更多的是效率进步的体现，其在1%水平下显著。对企业技术进步并不是十分显著。而DEA-Malmquist全要素生产率分解的效率进步体现的是前沿面，即全要素生产率较低的落后地区通过R&D投入向全要素生产率较高的相对发达地区进行追赶是有利的。因此通过R&D投入，在其他要素不变这一假设下，全要素生产率的地区差距会缩小。

（5）人力资本影响全要素生产率，实证结果与理论预期也不一致。人力资本投入量每增加1%，全要素生产率就会减少0.066%，由于人力资本所用的是就业人口数量和就业人口教育水平的一个乘积，而近年来九年制义务教育的推行以及高校的扩招，在一定程度上使得人均就业人口的教育水平稳步上升，同时产业发展所需要的技能人才出现短缺，出现了技校生收入高于大学生收入的现象。所以我们认为，从全国层面来看，人力资本对全要素生产率呈现负向关系说明我国教育结构出现资源错配，盲目追求高学历导致高等教育对于技能教育的挤出，使得高等教育出现相对的过剩。

四 分地区的回归分析

将中国分为东中西部三个地区，把人力资本、研发投入、外商直接投资、对外直接投资和内资流动规模分别对全要素生产率、技术进步、效率变化进行回归分析，以比较东中西部地区的内外资流动促进全要素生产率的效应，回归结果如表4-7所示。

表4-7 我国东中西部地区全要素生产率提升影响因素比较

变量	全要素生产率 ΔLnTFP 东部	中部	西部	技术进步 ΔLnTC 东部	中部	西部	效率变化 ΔLnEC 东部	中部	西部
人力资本	-0.107 (0.06)*	-0.009 (0.056)	-0.046 (0.068)	-0.065 (0.045)*	-0.02 (0.03)	-0.015 (0.012)	-0.041 (0.045)	0.01 (0.052)	-0.03 (0.07)
R&D投入	-0.012 (0.029)	0.041 (0.02)**	0.054 (0.02)**	-0.015 (0.013)	0.028 (0.01)**	0.0075 (0.006)*	0.002 (0.021)	0.012 (0.02)**	0.047 (0.02)**
外商直接投资	0.074 (0.1)***	-0.010 (0.015)	0.001 (0.015)	0.03 (0.02)*	0.001 (0.01)	-0.004 (0.004)	0.041 (0.021)*	-0.012 (0.014)	0.004 (0.015)
对外直接投资	0.001 (0.01)**	-0.0006 (0.1)***	-0.0002 (0.0006)	-0.001 (0.00)***	0.0001 (0.001)	0.0029 (0.0002)	0.0002 (0.0004)	-0.0008 (0.01)***	-0.0003 (0.01)
内资转移规模	-0.186 (0.3)***	0.223 (0.1)***	0.115 (0.1)***	-0.133 (0.021)***	-0.067 (0.04)**	0.005 (0.01)***	-0.051 (0.02)**	0.286 (0.07)***	0.109 (0.1)***

注：*、**、***分别表示在15%、10%、1%的显著性水平上显著。

上表的数据显示：与全国范围一样，分地区情况下人力资本对全要素生产率的影响还是负向作用，在东部地区是显著的，而中西部地区的统计检验不显著。主要原因可能还是教育资源结构与实体经济结构的不匹配。研发投入对于全要素生产率的影响统计检验是不显著的，可能过度的激励导致资源的错配，与理论预期不一致；在中西部地区每增加1%的R&D投入，能够为中部和西部地区分别带来0.041%和0.054%的促进作用。研发投入为中部地区带来的技术进步最大，每增加1%的R&D投入，会增加0.028%的技术进步；对西部地区带来的效率变化最大，每增加1%的R&D投入，会增加0.047%的效率进步。

外商直接投资对东部地区的全要素生产率影响是显著的，每增加1%的外商直接投资（IFDI），可以增加0.074%的全要素生产率，东部地区分别增加0.03%的技术进步和0.041%的技术效率进步。而中部地区和西部地区IFDI的流入对全要素生产率的作用统计不显著。对外直接投资（OFDI）对全要素生产率的影响，东部地区为正影响，每增加1%的OFDI能够增加0.001%的全要素生产率，而对于中西部地区基本为负影响，且中部地区OFDI对全要素生产率负影响最大，每增加1%的OFDI流出，导致全要素生产率下降0.0006%，降低了中部地区0.0008%的技术效率。

观察内资流动规模对全要素生产率的影响，数据显示，东部地区内资流动对全要素生产率的促进作用最为明显，成为影响其全要素生产率增长最为主要的因素之一，根据表4-7结果，每增加1%的内资流动量，能够带来0.186%的全要素生产率的提升，把全要素生产率分解为技术进步和技术效率进步，发现可以提升0.133%的技术进步，提升0.051%的技术效率。而中西部地区由于资本的流出，导致全要素生产率的降低，每流出1%的区域资本，中西部地区分别减少0.223%和0.115%的全要素生产率，且中部地区流出的现象更为明显，导致中部地区技术效率下降0.286%。内资的流动对我国东中西部全要素生产率影响比较明显，基本都在1%和10%水平下显著，结论与理论预期相符。内资的双向流动对于发达的东部地区提高效率更为有利，而对中西部地区的效率提升具有一定负面影响。

第五节 结论与政策建议

本章基于2003—2012年29个省份面板数据，利用"内外资双向流动"模型，选取参数人力资本、R&D投入、对外直接投资、外商直接投资和内资流动规模，对全要素生产率进行回归，通过对索洛残差法和DEA-Malmquist非参数法对全要素生产率进行测量比较，选择精度较高更符合中国宏观经济趋势变化的DEA-Malmquist指数分析法测算结果，并将全要素生产率分解为技术进步和技术效率进步，并把样本分为东中西三个部分进行实证分析。研究结果表明：

①内资的流动促进了全要素生产率水平提升，但是地区比较显示，内资的流动对地区全要素生产率的影响存在较大的不平衡性。东部地区的集聚发展不仅促进东部地区经济规模增长，全要素生产率的提高也很显著，而对中西部地区具有明显的挤出效应。由于东部地区向中西部地区转移的产业主要是东部地区相对落后的产业，由此导致内资在东部与中西部的转移。异质性产业资本的双向转移，形成了东部地区对中西部地区效率上的挤出效应。

②外资（FDI）与对外直接投资（OFDI）对全要素生产率的作用也同样主要体现在东部地区，内外资流动的全要素生产率提高效应对东部地区更为有利，而对中西部地区具有挤出效应。由于外资流入与对外直接投资主要集中在东部地区，由此内外资的跨国转移意味着东部产业的扩张与升级力度更大，对于东部地区全要素生产率的提高更为明显。

③人力资本的影响由于存在普遍的教育资源错配与流动性，高等教育相对过剩与技能教育相对缺乏，导致人力资本对全要素生产率出现明显的负面效果。而研发作用总体上是正面的，但是存在明显的地区差异：对东部地区有负面影响，而对中西部地区有正面影响，这种差异可能由于发达的东部地区存在过度激励，导致研发资源的错配，而较落后的中西部地区对于研发激励的竞争相对较弱，从而较少导致这种资源错

配所引起的负面影响，因此在中西部地区研发促进全要素生产率的提升效应具有正面影响。

根据本书实证分析结果，我们给出如下建议：

①加快实现资本利率的市场化。"内外资双向流动"模型中最根本的机理就是资本的流动。而资本流动规模较大的省份对当地区域的全要素生产率的提升呈正向促进作用，进一步开放金融、降低资本流动成本是进一步促进内资转移，提高资本配置效率的重要保障。

②东部地区进一步吸引外资。本书的实证分析发现，吸引高质量的外商直接投资所产生的外溢效应，通过促进技术效率的改善和技术进步两个层面影响全要素生产率的提高，从而提升东部地区全要素生产率。

③加大中西部地区 R&D 投入的政策支持。中西部地区 IFDI、OFDI 和内资规模与东部地区的差距仍在不断拉大，和东部地区相比，中西部地区对自主研发的技术吸收比较强。要缩小日益扩大的和东部的差距，不仅需要配置效率较高的资本流入，中央政府在中西部地区自身 R&D 投入不足的情况下，在高新技术方面有巨大潜力的企业，应从国家战略层面统筹考虑技术获取方式的转变，加速中西部自主创新和技术进步的进程。

④优化教育资源与研发资源的合理配置，扭转过度追求高大上的政策激励，改变盲目追求高学历的观念，加强职业技能教育，加强高等教育中专业应用型人才培养，改善教育资源与研发资源的错配。

第五章 中国吸收创新知识跨国外溢的国际化渠道比较*

第一节 引言

国际化渠道是发展中国家吸收发达国家技术转移和创新知识外溢的主要途径,国际化渠道及其影响国际化渠道发展的政策自然是影响后起国家吸收发达国家创新知识外溢的重要因素。Maskus（2003）将国际创新知识外溢的渠道分为无补偿的模仿、员工流动、公开的专利信息、贸易、FDI和许可等渠道。为了便利研究,本章根据已有文献将创新知识的跨国外溢渠道简化为贸易渠道（进口、出口）和国际直接投资（FDI、OFDI）四种渠道,从国际R&D外溢渠道的角度实证比较中国吸收国际R&D外溢的效果差异,为基于R&D外溢的国际化战略与政策提供依据。

关于国际创新与技术外溢的实证研究已经有大量文献,但是多数是从单一渠道角度来研究。在贸易与投资渠道中文献最为集中的是关于FDI的技术外溢研究。FDI流入的技术外溢研究有MacDougall（1960）、Caves（1974）、Kokko（1992）等做了开创性研究,研究结论存在矛盾,其中Aitken与Harrison（1999）、Chen（1996）、Tsou和Liu（1997）的结论是负效应。国内学者也有大量研究,但是结论同样存在矛盾。多数

---

* 本章由姚利民、王若君完成,是教育部人文社科研究项目（11YJA790185）成果之一。论文已经发表于《国际贸易问题》2011年第12期,题目:《中国吸收发达国家R&D跨国外溢的国际化渠道比较》。

文献的研究结论认为有积极效应，如何洁（2001）、沈坤荣等（2001）、王志鹏等（2004）、刘宁（2006）等，结论是负效应或作用不明显的有张海洋、刘海云（2004），马天毅、马野青、张二震（2006），陈继勇和盛杨怿（2008）等。对 OFDI 的技术溢出效应的研究相对少些，最早始于 Kogut 和 Chang（1991）、Yamawaki（1993）研究日本对美国和欧洲的技术获取型 FDI，结论是正面效应。国内的学者赵伟、古广东和何元庆（2006）、杜群阳（2007）、姚利民和孙春媛（2007）对中国技术获取型 FDI 和逆向型 FDI 进行了实证研究。在出口的创新和技术外溢方面，赖明勇等（2002）、包群等（2003）、许和连等（2005）等研究结论基本上是正效应。在进口方面，黄先海（2005），方希华、包群、赖明勇（2005），李小平、朱钟棣（2006）等多数研究结论是正面效应。

单一因素的研究更容易放大（黄先海，2005）、甚至扭曲创新与技术外溢的效应。根据计量经济学原理，如果计量分析的各因素是相互独立的，则单因素和多因素的计量回归分析得出的结论应该是一致的。但是由于这些因素之间往往相互联系，因此，针对贸易与投资多渠道的综合研究更具有客观意义。近年来针对多渠道 R&D 外溢效应的研究文献日益增多，黄先海、张云帆（2005）比较了贸易与外资渠道的外溢效果，Liu、Buck（2007）使用中国高技术产业 1997—2002 年的面板数据，比较了进口、出口和外资三种渠道的外溢效果，但是他们都没有考虑对外直接投资渠道（OFDI）。Lee（2006）使用 16 个 OECD 国家 1981—2000 年的面板数据，分析了通过 FDI、OFDI、中间产品进口、非实体的直接渠道进行的国际技术外溢，结果显示，通过非实体的直接渠道和 FDI 渠道进行的技术外溢是重要和显著的，而通过 OFDI 和中间产品进口进行的技术外溢并不明显。Keller、Yeaple（2009）估计了 1987—1996 年通过进口和 FDI 渠道对美国制造业进行 R&D 溢出效应分析，结果表明 FDI 导致了国内企业的实质性的生产率提高，尤其是在高技术部门，而进口的 R&D 溢出效应较小。郭庆宾、方齐云（2009）从进口贸易与 FDI 流入两个渠道对国际 R&D 的外溢做了实证分析，效应都为正，但是程度上有所不同。李杏、Chan（2009）和黄先海、张云帆（2005）

的实证研究得出外资的 R&D 外溢效应略大于外贸的外溢效应。王英和刘思峰（2008）实证分析了国际 R&D 溢出的四种国际化渠道对中国全要素生产率的影响，得出的结论是国内的 R&D 支出是促进全要素生产率增长的最重要因素，FDI 和出口贸易渠道的技术外溢对全要素生产率增长具有正效应，但是以 OFDI 和进口贸易为渠道的国际 R&D 溢出对全要素生产率是负面效应，这与四种渠道对国际 R&D 外溢都为正面效应的理论预期不一致。主要文献的研究方法和结论详见表 5-1。

表 5-1　国际 R&D 跨境外溢渠道效果比较的主要研究文献汇总

文献	方法/渠道	进口	出口	FDI	OFDI	结论
单一渠道计量回归比较							
李平、钱利（2005）	单渠道回归	滞后 1 年 0.1828		滞后 1 年 0.0138		正溢出符合预期
李杏、Chan（2009）	FDI、贸易和 TFP 两两因果检验	FDI 和对外贸易都是技术进步的长期和短期原因，但外资的溢出效应略大于外贸的溢出效应				基本符合预期
多渠道综合计量比较							
谢泗薪、薛求知（2004）	国际化双向渠道的学习模式与机理分析	围绕如何培育和发展核心能力，从内向国际化和外向国际化的双向视角，系统设计了互动型学习与本土化学习的模式和机理				国际化是全球学习的路径
黄先海等（2005）	贸易与 FDI 渠道回归	0.025		0.030		正溢出符合预期
Lee（2006）	FDI、OFDI、进口、专利等多渠道回归	FDI 和专利等无形直接渠道有较好外溢效果，而 OFDI 和进口无益于外溢				不符合预期
Liu、Buck（2007）	进口、出口、FDI 对本土高技术企业创新的多渠道外溢	出口渠道＞进口渠道＞FDI 渠道				正溢出符合预期
王英等（2008）	多渠道回归	-0.227	0.146	0.13	-0.041	两个负溢出不符合预期
郭庆宾等（2009）	进口与 FDI 渠道回归	0.061		0.0308		正溢出符合预期
Keller，Yeaple（2009）	进口与 FDI 多渠道回归	较弱的外溢		高技术产业外溢强于低技术产业外溢		正溢出符合预期

由以上文献可见，单一渠道的比较虽然证明了正溢出的预期结果，但是单一渠道的回归比较可能出现放大和扭曲效果，而多渠道的综合回归研究多数文献通常只是比较两种或三种渠道，没有包括最常见的四种国际化渠道。王英（2008）比较了进出口与FDI和OFDI四种渠道，但是结论出现负溢出，不符合理论预期。本章希望从理论机理和实证角度比较不同国际化渠道吸收国际R&D外溢的机制和效果，为中国更好地吸收国际创新知识外溢的国际化政策提供政策思路。

第二节 国际化渠道吸收国际R&D外溢的机制和路径比较

R&D外溢的本质是R&D创新知识与成果的外溢。从发达国家R&D知识外溢方到中国吸收外溢知识的吸收方，中间环节、传递路径、接收方的学习主动性与外溢方的外溢控制都决定着创新知识外溢的效果。

一 关于外溢的外溢方、吸收方和中介

外溢的当事方主要有发达国家的R&D知识的外溢方、发展中国家的知识吸收方和知识传递的中介。知识传递的中介既是外溢方又是吸收方，从传递路径看，先是吸收方后是外溢方。以出口渠道为例，发达国家商品消费者、生产者、相关竞争者是拥有R&D先进知识的外溢方，而发展中国家生产者、消费者与相关竞争者是知识的吸收方，发达国家的进口商和发展中国家出口商作为中介，可以是一家公司，承担着跨境外溢的功能，先是吸收方后是外溢方。其他渠道的外溢详见图5-1。

二 知识外溢与传递的路径和环节

关于知识外溢与传递的路径和环节，包括发生在发达国家的前端外溢、发生在发展中国家的后端外溢和狭义的跨境外溢三阶段外溢环节。

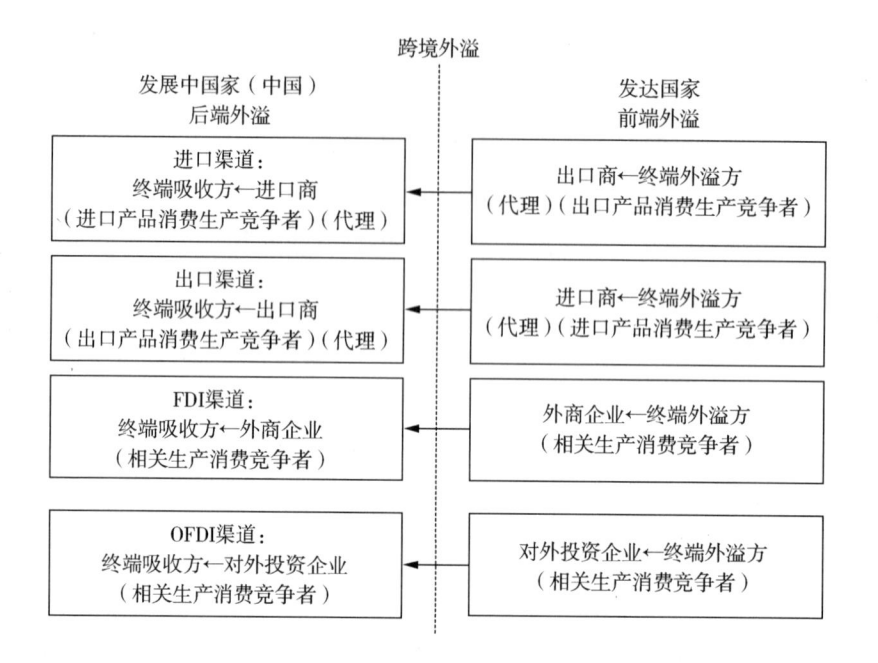

```
                          跨境外溢
     发展中国家(中国)              发达国家
       后端外溢                   前端外溢
  ┌─────────────────┐      ┌─────────────────┐
  │   进口渠道:      │      │ 出口商←终端外溢方 │
  │ 终端吸收方←进口商 │◄─────│ (代理)(出口产品消费生产竞争者)│
  │(进口产品消费生产竞争者)(代理)│    └─────────────────┘
  └─────────────────┘
  ┌─────────────────┐      ┌─────────────────┐
  │   出口渠道:      │      │ 进口商←终端外溢方 │
  │ 终端吸收方←出口商 │◄─────│ (代理)(进口产品消费生产竞争者)│
  │(出口产品消费生产竞争者)(代理)│    └─────────────────┘
  └─────────────────┘
  ┌─────────────────┐      ┌─────────────────┐
  │   FDI渠道:       │      │ 外商企业←终端外溢方│
  │ 终端吸收方←外商企业│◄─────│(相关生产消费竞争者)│
  │(相关生产消费竞争者)│      └─────────────────┘
  └─────────────────┘
  ┌─────────────────┐      ┌─────────────────┐
  │   OFDI渠道:      │      │对外投资企业←终端外溢方│
  │终端吸收方←对外投资企业│◄───│(相关生产消费竞争者)│
  │(相关生产消费竞争者)│      └─────────────────┘
  └─────────────────┘
```

图 5-1　R&D 跨国外溢的四种国际化渠道路径比较

以进口渠道为例，R&D 知识首先从发达国家创新知识的终端外溢方传递到它的出口商，而这里的终端外溢方主要是出口产品的生产者，但不仅仅是生产方，还包括出口产品的消费者和相关竞争者。因此前端的外溢包括了发达国家内部的知识外溢过程。其次，知识传递进入跨境外溢，由发达国家出口商通过内嵌着创新知识的出口品交易传递到发展中国家的进口商。如果进出口贸易是直接贸易方式，免去了中间代理商，则发达国家的出口商和发展中国家的进口商就是由一家企业来完成。最后是发生于发展中国家的后端外溢，是发展中国家内部的知识传递过程，即通过进口产品将知识从进口商传递到消费者（进口产品的使用者）、相关生产者和竞争者。其他渠道的 R&D 跨国外溢传递路径和环节详见图 5-1。

三　影响知识外溢效果的因素

影响知识外溢效果的主要因素，包括技术知识拥有者的外溢控制、吸收方的学习能力和主动性、知识传递渠道路径和中介的复杂性。发达国家企业为了保持其先进技术知识的领先地位，一方面大量投资 R&D，另一方面往往要控制 R&D 知识的外溢。而发展中国家企业通过贸易与投资等国际化活动不仅仅是为了促进本国经济增长，还为了促进技术进步、提高 R&D 知识转移与吸收效果，这是新形势下所追求的更高目标，因此学习主动性和吸收能力是提高外溢效果的重要因素。国内的赖明勇等在利用 FDI 吸收能力研究、徐金发等在企业知识转移和吸收能力等领域都做了大量国际文献综述和研究。

①知识国际传递的渠道模式和路径长度也将影响知识外溢的效果。根据 Sachs、Woo、Yang（2000）和 Lee（2005）等学者的研究，发展中国家的追赶进程与经济开放水平之间有紧密关系。在最初的发展阶段，进口是追赶国普遍采用的最有效的方式，因为一个处于低技术水平和低收入的追赶者会通过引进领先国的技术和资本来缩小其与领先国之间的差距。从发展中国家产业技术发展实践看，进口和利用 FDI 是学习利用发达国家 R&D 知识优先采用的赶超战略和主要途径，但是发达国家先进技术产品的出口控制政策和外商投资企业技术控制无疑阻碍了发展中国家吸收发达国家 R&D 知识的外溢效果。许多案例表明发展中国家让出了国内市场但是学到和吸收的创新知识效果并不理想。从学习主动性看，当前流行的直接到发达国家投资（OFDI）从事 R&D 活动已经成为发展中国家学习吸收发达国家先进创新知识的重要途径。

②中间环节多、路径长同样影响知识跨国外溢的效果。以发展中国家出口渠道为例，如果出口到发达国家，中间经过了多层出口代理和进口代理，则从发达国家终端的知识外溢方到发展中国家终端的知识外溢吸收方的路径将会非常长，中间环节的信息损耗和扭曲也就更多，因此吸收外溢的效果将会比较差。而如果中间环节少，出口产品生产企业能将商品直接销售到终端消费者，则发达国家终端消费者的新知识和高要求将会较好地传递到发展中国家终端吸收方（出口产品生产企业）。如果出口生产企业具有很主动的学习机制（赋予海外销售公司

和员工学习了解新产品知识的功能和激励政策），则出口生产企业在发达国家销售产品时能够主动学习和有效掌握高端消费者的产品的新知识和新要求。因此，中间环节的复杂性和学习主动性影响了吸收知识外溢的效果。

③一国实际吸收跨境知识外溢效果不仅受到上述因素的影响，还受到传递渠道规模的影响，而渠道规模的大小与该国国际化发展阶段和国际化政策密切联系。根据传统的发展经济学观点，进口和 FDI 内向国际化在开放的初级阶段最受欢迎，因为面对国际贸易中激烈的竞争压力，经济增长可以靠进口和 FDI 有效利用先进技术知识资源。对于外向国际化，Calof 和 Beamish（1995）认为伴随着国际化水平的提高，外向国际化模式遵循出口→初级对外直接投资（生产环节转移）→高级对外直接投资（R&D 环节转移）的发展路径。出口贸易是企业外向国际化最基本的形式，对外直接投资 OFDI 是外向国际化的高级阶段。但是四种常见的国际化模式之间存在着复杂的互动关系。Liu，Wang，Wei（2001）认为进口的不断增长会导致内向 FDI 的不断增加，需要进一步促使出口的不断增长。Stern（1997）提出内向 FDI 与出口之间本质上是一种互补的关系，但当内向 FDI 是采取在东道国设立投资子公司的方式，FDI 将促进出口的增长（如小岛清的边际投资模式）。当然这种复杂的互动关系受到国际化政策的影响，因此国际化渠道的互动关系和国际化鼓励政策决定了国际化渠道的规模差异，进而影响了吸收国际知识外溢的效果。

上述分析表明，进口、出口、FDI 和 OFDI 这四种渠道不仅具有促进经济增长效应，而且是吸收国际 R&D 外溢的主要渠道。下文将在 CH 模型和 LP 模型基础上，使用适当修正的计量模型，采用中国 1986—2007 年的时间序列数据对中国四种渠道吸收知识跨国溢出效应进行实证比较。本章希望通过更为合理的国际 R&D 外溢计量方法比较多渠道的 R&D 外溢效果，以便为更好地吸收国际 R&D 外溢的国际化政策调整提供方向。

第三节 变量的设定及数据来源

本章分析的主要变量指标有我国全要素生产率、主要发达国家 R&D 资本存量、我国四种国际化渠道吸收外国 R&D 外溢的数量。

一 全要素生产率（TFP）

本章采用索洛残差法来测算全要素生产率（TFP），作为我国技术进步指标。这里用柯布—道格拉斯生产函数作为总生产函数：$Y_t = AK_t^\alpha L_t^\beta$，式中：$Y$ 为现实产出，用 GDP 来表示；并且采用 GDP 平减指数对其进行平减，将当年价格折算成按基年（2005）不变价格计算的实际 GDP，L 为劳动投入，用就业人数来表示；K 为资本存量，α、β 分别衡量了资本和劳动力的产出弹性，本章取 $\alpha=0.3$、$\beta=0.7$。

测算资本存量的基本方法是由 Goldsmith 于 1951 年开创的永续盘存法，现在被 OECD 国家所广泛采用，本章采用的是 Hulten 和 Wykof（1981）资本存量的测算公式

$$K_t = I_t/P_t + (1-\alpha_t) K_{t-1} \qquad (5-1)$$

其中 K_t 表示第 t 年的实际资本存量，K_{t-1} 表示第 $t-1$ 年的实际资本存量，I_t 表示第 t 年的名义投资，P_t 表示固定资产投资价格指数，α_t 表示第 t 年的固定资产折旧率。

对于 1988 年资本存量 K 的确定，采用 Chow 和 Li（2002）的估算结果，将其调整为以 2005 年为基期。固定资产投资额也和 GDP 一样进行不变价格处理，折算成以 2005 年不变价格计算的固定资产投资额。关于固定资产折旧率我们选择了王小鲁和樊纲（1999）假定的固定资产折旧率 5%。

二 国外 R&D 资本存量

对于国外 R&D 投入样本的确定，综合考虑各国 R&D 资本存量的多

少，结合我国对外直接投资和出口的主要去向以及外国直接投资和进口的主要来源，并考虑到数据的可得性，本章选取了 G7 国家（美国、日本、德国、法国、英国、意大利、加拿大）以及韩国和新加坡共 9 国在样本期间的 R&D 投入作为国外 R&D 资本存量。

各年的国外 R&D 支出的数据从国研网中各年各国用 PPP 方法表示的以 2005 年美元为基期的 GDP 数据和各国各年 R&D 支出占 GDP 的比例数值相乘得到①。然后利用永续盘存法求出各国各年的 R&D 资本存量。其公式为

$$S_{it}^d = (1-\delta) SD_{i(t-1)}^d + RD_{it} \qquad (5-2)$$

其中 S_{it}^d 为 t 年的 R&D 存量，$SD_{i(t-1)}^d$ 为 t−1 年的 R&D 存量，RD_{it} 为 t 年的折算为 2005 年不变价格的投入，δ 为存量的年折旧率，沿用 Coe 和 Helpman（1995）采用研发数据进行时间序列回归所得的 5%。本章运用 Griliches（1980）提出的方法计算各国在 1986 年的研发存量：$S_{i1986} = RD_{i1986}/g + \delta$。其中，$S_{i1986}$ 为各国在 1986 年的研发资本存量，RD_{i1986} 为 1986 年的研发经费支出。根据 Coe 和 Helpman（1995）的定义，g 为 1986—2007 年每年研发投资支出对数形式增长率的平均数。

三　四种国际化渠道溢出的外国 R&D 存量的估计：SIM、SEX、SFDI 和 SOFDI

本章应用 Lichtenberg 和 Potterie（1998）的方法（简称 LP 法）估计国际化各渠道溢出的国际 R&D 数量。

SIM_i 是通过进口渠道溢出的外国 R&D 资本存量，$SIM_i = \sum_{j \neq i} \frac{m_{ij}}{y_j} S_j^d$，$m_{ij}$ 是国家（地区）i 从国家（地区）j 进口的商品量，y_j 是国家（地区）j 的 GDP，S_j^d 是国家（地区）j 的国内 R&D 资本存量。

SEX_i 是通过出口渠道溢出的外国 R&D 资本存量，$SEX_i = \sum_{j \neq i} \frac{x_{ij}}{y_j} S_j^d$，

---

① 国研网网址：http://edu.drcnet.com.cn/DRCNet.Edu.Web/。下同。

其中，X_{ij}是国家（地区）i向国家（地区）j出口的商品量，y_j是国家（地区）j的 GDP，S_j^d是国家（地区）j的国内 R&D 资本存量。

$SFDI_i$是通过 FDI 渠道溢出的外国 R&D 资本存量，$SFDI_i = \sum_{j \neq i} \dfrac{f_{ij}}{k_j} S_j^d$，其中，$f_{ij}$是国家（地区）$j$流向国家（地区）$i$的直接投资，$k_j$是国家（地区）$j$的固定资本形成总额，$S_j^d$是国家（地区）$j$的国内 R&D 资本存量。

$SOFDI_i$是通过 OFDI 渠道溢出的外国 R&D 资本存量，$SOFDI_i = \sum_{j \neq i} \dfrac{o_{ij}}{k_j} S_j^d$，其中，$o_{ij}$是国家（地区）$i$流向国家（地区）$j$的直接投资，$k_j$是国家（地区）$j$的固定资本形成总额，$S_j^d$是外国（地区）$j$的国内 R&D 资本存量。

使用国研网上 9 个国家固定资本形成总额占 GDP 的比重，然后乘以 PPP 方法表示的以 2005 年为基期的各国 GDP，即得到以 2005 年为基期的各国固定资本形成总额。

中国与各国的进口额、出口额和内向 FDI 数据来自 1987—2008 年《中国统计年鉴》，中国对外直接投资存量 2003—2007 年的数据来自 2004—2008 年《中国对外经济贸易年鉴》和《中国商务年鉴》，由于统计上的原因，缺乏 2002 年之前的数据，因此本章 1986—2002 年的数据来自赵伟、古广东、何元庆（2006）论文中的数据。由于缺少中国向法国和意大利对外直接投资的 1986—2002 年的数据，考虑到 2003—2006 年中国向法国和意大利对外直接投资规模很小，因此对外直接投资的数据用其余 7 国代替。

为了方便实证分析，保证数据的可比性，我们将进口额、出口额、FDI 和 OFDI 先用当期人民币兑美元汇率将其转换为人民币表示的金额，然后用国内生产总值平减指数将其转换为 2005 年不变价格的金额，再用 2005 年人民币兑美元 PPP 汇率将其转换为以 2005 年为基期的美元表示的金额。

第四节 国际化渠道的 R&D 跨境外溢效应比较

下文的分析分为两个部分：第一部分是单一渠道的 R&D 外溢效应估计与比较，分别对四种渠道溢出的外国 R&D 资本存量对中国技术进步的影响建立一元回归模型单独进行实证检验，使用的计量方法是协整检验；第二部分是多渠道综合的 R&D 外溢效应估计与比较，将不同溢出渠道纳入同一个模型来对我国技术进步的影响进行综合比较分析。

一 单一渠道的 R&D 外溢效应估计与比较

为了考察四种渠道溢出的外国 R&D 资本存量单独对我国技术进步的影响，本章建立单一溢出渠道影响我国全要素生产率的计量模型，模型如下：

$$\operatorname{Ln}TFP_{it} = \alpha_0 + \alpha_1 \operatorname{Ln}X_{it} + \varepsilon_{it} \qquad (5-3)$$

式中 X 代表进口渠道外溢量（SIM）、出口渠道外溢量（SEX）、外资渠道外溢量（SFDI）和对外投资渠道外溢量（SOFDI）。同时对各变量取自然对数，因为取对数后更容易得到平稳性，有助于消除时间序列中存在的异方差现象并且不会改变时间序列的性质和相互关系。

对变量进行协整分析之前，首先需要对变量的平稳性作检验，所有变量同阶单整是变量之间存在协整关系的必要条件。利用 Eviews 5.1 统计软件对 Ln*TFP*、Ln*SIM*、Ln*SEX*、Ln*SFDI*、Ln*SOFDI* 的 ADF 单位根检验，结果见表 5-2。

表 5-2　　　　　　　　单位根检验结果

变量序列	检验形式 (C, T, P)	ADF 统计量	临界值	平稳性
Ln*TFP* DLn*TFP*	(C, T, 3) (C, N, 1)	-2.716781 -3.594785	-3.286909 *** -3.029970 **	不平稳 平稳

续表

变量序列	检验形式 (C, T, P)	ADF 统计量	临界值	平稳性
Ln*SIM*	(C, T, 1)	-3.522890	-3.658446**	不平稳
DLn*SIM*	(C, N, 3)	-4.293379	-3.886751*	平稳
Ln*SEX*	(C, T, 3)	-3.472071	-3.690814**	不平稳
DLn*SEX*	(C, N, 1)	-3.594113	-3.029970**	平稳
Ln*SFDI*	(C, T, 0)	0.139677	-3.261452***	不平稳
DLn*SFDI*	(N, N, 0)	-2.389405	-1.959071**	平稳
Ln*SODI*	(C, T, 1)	-2.226299	-3.268973***	不平稳
DLn*SODI*	(N, N, 0)	-5.699770	-2.685718*	平稳

注：（1）变量序列中的 D 表示一阶差分；各检验形式中的 C 和 T 表示常数项和趋势项，P 表示所采用的滞后阶数，N 表示检验方程中此处对应项不存在。（2）*、**、*** 分别表示 10%、5%、1% 显著性水平下的临界值。（3）统计结果来自 Eviews 5.1。

从 ADF 检验的结果可以看出，所有变量的水平序列都是非平稳的，因此我们不可以直接对其进行 OLS 回归分析。而它们的一阶差分序列都是平稳的，即同属于一阶单整，即 1（1），因此，我们对其进行协整检验，以分析它们之间是否存在某种长期均衡关系。

采用 Johansen 检验法判别各渠道变量与全要素生产率 TFP 之间的协整关系，由于篇幅限制，本章略去了详细步骤，统计分析表明各国际化渠道 R&D 外溢量与 TFP 之间存在长期均衡关系，各渠道跨国外溢对我国技术进步的弹性系数分别为：进口渠道 0.311258、出口渠道 0.268134、FDI 渠道 0.038466、OFDI 渠道 0.038772。结论表明，所有解释变量的系数都为正，说明四种渠道的国际知识溢出对我国技术进步均产生了正向积极的促进作用，其中基于进口渠道的溢出对 TFP 的作用最大，系数为 0.311258，表明进口渠道是我国技术进步的重要来源。出口渠道的溢出对我国技术进步的贡献排在第二位，系数为 0.268134，对外直接投资的溢出效应排在第三位，其系数为 0.038772，而通过 FDI 渠道的技术溢出作用最小，系数为 0.038466。从以上计量结果我们可以得出结论，通过贸易渠道产生的 R&D 溢出效应大于通过投资渠道产生的溢出效应，四种渠道形成 R&D 外溢的大小排序为：进口渠道 > 出口渠道 >

对外投资渠道 > 外资渠道。外资渠道的技术控制和对外投资渠道的规模可能是影响外溢效果的主要因素。

二 多渠道综合的 R&D 外溢效应估计与比较

借鉴 Coe 和 Helpman（1995），Lichtenberg 和 Potterie（1998），Falvey、Foster 和 Greenway（2004）的研究模型和思路，并参考王英和刘思峰（2008）的计量模型，考虑到本章主要目的是比较分析不同渠道的溢出效应，本国的 R&D 资本存量对本国技术进步的影响不是本章的关注重点，同时为了避免后面实证分析中多一个变量进入模型所带来的多重共线性问题，本章没有考虑本国的 R&D 资本存量，将中国的技术进步与进口贸易（SIM）、出口贸易（SEX）、内向 FDI（SFDI）和外向 FDI（SOFDI）四种溢出渠道建立如下的回归方程：

$$\mathrm{Ln}TFP_{it} = \alpha_0 + \alpha_1 \mathrm{Ln}SIM_{it} + \alpha_2 \mathrm{Ln}SEX_{it} + \alpha_3 \mathrm{Ln}SFDI_{it} + \alpha_4 \mathrm{Ln}SOFDI_{it} + \varepsilon_{it} \quad (5-4)$$

式中，i 代表国家（地区）；LnTFP 是全要素生产率的对数值；SIM、SEX、$SFDI$ 和 $SOFDI$ 分别代表通过进口贸易、出口贸易、外商直接投资、对外直接投资溢出的外国 R&D 资本存量；α_0 是国家的特殊固定截距项；α_1、α_2、α_3、α_4 分别是外国 R&D 资本存量的系数；e 是误差项。其中各变量的设定与前文相同。

由于本章样本选取的是 1986—2007 年 22 个样本，样本数不足以进行协整检验，因此首先对其运用最小二乘法进行回归。就四种溢出渠道的当期值对 TFP 作回归，存在自变量的自相关性，t 检验不显著。再对进出口变量进行相关性检验，发现进出口溢出变量的相关系数达到 99.6%，说明我国进出口相关程度很大。为了消除多重共线性，本章把进出口数据合并成对外贸易渠道一个变量加以考虑。此外考虑到进出口贸易、内向型 FDI 和外向型 OFDI 对中国技术进步的影响可能存在滞后效应，因此我们在模型中加入变量的滞后期。本章在比较了加入不同变量的滞后期的回归结果后发现加入内向型 FDI 滞后一期时模型的 R^2 和 F 值最大，不存在自相关，并且主要变量的 t 值通过了

5%的显著性水平检验。因此采用将内向 FDI 滞后一期加入模型,使用的计量模型变为

$$\mathrm{Ln}TFP_{it} = \alpha_0 + \alpha_1 \mathrm{Ln}SGM_{it} + \alpha_2 \mathrm{Ln}SOFDI_{it} +$$
$$\alpha_3 \mathrm{Ln}SFDI_{it}(-1) + \varepsilon_{it} \qquad (5-5)$$

式中,SGM 代表通过国际贸易溢出的国家(地区)R&D 资本存量,$SGM_i = \sum_{j \neq i} \frac{gm_{ij}}{y_j} S_j^d$,其中,$gm_{ij}$ 是 i 国家(地区)与国家(地区)j 的进出口贸易量,y_j 是国家(地区)j 的 GDP,S_j^d 是国家(地区)j 的国内 R&D 资本存量。SFDI(-1)表示内向 FDI 滞后一期的值。其余变量的解释同式(5-3)。计量结果见表 5-3。

表5-3　以进出口贸易、内向 FDI 和外向 OFDI 为解释变量、
　　　　TFP 为被解释变量的 OLS 回归结果

变量	系数	标准差	t 统计值	P 值
C	-0.956262	0.149660	-6.389560	0.0000
SGM	0.161727	0.052111	3.103511	0.0068
SOFDI	0.033089	0.015573	2.124815	0.0495
SFDI(-1)	0.110567	0.042508	2.601067	0.0193

注:本表中的结果由 Eviews 5.0 软件计算得出。

从计量结果可知判定系数 $R^2 = 0.986228$,F = 286.4401,表明模型整体的解释能力很强,方程拟合优度很好,模型也不存在自相关,贸易渠道、滞后 1 年的 FDI 渠道和 OFDI 渠道三个变量的 t 统计量均通过了显著性检验,通过这三个渠道的外国 R&D 外溢对中国技术进步的影响都是积极的,其对应的相关系数分别为 0.161727、0.110567、0.033089。这说明,通过三种渠道的同样外溢量,对中国技术进步的作用大小依次为贸易渠道 > 滞后一期的 FDI 渠道 > OFDI 渠道。即外溢量提高 1%,则贸易渠道对中国 TFP 提高 0.1617%,通过滞后一期的 FDI 渠道促进 TFP 提高 0.1106%,而通过 OFDI 渠道促进 TFP 只增加了 0.0331%。

第五节 结论

比较单一渠道与多渠道方法的计量结果，主要有两点区别，一是单一渠道分析的贸易效应大于多渠道分析，在多渠道分析中将出口与进口合并为贸易渠道后，其外溢效应大大减少。根据我国加工贸易规模较大的特点，进口与出口的关联性较大，因此将进口渠道与出口渠道合并为贸易渠道更有道理。由此，单一渠道分析可能将国内技术进步过多地归功于个别渠道的作用，放大了外溢效应。二是外资渠道外溢存在滞后性，多渠道综合比较方法提高了FDI渠道的外溢效果，大于OFDI渠道的外溢，但是仍然小于贸易渠道的外溢（详见表5-4）。以前的文献更多地研究FDI渠道，似乎FDI渠道的外溢更为重要。而本章的实证结果是贸易渠道的外溢效果大于投资渠道，而且外资渠道具有滞后性。从我国的贸易结构看，多数的贸易是由外资企业完成，因此，贸易渠道与外资渠道的外溢效果事实上很难分离，往往是共同作用的结果，因此以往文献研究单一渠道的外溢可能会被夸大。

表5-4　中国吸收国际R&D外溢效果的国际化渠道比较

方法/渠道	进口	出口	FDI	OFID	结论
单渠道模型	0.3113	0.2681	0.0385	0.0388	正溢出符合预期
多渠道模型	0.1617		滞后1年 0.1106	0.0331	正溢出符合预期

由此可见，多渠道的综合模型比较方法比单一渠道模型方法更为合理，可以降低单一渠道模型分析中放大或扭曲的后果。另外，本章得出三点重要结论：(1) 进口、出口、FDI和OFDI四种国际化模式渠道都是吸收国际R&D外溢的主要渠道，四种渠道的外溢效应都为正，符合理论预期；(2) 贸易的溢出效应大于投资的溢出效应，长期的贸易促

进型外资政策决定了贸易渠道规模大于投资渠道规模,这是重要原因;(3)出口渠道与进口渠道合并为贸易渠道更为合理,原因在于中国形成了技术设备中间品进口促进制成品出口的互动贸易模式。

结合知识传递机理和计量实证分析,我们认为我国提高吸收国际 R&D 外溢仍有巨大潜力。根据前面的知识传递机理分析,进口和 OFDI 渠道对于吸收国际知识更具有主动性,但是进口渠道上由于发达国家的技术出口控制影响了外溢效果,而我国基于 R&D 的 OFDI 才刚刚起步,规模不大、经验不足,这也影响了 OFDI 渠道吸收外溢的效果。FDI 渠道由于外资企业的技术控制不利于外溢;出口渠道规模大、经验丰富但是都是基于经济增长的促进目标。因此,在新形势下,我们在国际化鼓励政策上应该主动从经济增长目标转向先进技术和 R&D 创新知识转移与吸收为目标;积极鼓励先进技术产品的进口,鼓励直接贸易,鼓励外资企业的 R&D 活动,大力推动 R&D 的内向(FDI)和外向(OFDI)双向流动。如果我们调整国际化政策,以经济增长为目标转向吸收创新知识为目标,变被动吸收国际知识外溢转向主动吸收,利用国际化渠道提高吸收国际 R&D 外溢的效果将有巨大潜力。

第三篇

中国国际直接投资的贸易效应水平

发展出口贸易是一国促进经济增长的基本途径之一，贸易效应水平是一国国际直接投资发展水平的重要体现，本部分从出口附加值、与发达国家国际比较、出口贸易三元边际角度研究国际直接投资的贸易效应水平。

第六章　国际直接投资提升出口附加值的实证分析[*]

第一节　引言

2015年全球对外直接投资强劲复苏，对外直接投资流量达2008年国际金融危机以来投资的最高值，其中新兴经济体对外直接投资额攀升尤为迅猛。但不同经济体之间由于全球价值链分工地位不均衡、贸易关系不对称以及对未来投资的不确定使得各国不得不思考对外直接投资是否真正有利于本国贸易水平的提升以及全球价值链分工地位的改善。基于上述问题的回答，准确判断一国对外直接投资是否提升出口规模水平，对改善该国价值链分工地位具有重要价值。

出口额及出口附加值是衡量出口规模的重要指标，分析对外直接投资对出口附加值水平的影响，也是研究跨国直接投资对真实贸易规模影响的重要方法。传统的贸易统计方法以一国双边或多边进出口贸易额来衡量贸易规模的大小。但随着经济全球化和生产要素的国际自由流动，全球化产业链形成，工业制造品在生产过程中有可能多次跨越国界，传统意义上贸易进出口额的统计制度越来越不能准确反映国际贸易中一国

---

[*] 由姚利民、张海婷、余凯丽完成，主要成果发表于《浙江工业大学学报》（人文社会科学版）2017年第4期和《经营与管理》2018年第1期。

的真实利益得失，于是"附加值"概念随之引入，用出口附加值代替出口额分析贸易规模水平正逐步成为主流。

本章通过比较跨国资本流动与出口额和贸易附加值的关系，比较发达国家与发展中国家对外直接投资对出口值与出口附加值的影响差异，以便更好地揭示跨国直接投资的流向对出口规模水平的影响，以及不同发展水平国家对外直接投资对出口附加值的影响。

第二节 文献综述与机制分析

一 对外直接投资与对外贸易存在替代与互补关系

20世纪60年代以后，跨国直接投资和跨国公司发展迅速，西方学者对这一领域进行了探讨与研究，形成了观点各异的理论，一般统称为国际直接投资理论或对外直接投资理论。对跨国直接投资的研究学者主要集中在对外直接投资的贸易替代与贸易互补效应上。替代效应最早由 Mundell（1957）提出，Wakelin（1998）、Grubert（1991）、Swenson（2004）等支持替代理论。随着投资壁垒、投资成本等因素影响，国家贸易与国家投资的理论不再局限于一般的理论分析，学者们研究的因素更加多样和复杂，其中日本学者 Kiyoshi Kojima（1978）提出了对外直接投资与贸易互补关系的比较优势理论。Lipsey（2000）、Yamawaki（2001）等学者也是投资与贸易互补理论的代表。

二 对外直接投资影响全球价值链布局与贸易水平

全球价值链（Global Value Chain）概念在1995年由 Krugman 提出，指在全球生产网络中，每个国家因特定的生产环节进行的活动而获得的增加收入。Grossman 和 Rossi-Hansberg（2008）认为在研究各国生产活动时不仅要分析行业和商品间的分配原则，也要分析不同区域间如何进行分配。在20世纪90年代初，国际分工格局出现了较大转型，全球价值链分工模式成为经济全球化与国际分工的新常态，国内外学者也通过研究论述了对外直接投资影响价值链升级的理论机制。Wesson（1999）和 Fosfuri 等（2001）分别通过构造古诺模型和劳动力转移模型，得出对外直接投资对技术相对落后的企业实现技术升级有着重要影响。Potterie 和 Lichtenberg（2001）同样论证了对外直接投资的逆向技术溢出可以促进母国技术进步。然而并非所有学者都支持对外直接投资对价值链具有提升作用。Gorg 和 Greenaway（2004）认为企业对外直接投资对企业技术进步以及价值链的升级作用可能会产生中性甚至是负面的影响。此外，对外直接投资的逆向技术溢出效应与母国自身制度环境、市场发育及完善程度紧密联系。

三 出口附加值代替出口额衡量出口贸易水平成主流

随着经济全球化和生产要素的国际自由流动，一些工业制造品在生产过程中有可能多次跨越国界，传统的贸易统计方法容易夸大进出口贸易规模，于是"附加值"概念引入。国际经济学领域对贸易附加值的研究有两大类别。一是与贸易要素含量相关的文献，以 Trefler 和 Zhu（2010）等学者为代表的研究；二是有关贸易本地含量的文献，主要是 Hummels（2001）提出的 HIY 测算方法以及 Koopman（2012）的 KWW 方法。随着对附加值的关注，国内外学者开始对中国企业的出口附加值进行测算（Upward，2013；刘琳，2015；刘艳等，2017），并对真实的贸易利益获取进行研究（戴翔，2015）。随后贸易附加值影响因素的分析也逐渐成为学者研究的重点，如夏明和张红霞（2015）将技术进步、收入分配、汇率变动等变量作为出口附加值变动的影响因素；樊秀峰和程文先（2015，2017）纳入外商直接投资、研发技术的强度、资本深化水平以及企业贸易类型等因素分析对出口附加值的影响；容金霞和顾浩（2016）基于 54 个国家贸易附加值数据，通过面板回归发现物质资本、人力资本以及创新能力对一国分工地位有促进作用。

四 对外直接投资动机影响贸易水平的方向

就目前分工情况看，发达国家和发展中国家在全球价值链分工中的不均衡地位尤为明显，发展中国家在分工体系中一直扮演着"被分工"的角色。如何从被发达国家锁定的全球价值链低端环节突围，提高对外直接投资的质量水平是各国亟待解决的问题。对外直接投资对贸易质量影响效应的不同主要是由投资动机不同所导致，主要有资源导向型、市场导向型、效率导向型与战略资源导向型。Eicher（2012）通过东道国国内生产总值以及母国与东道国之间的教育水平差来衡量对外直接投资的市场寻求型和资源需求型动机。表6-1为不同投资动机对贸易水平的影响。

表6-1　　　　　　不同投资动机对贸易水平的影响

投资动机	机理分析	影响方式	对贸易水平的影响
成本导向型	将附加值低的产业转移至东道国，使母国资源流入高附加值产业	促进高附加值产业的出口	替代互补效应共存
	产业转移至国外赚取利润，为母国提供资金支持	改善母国产业结构，促进产品出口	互补性
技术寻求型	学习东道国先进技术及管理经验	促进产业升级，改善母国产业结构	互补性
	将技术及先进的管理方式引入国内，提升国内要素投入结构	改善母国要素投入结构	互补性
资源寻求型	垂直型投资带动母国设备、中间产品、制成品的出口，但抑制母国改善资源要素比例的动力	抑制母国技术及产业结构改善	替代互补效应共存
市场寻求型	避开贸易壁垒，通过OFDI争夺海外市场	替代出口	替代性
	在东道国建立子公司，了解东道国需求，改善出口产品，满足需求	促进出口及质量改善	互补性

资料来源：笔者根据相关资料整理。

五　不同经济体对外直接投资的动机差异影响贸易效应

不同经济体对外直接投资存在不同的投资动机（Dunning，2001），因此所带来的贸易效应的影响方向及程度都不同。发达国家进行对外投资时，对外投资动机以转移低附加值产业至东道国的成本导向型与利用东道国自然资源的资源寻求型为主（World Investment Report，2012）。当母国为发展中国家进行对外直接投资时，投资动机以躲避其他国家贸易壁垒的市场寻求型及学习东道国先进技术的技术寻求型为主（World Investment Report，2012）。详见表6-2。

表6-2　　不同经济体对外直接投资对贸易效应的比较

OFDI母国类型	OFDI动机	对贸易的影响
发达国家	成本导向型	替代互补性共存
发达国家	资源寻求型	替代互补性共存
发展中国家	技术寻求型	互补性
发展中国家	市场寻求型	替代互补性共存

资料来源：笔者根据相关材料整理。

六　小结

目前许多学者侧重于研究跨国直接投资与贸易额两者的关系，跨国直接投资提升贸易附加值的研究文献不多，基于跨国层面进行跨国投资双向流动提升出口附加值的实证研究的文章更少。本章基于对外直接投资提升一国产业价值链和出口附加值的理论分析，以及在前人文献研究基础上构建跨国的面板计量模型，比较对外直接投资与利用外商投资对出口附加值提升的差异，并比较发达国家和发展中国家对外资本流动对出口附加值的影响差异，以弥补跨国直接投资双向流动提升出口附加值研究文献的不足。

第三节　计量模型构建、变量选取与数据说明

本章在Hausmann等（2007），Zhu、Fu、Lai和Xuan（2010），张

海波（2014），余凯丽（2016）以及程文先和樊秀峰（2017）等学者研究基础上，对模型进行拓展，加入出口贸易水平衡量指标——出口额和附加值，研究跨国层面对外直接投资对贸易水平的影响机理。假设，一国生产部门的投入要素包括自然资源、劳动力和资本，且规模报酬不变、中间投入品价值不变，则生产函数为：

$$Y = AL^{\alpha}K^{\beta} \tag{6-1}$$

$\alpha + \beta = 1$，L 为劳动力，K 为资本，Y 为总产值，A 代表生产技术水平。

Sterlacchini（2008）提出，一国的技术能力由内部知识收益、外部知识收益及获取内外部知识收益的制度共同决定，分别由 D、F、I 表示，函数可表达为：

$$A = BD^{a}F^{b}I^{d}$$

其中 B 为常数，a、b、d 代表内部知识收益、外部知识收益及获取知识收益制度的产出弹性。张海波（2014）指出其中内部知识收益是一国的教育水平表现，外部知识收益通过与外部交流获取知识溢出效应，一般认为对外直接投资 OFDI、外商直接投资 FDI 及贸易等方式是获取外部知识溢出效应的重要渠道。将 OFDI、FDI 相关变量代入上式，得到：

$$Y = BD^{a}OFDI^{b}FDI^{c}I^{d}K^{e}L^{f} \tag{6-2}$$

取自然对数得：

$$\begin{aligned}\text{Ln}(Y) = &\text{Ln}C + a\text{Ln}(D) + b\text{Ln}(OFDI) + c\text{Ln}(FDI) +\\ &d\text{Ln}(I) + e\text{Ln}(K) + f\text{Ln}(L)\end{aligned} \tag{6-3}$$

其中，C 为常数，a，b，c，d，e，f 均为系数。

余凯丽（2016）认为由于一国的教育水平起始年份较晚且样本国较多，内部知识收益与相关制度难以量化，从跨国层面研究的数据不全面，且不属于本章考虑的主要解释变量，因此下文将内部知识收益及获取内外部知识收益的制度用常数表示，式（6-3）简化为：

$$\begin{aligned}\text{Ln}(Y) = &\text{Ln}C + a\text{Ln}(OFDI) + b\text{Ln}(FDI) +\\ &c\text{Ln}(K) + d\text{Ln}(L)\end{aligned} \tag{6-4}$$

其中，C 为常数，a、b、c、d 均为系数。

本章选取一国出口额和出口附加值分别作为模型的被解释变量，根据 OECD-WTO 的 TiVA 数据库，采用估计各国在生产中用于进出口的货物和服务产生增加价值的 TiVA 指标（即出口附加值）来衡量国际分工地位，分别考虑对外直接投资对出口额、出口附加值的影响。

基于上述关于对外直接投资与出口贸易水平的关系，构建计量模型如下：

$$E_{it} = \alpha + \beta_1 OFDI_{it} + \beta_2 FDI_{it} + \beta_3 K_{it} + \beta_4 L_{it} + \beta_5 Ex + \beta_6 RD + \mu_t + \nu_i + \varepsilon_{it} \quad (6-5)$$

$$Y_{it} = \alpha + \beta_1 OFDI_{it} + \beta_2 FDI_{it} + \beta_3 K_{it} + \beta_4 L_{it} + \beta_5 Ex + \beta_6 RD + \mu_t + \nu_i + \varepsilon_{it} \quad (6-6)$$

其中，下标 i 代表国家，t 代表年份。因变量 E_{it} 为出口额，Y_{it} 为贸易附加值，反映剔除虚假贸易额后的出口规模和出口水平指标。解释变量 $OFDI_{it}$ 为 i 国 t 年对外直接投资总额；其他控制变量，包括 i 国 t 年吸收的外商直接投资总额（FDI_{it}），资本形成率（K）、劳动力数量（L）、汇率水平（Ex）、研发支出（RD）等，ε_{it} 为随机误差项。出口额和出口贸易附加值数据来自全球贸易附加值数据库（TiVA），数据库目前涵盖了 1995 年、2000 年、2005 年、2008 年、2009 年、2010 年和 2011 年 63 个国家和地区以及 34 个产业，其中出口附加值数据共统计到 62 个国家及世界其他地区；对外直接投资、外商直接投资等解释变量的数据来自世界银行，由于统计口径中未将中国台湾进行单独统计，故除去中国台湾以及世界其他地区，本章面板数据选取的国家为 60 个，样本期间为 1995 年、2000 年、2005 年、2008 年、2009 年、2010 年和 2011 年。回归时所有变量均取对数。

1. 因变量

2013 年 1 月 OECD-WTO 发布了全球贸易附加值数据库（TiVA），对贸易附加值展开实证研究，弥补了出口附加值测量与数据问题。本章的贸易附加值数据采用该数据库的数据，EXGR 表示出口总额，EXGR_DVA 表示总出口中的国内总附加值，本章分别以 E 和 Y 表示。

2. 解释变量

核心解释变量，对外直接投资（OFDI）是一国参与国际分工的基础，随着产品内分工的日益深化，OFDI 与出口贸易联系更加紧密，而投资与贸易之间的关系主要取决于投资主体的投资方向。

其他控制变量，外商直接投资（FDI）为一国接受外商投资总额，Chen 等（2012）以及程文先和樊秀峰（2017）认为国内附加值与外商直接投资之间存在相关性。资本形成率（K）参考张海波（2014）以一国资本形成总额占 GDP 比重表示资本资源，采用百分比。劳动力数量（L）为一国的劳动资源情况；汇率水平（Ex）相对于 1 美元的本币币值大小，表示一国货币购买力情况；RD 表示一国 R&D 支出占本国 GDP 比重。使用的数据在少数年份中存在缺失值情况，本章做平滑技术处理。见表 6-3。

表 6-3　　　　　　　　变量说明及预期符号

变量类型	变量名称	经济含义	预期	数据来源
因变量	E_{it}	i 国 t 年出口额（百万美元）	无	TiVA 数据库
	Y_{it}	i 国 t 年出口附加值（百万美元）	无	TiVA 数据库
自变量	$OFDI_{it}$	i 国 t 年对外直接投资（百万美元）	不确定	UNCTAD
	FDI_{it}	i 国 t 年接受外商直接投资（百万美元）	+	UNCTAD
	K	i 国 t 年资本形成率（占 GDP 的百分比）	+	世界银行
	L	i 国 t 年劳动力总数（人）	+	世界银行
	Ex	汇率（相当于 1 美元的本币单位，取其平均值）	-	世界银行
	RD	研发支出（占 GDP 的比重）	+	世界银行

第四节　检验与结果分析

一　跨国层面的回归

从计量方程的检验指标看，Hausman 检验值显示计量方程应采用固定效应模型，故本章采用固定效应进行估计。模型（1）和模型（2）的回归分析结果显示，OFDI 通过显著性检验，且为正数，OFDI 能够提升出口额和贸易附加值，两者呈互补关系。此外，其余控制变量的回归结果，详见表6-4 的模型（1）、模型（2）。还得到以下结论：外商直接投资、劳动力、汇率和研发支出都与出口贸易额和贸易附加值呈正相关。比较两个模型，对外直接投资的出口额效应大于出口附加值效应，外商投资的出口额效应也大于出口附加值效应，因此出口额指标可能高估了贸易效应，出口附加值指标能更真实地反映贸易规模水平。此外，对外直接投资的贸易效应高于外商投资的贸易效应。

表6-4　　　　　　　　　跨国层面模型的估计结果

变量	出口额模型（1）	出口附加值模型（2）	出口额 发展中经济体模型（3）	出口额 发达经济体模型（4）	贸易附加值 发展中经济体模型（5）	贸易附加值 发达经济体模型（6）
Ln（OFDIit）	0.147*** (5.96)	0.142*** (6.05)	0.194*** (4.60)	0.094** (3.20)	0.192*** (4.63)	0.091*** (3.26)
Ln（FDIit）	0.095*** (2.78)	0.089*** (2.70)	0.122** (2.23)	0.085** (2.17)	0.106** (1.97)	0.079** (2.11)
Ln（K）	-0.197 (-1.06)	-0.252 (-1.43)	0.338 (1.56)	-0.774*** (-3.11)	0.254 (1.19)	-0.787*** (-3.34)
Ln（L）	2.726*** (6.21)	2.697*** (6.44)	1.906*** (3.89)	2.076*** (3.02)	2.075*** (4.31)	1.946*** (2.98)
Ln（Ex）	-0.302*** (-2.26)	-0.371*** (-2.92)	0.191 (1.46)	-1.252*** (-5.40)	0.082 (0.64)	-1.260*** (-5.73)
Ln（RD）	0.486*** (2.90)	0.535*** (3.35)	0.417** (2.32)	0.198 (0.79)	0.406** (2.30)	0.308 (1.30)
C	-33.417*** (-4.75)	-32.820*** (-4.90)	-24.952*** (-3.05)	-17.944* (-1.65)	-27.405*** (-3.41)	-16.133 (-1.57)
R^2	0.740	0.758	0.832	0.686	0.833	0.709
N（样本量）	60	60	22	37	22	37

续表

变量	出口额模型（1）	出口附加值模型（2）	出口额 发展中经济体模型（3）	出口额 发达经济体模型（4）	贸易附加值 发展中经济体模型（5）	贸易附加值 发达经济体模型（6）
Hausman 检验	33.52 0.0000	36.88 0.0000	24.80 0.0008	35.60 0.0000	26.20 0.0005	36.27 0.0000
模型	固定效应模型	固定效应模型	固定效应模型	固定效应模型	固定效应模型	固定效应模型

注：由 Stata 12.0 软件分析得到，***、**分别表示变量估计系数通过1%、5%的显著水平检验；括号中的数值变量为变量估计系数的 t 检验值。

二　不同发展水平经济体的比较

将国家样本按发展中经济体和发达经济体进行区分，回归结果见表 6-4 的模型（3）、（4）、（5）、（6），各模型拟合效果较好，核心变量 OFDI 和 FDI 均通过显著性检验，且系数均为正数。根据系数比较发达国家与发展中国家的出口附加值效应，发展中国家跨国直接投资双向流动的出口附加值效应均高于发达国家，显示了发展中国家对外直接投资有利于其全球价值链地位的提升。

第五节　结论与政策建议

本章研究了对外直接投资与出口额、出口附加值二者影响的内在理论机制，综合了 OECD-WTO 的 TiVA 数据库中 60 个国家 1995 年、2000 年、2005 年、2008 年、2009 年、2010 年以及 2011 年跨国层面的面板数据，实证分析了 OFDI 对贸易水平的影响效应，结论如下：

第一，对外直接投资无论是对出口额或是出口附加值都有着显著的正向影响，对外直接投资与贸易水平具有互补关系。对外直接投资促进了国际贸易规模的扩大，改变了全球价值链分工地位，改善了母国的贸易结构。此外，实证结果表明，相对于出口附加值指标，传统的出口额指标高估了跨国直接投资的贸易效应。

第二，对外直接投资的资本流出对贸易效应的影响大于外资流入。研究发现全球资本的流入流出对出口附加值均有促进作用，但对外直接投资的作用要明显大于外商直接投资。外商直接投资基于国外母国产业基础对本国的资本投入，而对外直接投资侧重于东道国资源的模仿与学习，通过市场寻求、资源寻求以及技术外溢效应提高母国的产品竞争力。

第三，不同经济体下，发展中国家对外直接投资对贸易规模和质量的提升大于发达国家，发展中国家更易受国际资本流动的影响。另外相比发达国家，发展中国家对外直接投资的出口附加值效应明显大于外商直接投资的出口附加值效应，发展中国家对外直接投资对于提升本国出口水平意义更大。

第四，劳动力数量、研发支出等因素对出口额和出口附加值有显著正影响。发展中国家研发支出对出口贸易为显著正相关，研发投入和技术进步是提高效率、降低成本、升级出口产品结构的关键，将有利于发展中国家提升出口产品竞争力，提升全球价值链分工地位。

根据上述结论提出以下政策建议：

全面提高开放水平，鼓励企业对外直接投资。无论是发达国家还是发展中国家，积极参与国际资本流入流出以提升各国在全球价值链分工中的地位已成为不可逆趋势，而作为发展中国家，应通过对外直接投资以获得逆向技术溢出效应，学习先进技术及管理模式，改善贸易结构。针对我国国情，在融入全球价值链分工中，要继续深化改革，改善国际贸易与投资环境，为企业对外直接投资保驾护航。

加大研发力度，提高对外直接投资企业的创新竞争力。提高产业国际分工地位不能仅仅停留在量的层面，研发投入和技术进步是提高国际相对生产效率、降低成本、提升产品质量、升级产品结构的关键所在。发展中国家通过国际投资的技术逆向溢出效应提升母国贸易水平的同时，应加强国内的研发力度，提升产品竞争力，提高对外直接投资企业的创新能力和国际竞争力，更好地满足国际需求。

第七章　中国对外直接投资对出口贸易三元边际的影响*

第一节　引言

国际经济合作的主要表现形式包括国际贸易和投资。中国较大规模的对外直接投资发轫于20世纪初，时间上要晚于中国进出口贸易与对外引资的发展，但成长迅速。据相关统计公报，中国对外直接投资在2002—2015年的13年间保持连续增长，年均增速35.9%[①]。另据联合国贸易与发展会议《2016世界投资报告》数据，2015年，中国对外直接投资流量规模（1456.7亿美元）仅次于美国（2999.6亿美元），超过日本（1286.5亿美元）跃居世界第二位[②]。当年，中国对外投资超过外资引进，开启了中国资本净输出的新阶段。中国对外直接投资的迅速增长已然成为推动我国对外开放和经济增长的重要方式，而这一点在当前错综复杂的国内外经济形势下具有特殊意义。

观察国际经济发展形势，中美两大经济体经济发展的逐渐复苏和稳步增长，带动全球经济温和增长，但是其中的不确定因素表现依然较为

---

* 冯李丹、姚利民：2017年工作论文。部分成果已发表，见冯李丹、雷美芬《基于三元边际分析的中国产品出口增长研究》，《经营与管理》2017年第9期。

① 中华人民共和国商务部：《2015年度中国对外直接投资统计公报》，中国统计出版社2016年版，第3—6页。

② UNTCD. World Investment Report 2016, http：//unctad.org/en/pages/Publication Webflyer.aspx？publicationid=1555，2016.

明显。从国内经济发展形势来看，仍然存在较大下行压力。近四年来，中国 GDP 增速从 2013 年的 7.7%，2014 年的 7.3%，2015 年的 6.9% 逐渐降至 2016 年的 6.7%，2017 年上半年 GDP 增速为 6.9%，国内供给侧结构性改革依然需要面对很大挑战。进出口贸易方面，随着自身经济增速放缓以及新兴国家的需求萎缩，货物贸易数据有一定下降。据海关统计，2016 年，我国货物贸易进出口总值 24.33 万亿元，比 2015 年（下同）下降 0.9%。其中，出口 13.84 万亿元，下降 2%；进口 10.49 万亿元，增长 0.6%；贸易顺差 3.35 万亿元，收窄 9.1%[①]。基于此，有些学者提出借鉴日本、韩国等国的经验，利用对外直接投资拉动对外贸易的增加。随着国内部分地区劳动力成本上升、土地价格上涨、原材料价格提高等因素影响，越来越多的具有对外投资能力的中国企业选择进行对外投资。2015 年，国家战略层面发布了"一带一路"倡议，此举标志着未来将会有更多的中国资本流向"一带一路"沿线国家。因此，可以预见中国的对外投资与国际贸易还将有进一步的发展。在此背景下研究中国对外直接投资对出口增长的影响有着更为深远的意义。从现实角度来看，过往中国的对外直接投资对贸易出口产生了何种影响？这种影响从贸易的三元边际角度来看具体表现为集约边际变化还是扩展边际变化？如果是集约边际变化，又主要表现为数量边际变化还是价格边际变化？这种影响效应是否存在国家异质性？显然，不同的研究结论蕴含着不同的政策含义：如果中国的对外直接投资对出口具有促进效应，就必须考虑潜在的贸易摩擦和争端风险，为可能持续扩大的贸易顺差与汇兑压力提供管理方案；如果是替代效应，则需要评估资本输出、出口萎缩对国内经济增长与就业的负面影响，避免国内产业"空心化"。本章在借鉴 Hummels 和 Klenow（2005）的基础上，应用 CEPII BACI 数据库 HS6 位代码的国际贸易数据及相关样本国家各类数据，详细分析了中国出口在双边和多边层次上的扩展边际、价格边际和数量边

[①] 中华人民共和国海关总署：《海关总署 2016 年全年进出口有关情况新闻发布会》，http://fangtan.customs.gov.cn/tabid/493/InterviewID/107/Default.aspx，2016。

际，较为全面地展现了中国出口贸易的微观结构。本章还将金融冲击、对外直接投资等因素引入实证分析，分析多种因素对中国出口贸易的影响。

第二节 文献综述

一 三元边际的定义

新贸易理论认为除了规模经济以外，产品的多样性也是促进出口增长的主要因素。贸易增长的二元边际是基于新贸易理论形成的，是对贸易流量变动的结构性分解。以 Melitz（2003）为代表的异质性企业贸易理论（heterogeneous firm trade theory）放松了企业同质性假定，引入企业生产率之间的差异，将一国出口增长分解为集约边际和扩展边际。目前学术界还未对二元边际的定义形成较为统一清晰的界定。Chaney（2008）从产品、市场的层面进行定义。他认为老产品出口到老市场即为集约边际（intensive margin）；除此以外的产品及市场扩张均为扩展边际（extended margin）。Helpman 等（2008）将单个企业的出口规模扩大定义为集约边际，其数量的增多则为扩展边际。Amiti 和 Freund（2010）则基于出口产品类别进行分类。从实践层面来看，上述几种定义都在使用。在这个基础上展开的三元边际定义，将原先的集约边际分解为价格边际和数量边际。在进行宏观研究和微观研究时使用的定义略有不同。

二 扩展边际的理论分析

Krugman（1979）认为消费者具有产品的多样性偏好。每一种产品的生产有其固定生产，因此一个国家生产产品的种类应当与其经济规模成正比，相应的出口产品的种类也会越多。Dornbusch 等（1977）通过建模发现贸易成本下降可以使得非贸易产品范围在收缩的同时贸易产品的种类增加。在相关的异质性企业理论中，那些由新出口企业及出口目的地所带来的贸易增长叫做扩展边际。Melitz（2003）认为，贸易成本的下降带来更多的高生产率企业，从而使得出口的扩展边际增加。Yi（2003）发现，中间产品由于可变贸易成本的下降而大大提升；同时，随着国际分工的深化及关税的降低，最终产品贸易也逐渐成为中间产品贸易。也因此，可变贸易成本的下降会通过扩展边际增加中间产品贸易。在 Gao 和 Whalley（2014）的研究中，出口企业的增加主要来自两个渠道：一是原来无出口行为的企业开始出口；另一个是越来越多的企业选择垂直型对外投资。这两者整体上都能带来出口扩展边际的增加。

三 价格边际的理论分析

Armington（1969）认为出口数量的增长只能通过降低产品价格，由此得出出口产品的数量和价格成反比的结论。Falm 和 Helpman（1987）的研究认为差异化的产品可以通过产品价格以及质量体现。因此出口将由于产品质量的提升和价格的提高而有所增长。在异质性企业的相关理论中，有部分学者认为更高生产率的企业将以更高的价格销售产品，另有部分学者则认为更高生产率的企业将以更低的价格销售产品。

四 数量边际的理论分析

传统贸易理论的产品同质假定使得出口增长只能依赖于数量增长。根据 Ricardian 模型，一国出口的产品应具有相对较高的劳动生产率。H-O 模型在 Ricardian 模型上进行了深化，一国出口产品数量取决于该产品的要素密集度与该国的要素禀赋。在异质性企业理论中，有出口行为的企业是生产率最高的企业。如能减少产品的固定成本和可变贸易成本，那么出口者为了获得更多的利润从而刺激其出口更多的产品。在 Bernard 等（2003）的静态模型中发现基于垄断竞争的市场环境中，企业生产异质产品，贸易成本的下降可以使高生产率企业产出扩张而低生产率企业产出下降。Helpman 等（2004）在 Melitz 的模型中引入水平型对外直接投资后发现，那些通过水平型对外直接投资供应国外市场以及同时供应国内市场的企业的生产率高于那些无对外直接投资供应国外市场和国内市场的企业。同时,随着贸易成本的下降,这些企业的出口数量会增加。

第三节 中国出口增长的特征

一 描述性分析和说明

从出口价值量看,1995—2015 年中国出口商品的总价总体呈上升趋势,自从 2000 年中国加入 WTO 以后,出口价值增长率始终保持在两位数增长。2009 年有断崖式下降,年增长率为 -15.57%。之后又大幅反弹,从 2012 年开始,这一数值降为 2.5%,此后保持个位数的小幅增长。见图 7-1。

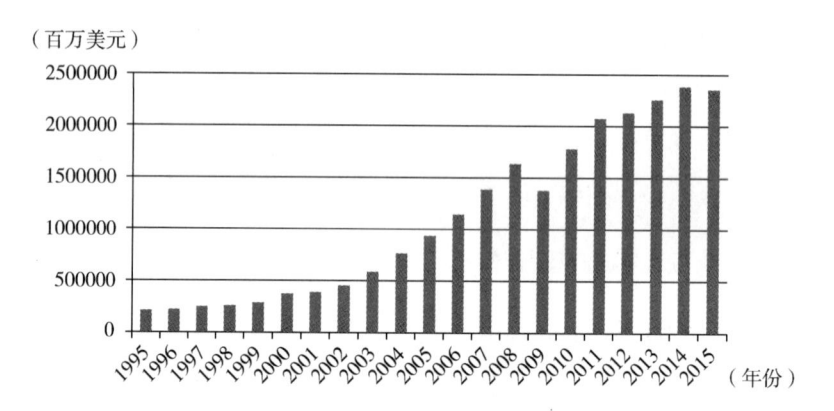

图 7-1 1995—2015 年中国出口价值量

资料来源:1995—2015 年的 CEPII 数据库 BACI 分库。下同。

从出口数量来看,与价值变化有所不同,总体处于波动上升趋势,近年有下降态势。2008 年金融危机出口价值下降而出口数量大幅增加,数量增幅达 106%,2010 年增幅达 87.4%,2012 年增幅达 137.8%。

从出口产品种类来看,主要经历了突然增长到缓慢降低的过程。1995 年,中国出口产品有 4812 种,之后保持稳定降低。2000 年,产品种类增长到 4917 种。可能是由于中国加入 WTO 以后,许多政策性贸易壁垒不再存在，一些原本无法出口的产品也纷纷出口。之后，中国的出口产品种类稳定减少并维持在 4750 种左右（见图 7-2）。在 1992—HS6 位代码中，中国出口产品种类占全部种类的 94.26%，基本涵盖主要产品。

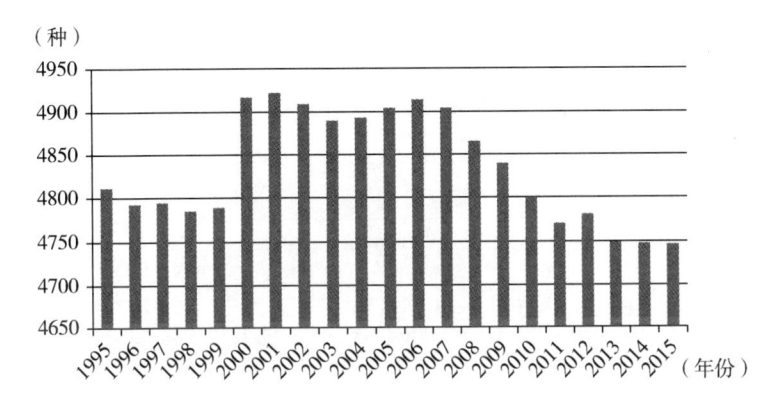

图 7-2　1995—2015 年中国出口产品种类

为综合反映中国出口产品的物价及物量水平，使用出口物价指数及出口物量指数来描述其变动情况：

$$\text{EXP} = \frac{\sum p_1 q_1}{\sum p_0 q_1} \times 100\% \qquad (7-1)$$

$$\text{EXQ} = \frac{\sum p_0 q_1}{\sum p_0 q_0} \times 100\% \qquad (7-2)$$

其中 EXP 为出口物价指数，EXQ 为出口物量指数。p_1 表示报告期出口产品价格，q_1 表示报告期出口产品数量，p_0 表示基期出口产品价格，q_0 表示基期出口产品数量。使用这个指数来衡量出口产品的变化，需要保证报告期和基期的种类数量一致。由于中国出口世界的产品种类一直处于变化当中，变化幅度不大，每年增加或减少的产品种类和规模有限。计算时，剔除报告期和基期差异的出口产品。物价指数和物量指数都是同一期对比，因此该数值低于 1 时便说明报告期的物价或物量总体比基期数增长，若该指数低于 1 便说明报告期的物价或物量总体比基期数下降。

1996—2015年中国出口产品物价一直在下降,偶有几个年份会出现出口产品物价上升,如2000年、2003年、2005年等。从出口物量来看,则恰恰相反。从报告期1996年开始,中国出口物量便一直处于上升趋势,只有2009年和2013年出口物量有所回落。见图7-3。

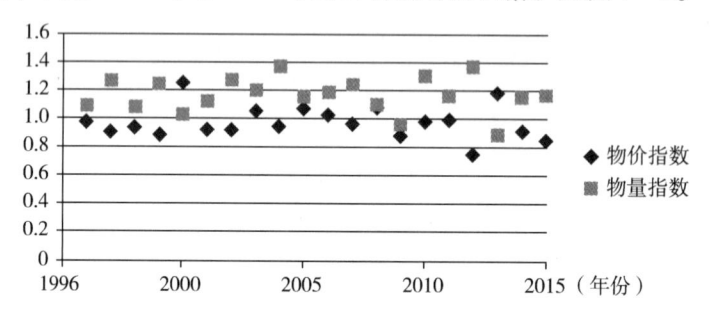

图7-3 1996—2015年中国出口产品物价指数和物量指数走势

以上分析着重于总体综合评价,存在"影响权重"的思想,而未能体现单个产品集合的增长趋势。因此,我们利用核密度估计方法,来分析所有商品的分布特点。基期为n,对照期为m,根据施炳展(2010)的核密度定义,设计如下指标。

$$Co = \frac{X_m - X_n}{X_m + X_n} \qquad (7-3)$$

其中X指中国出口所有产品以种类为单位的相关数据,包括总价、数量和单价。如果从基期到对照期,这些产品的相关数据没有任何变化,则Co值应在0左右。如果存在较大幅度的增长,那么Co应在1左右;如果存在较大幅度的下降,则Co应在-1左右。根据定义,Co应在(-1,1)之间。

从1995年到2015年,中国出口的4750多种产品从价格指数来看集中在0—0.5,说明就大多数产品而言其单价都有了一定的增长。就数量和价值总量来看,则Co主要集中在1左右,表明其有了极大的增长。但我们也发现,中国出口产品总价值量的增长主要是由数量增长引起的。见图7-4。

接下来,我们根据对外贸易发展的几个典型历程,分析中国出口贸

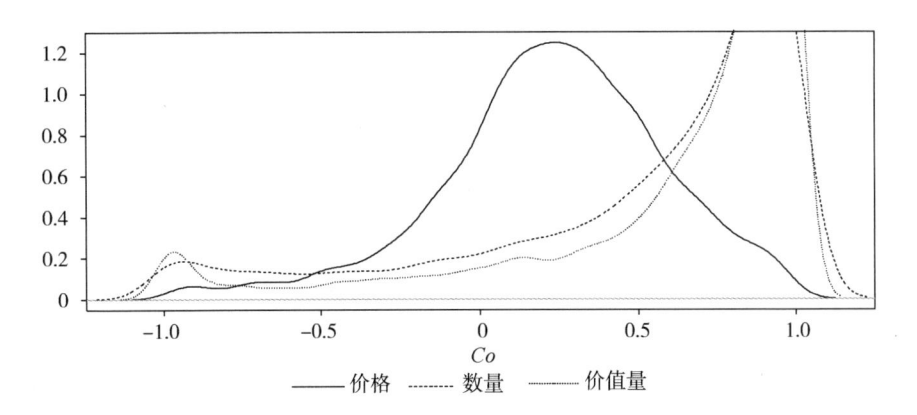

第七章 中国对外直接投资对出口贸易三元边际的影响

图 7-4　1995—2015 年中国出口增长的三元边际分布

易在各个时期的主要发展特点。

1. 1995—2001 年

从图 7-5 看到,价格数值集中在 0 偏左一点的地方,说明这一时期大多数产品的价格没有太大的变化,还有小幅降价。数量的数值集中在 0.5 左右,说明大多数产品的出口数量有了较大的增长。出口价值量的增长主要来自出口数量的增加。

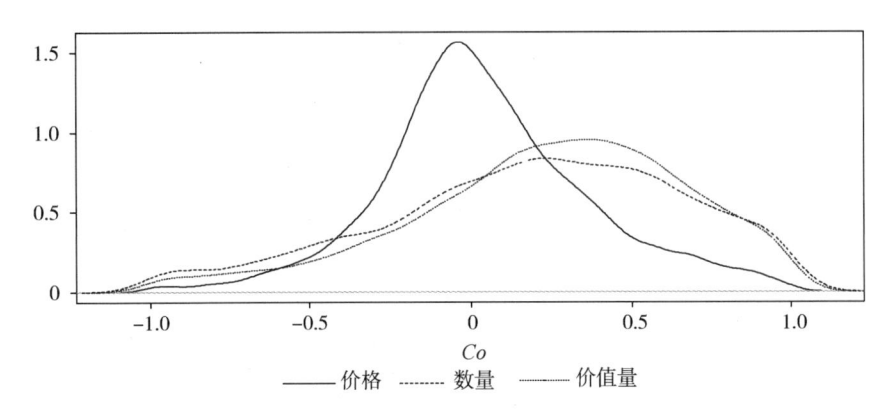

图 7-5　1995—2001 年中国出口增长的三元边际分布

2. 2001—2007 年

从图 7-6 中可以看到,价格的数值集中在 0 偏右一点,说明大多数出口产品的价格有了小幅上涨。数量的数值比上一个时期更加靠近

1,说明出口产品数量有了极大幅度的提升。加入世界贸易组织帮助中国加快了出口的步伐。出口产品的总价值量也有了较大幅度的增加。

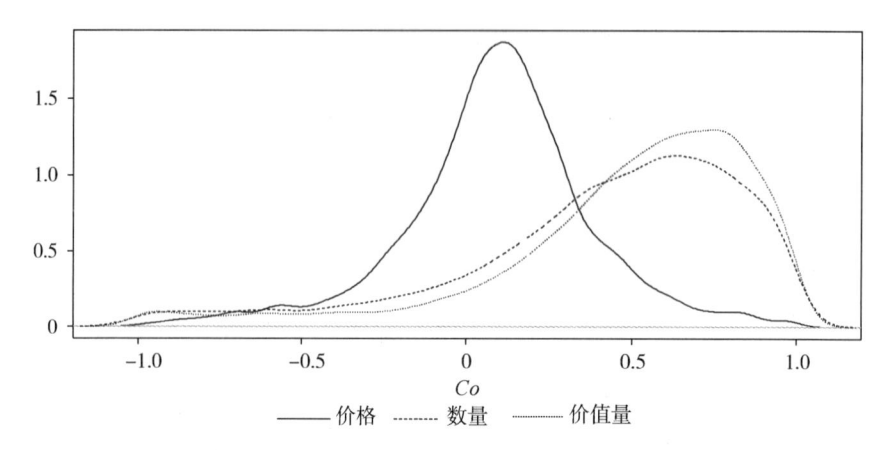

图 7-6 2001—2007 年中国出口增长的三元边际分布

3. 2007—2015 年

从图 7-7 中我们可以看到,价格的数值处于 0 偏右一点,说明大部分出口产品的价格有小幅的增加。数量的数值集中在 0 偏右一点,说明大部分出口产品的数量有小幅增加。但同上一个时期相比,数量的增长有所减少。

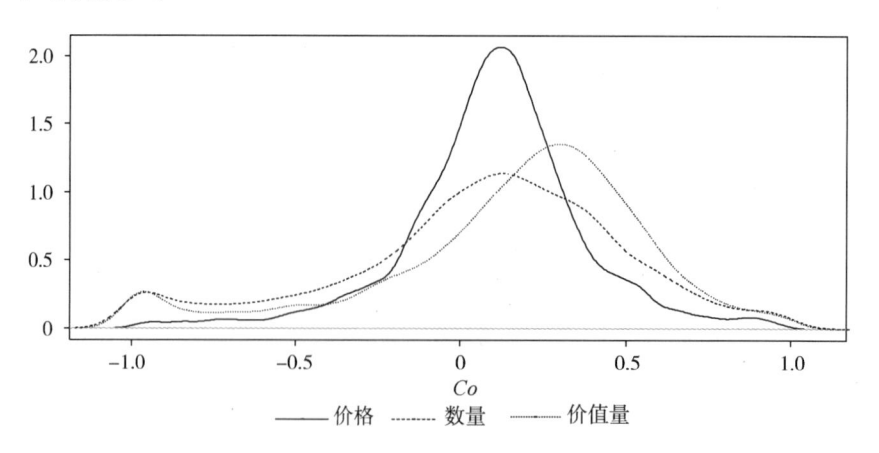

图 7-7 2007—2015 年中国出口增长的三元边际分布

从以上分析来看，中国出口产品总体规模的增长主要来自数量的贡献。在不同的发展阶段，出口产品的价格有小幅波动，呈现出差异化的增长特点。这给我们关于出口增长的三元边际研究以启示。我们可以推测在中国整体的出口三元边际中，数量边际的贡献应当是最大的，其次是价格边际，再次是扩展边际。

二 多边层次

多边层次的分析是将中国出口到世界其他国家的相关数据作为一个集合，据此来分析中国出口整体的三元边际增长特征。根据前文有关三元边际分解的公式定义，我们不能直接用公式法计算中国对世界出口的三元边际。因此，我们采用高越、任永磊等（2014）及施炳展（2010）等的方法，使用加权平均法计算。首先对每一个目的国进行三元分解计算，之后将分解结果进行加权平均计算得到总和。权重为中国出口到目的国的出口总额占中国出口总额的比例，计算公式如下：

$$IM = \prod_{a \in A}(IM_a)^{\alpha_a} \quad (7-4)$$

$$EM = \prod_{a \in A}(EM_a)^{\alpha_a} \quad (7-5)$$

$$P = \prod_{a \in A}(P_a)^{\alpha_a} \quad (7-6)$$

$$Q = \prod_{a \in A}(Q_a)^{\alpha_a} \quad (7-7)$$

其中 A 指中国出口的所有国家，α_a 是指中国出口到 a 国的商品价值量占中国出口商品总额的比例，IM 为集约边际，EM 为扩展边际，P 为价格边际，Q 为数量边际。

从 1995 年到 2015 年，中国对世界出口的扩展边际波动增加，从 1995 年的 0.7867 增加到 2015 年的 0.8859，年均增速为 0.596%。从微观来看，有一个先增加后减少再增加的过程。从价格边际来看，中国出口商品价格在 2000 年有一个急剧增长，之后保持波动增长，最终稳定在 0.9 左右。仔细分析来看，2000 年中国对世界出口的价格边际正处于历史较高水平，而数量边际则处于历史较低水平。2000 年和 2001 年的价格波动，极有可能是由于数量减少造成的。否则，在之后几年中国对世界出口的价格边际不会持续下降。从数量边际来看，1995—2015年保持稳定的增长，增长趋势在 2000 年后更为明显。见图 7-8。从中我们认为，十几年来中国出口贸易的增长模式主要依赖于数量边际的扩张，而价格边际和扩展边际的贡献较小。这一观点同绝大多数学者的研究结论相同。

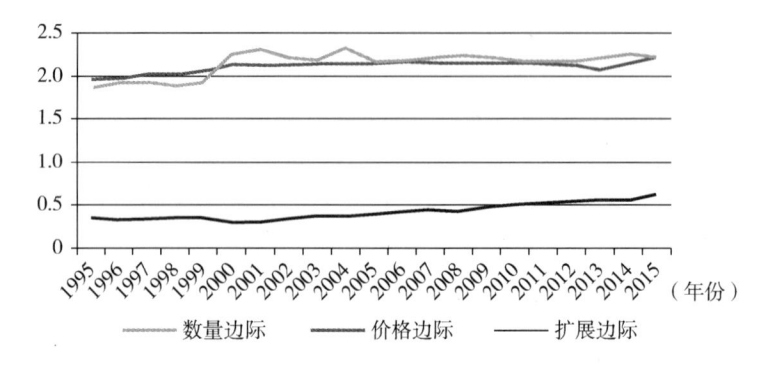

图 7-8 1995—2015 年中国对世界出口三元边际扩展

接下来我们验证中国出口三元边际的贡献率大小。根据一般因素分解原理，以及施炳展（2010）、Hummels 和 Klenow（2005）的方式，有如下的贡献率计算方式：在连续的两个时间内，即 t 时期和 $t+1$ 时期。中国与世界出口到 a 国的规模 $t+1$ 时期与 t 时期的比率为：

$$R_t = EM_{at}P_{at}Q_{at} \quad (7-8)$$

其中：EM_{at} 为出口到 a 国的产品品种数与世界重叠品种数比率，P_{at} 为出口到 a 国的产品价格与世界重叠产品的价格比率，Q_{at} 为出口到 a 国的产品数量与世界重叠产品的数量比率。

对式（7-8）两边取自然对数，就有：

$$g_r = g_{em} + g_p + g_q \quad (7-9)$$

从 t 期到 $t+1$ 期的出口增长率 g_r，为扩展边际增长率 g_{em}、价格边际增长率 g_p、数量边际增长率 g_q 之和。因此三个边际的贡献度只要将这三者同出口增长率相比即可。

相对于历年的中国出口产品总体增长率而言，数量边际的贡献最大，价格边际和扩展边际贡献率类似，价格边际贡献稍多一点，但不稳定。扩展边际虽然贡献率没有那么大，但基本上对增长有积极的影响。这一结论同之前的分析结论一致，是稳健的。

因而，我们可以认为在近十几年来的中国出口发展中，数量的增长起到了首要的推动作用。虽然产品种类和价格的增加也有助于出口的发展，但贡献较小。其中扩展边际对出口增长的贡献比较稳定和积极，价格边际的增长有一定的波动性。见表7-1。

表7-1　　　1996—2015年中国出口产品三元边际贡献率　　　单位：%

年份	扩展边际 增长率	扩展边际 贡献率	价格边际 增长率	价格边际 贡献率	数量边际 增长率	数量边际 贡献率	总体增长率
1996	0.85	-140.48	2.75	-452.83	-4.21	693.31	-0.61
1997	1.74	27.33	0.64	10.00	3.99	62.66	6.36
1998	-0.39	-20.15	-1.55	-79.83	3.88	199.98	1.94
1999	1.94	66.94	1.46	50.35	-0.50	-17.29	2.89
2000	3.49	79.93	17.02	389.64	-16.14	-369.56	4.37
2001	-0.36	-5.24	2.43	35.59	4.75	69.65	6.82
2002	0.84	8.68	-4.40	-45.31	13.26	136.63	9.71
2003	0.20	3.59	-1.07	-19.39	6.40	115.81	5.52
2004	0.12	2.56	5.91	127.22	-1.38	-29.77	4.64
2005	0.99	14.83	-5.96	-89.25	11.65	174.42	6.68
2006	0.55	11.11	0.61	12.26	3.82	76.63	4.99
2007	-0.91	-28.20	0.91	28.02	3.24	100.18	3.24
2008	-0.60	88.55	1.51	-223.20	-1.59	234.66	-0.68
2009	0.50	4.02	-0.56	-4.55	12.41	100.53	12.34
2010	0.41	9.18	-1.78	-39.60	5.86	130.42	4.49
2011	-1.04	40.23	-0.86	33.24	-0.69	26.53	-2.58
2012	-0.23	-4.42	-0.33	-6.34	5.68	110.76	5.13
2013	-1.91	-65.30	2.12	72.45	2.72	92.85	2.93
2014	2.96	48.27	2.05	33.40	1.12	18.33	6.12
2015	2.96	25.36	-1.14	-9.74	9.86	84.38	11.68

三 双边层次

由于中国对不同国家（地区）的出口特征差异明显，因此双边层次分析是必要的。对根据中国的出口贸易、对外直接投资存量等相关经济数据筛选出中国的主要经济合作伙伴进行分析。从数据分析来看我们可以发现以下几个特点：

第一，中国对发达经济体[①]的出口如英国、美国、德国、日本、法国、新加坡、澳大利亚、加拿大、韩国、中国台湾等，扩展边际、价格边际和数量边际均有长足的进步。从增长趋势来看，数量边际增长最快，其次是价格边际增长，最后是扩展边际增长。扩展边际最高已增长到0.962（美国2015年），说明中国对美国出口世界上绝对多数的产品。见表7-2。

表7-2　1995—2015年双边层次的中国出口到主要贸易伙伴的三元边际

贸易伙伴（国家或地区）	1995年 扩展	1995年 价格	1995年 数量	2001年 扩展	2001年 价格	2001年 数量	2007年 扩展	2007年 价格	2007年 数量	2015年 扩展	2015年 价格	2015年 数量
澳大利亚	0.684	0.738	0.112	0.875	0.960	0.104	0.918	1.005	0.169	0.933	0.818	0.306
巴西	0.496	0.664	0.027	0.633	0.585	0.068	0.747	0.745	0.168	0.823	0.771	0.279
加拿大	0.627	0.701	0.059	0.817	1.981	0.022	0.823	0.972	0.119	0.879	0.984	0.144
法国	0.649	0.677	0.041	0.716	0.795	0.054	0.803	0.907	0.083	0.861	0.886	0.115
德国	0.755	0.692	0.046	0.837	0.772	0.057	0.867	0.794	0.112	0.882	0.886	0.126
中国香港	0.954	0.838	0.434	0.984	1.022	0.397	0.977	0.971	0.482	0.992	0.893	0.550
印度尼西亚	0.819	0.614	0.078	0.871	0.705	0.107	0.933	0.805	0.159	0.871	0.894	0.322
日本	0.887	0.789	0.161	0.887	0.967	0.198	0.876	0.898	0.259	0.864	0.889	0.339
韩国	0.852	0.709	0.094	0.906	0.646	0.165	0.915	0.750	0.256	0.907	0.818	0.287
马来西亚	0.742	0.816	0.046	0.924	1.462	0.042	0.907	0.918	0.160	0.949	0.999	0.217
墨西哥	0.666	0.932	0.012	0.822	0.815	0.034	0.873	0.886	0.122	0.911	0.982	0.190
中国台湾	0.623	0.544	0.119	0.786	0.679	0.101	0.589	0.819	0.208	0.905	0.727	0.301
荷兰	0.602	0.682	0.036	0.706	0.832	0.073	0.775	0.939	0.115	0.911	0.785	0.127
巴基斯坦	0.567	0.713	0.191	0.606	0.868	0.197	0.782	0.983	0.169	0.835	1.038	0.303

① 此处经济体分类参照联合国《2013年人类发展报告》的分类标准。

续表

贸易伙伴（国家或地区）	1995年 扩展	1995年 价格	1995年 数量	2001年 扩展	2001年 价格	2001年 数量	2007年 扩展	2007年 价格	2007年 数量	2015年 扩展	2015年 价格	2015年 数量
俄罗斯	0.635	0.774	0.090	0.729	0.797	0.068	0.903	0.811	0.161	0.890	0.814	0.258
印度	0.562	0.929	0.055	0.697	0.909	0.079	0.628	0.982	0.169	0.843	0.972	0.198
新加坡	0.822	0.672	0.068	0.926	0.981	0.069	0.934	0.944	0.158	0.966	0.937	0.169
越南	0.772	0.743	0.164	0.881	0.983	0.128	0.949	0.995	0.206	0.938	1.014	0.314
南非	0.637	0.641	0.058	0.671	0.788	0.087	0.744	0.875	0.170	0.771	0.873	0.286
泰国	0.773	0.733	0.056	0.897	0.808	0.085	0.935	0.864	0.151	0.833	0.865	0.302
英国	0.743	0.655	0.025	0.796	0.766	0.068	0.854	0.709	0.119	0.861	0.790	0.151
美国	0.856	0.704	0.104	0.928	0.975	0.095	0.938	0.979	0.169	0.962	0.918	0.245

第二，观察中国对发展中经济体的出口，三元边际均有增长，且数量边际增长最快，其次是价格边际，最后是扩展边际。从中国出口到这两种不同类型经济体的三元边际来看，中国出口到发展中经济体的三元边际增长相对较快，同时不管是价格边际、数量边际还是扩展边际都还有较大的发展空间。

第三，从整体来看，中国出口到这些贸易伙伴的价格边际都小于1，只有个别年份的个别经济体的价格边际大于1。这说明中国出口到这些经济体的产品价格要低于世界其他经济体出口到这些经济体的产品价格。从侧面反映出，中国出口产品的质量还有待提升。

第四节 中国出口增长的影响因素分析

一 计量模型

引力模型是贸易理论研究中常用的模型。在 Kancs（2007）、Helpman 等（2008）、Chaney（2008）、Coughlin（2012）、魏浩等（2016）、钱学峰等（2010）研究的基础上，构建如下的计量模型：

$$\text{Ln}EXPORT_{i,t} = \alpha + \beta_1 \text{Ln}GDP_{i,t} + \beta_2 \text{Ln}PORD_{i,t} + \beta_3 \text{Ln}DIST_{i,t} +$$
$$\beta_4 \text{Ln}FREE_{i,t} + \beta_5 \text{Ln}FDI_{i,t} + \beta_6 \text{Ln}OFDI_{i,t} + \beta_7 \text{Ln}EXAN_{i,t} +$$

$$\beta_8 SHOCK_{i,t} + \varepsilon_{i,t} \qquad (7-10)$$

其中，i 代表对外直接投资东道国，t 表示年份，α 和 β_1、β_2……都是待估计参数。$\varepsilon_{i,t}$ 是随机误差项。考虑投资存量变量的滞后一期到二期的模型设定，$n=1$、2。因变量 $EXPORT_{i,t}$ 代表出口三元边际（扩展边际 EM、数量边际 Q、价格边际 P）。自变量 $GDP_{i,t}$、$PORD_{i,t}$、$DIST_{i,t}$、$FREE_{i,t}$、$FDI_{i,t}$、$OFDI_{i,t}$、$EXAN_{i,t}$、$SHOCK_{i,t}$ 分别为经济规模、生产率水平、可变贸易成本、固定贸易成本、外商直接投资、对外直接投资、实际汇率、外部冲击。

根据数据可得性以及研究要求，我们最终选取 90 个国家和地区 2003—2015 年的双边数据作为最终样本数据。

1. 三元边际

出于数据完整性的考虑，在引入三元边际的数据时，我们不直接使用原始数据，而是使用对数形式的 Ln（EM_a+1）、Ln（P_a+1）、Ln（Q_a+1）。数据来源为 BACI 数据库 1992 年标准的 HS6 位码国际贸易数据。

2. 经济规模

我们使用 GDP 衡量一国经济规模。但模型中取两国实际 GDP 的比值，即东道国 GDP 与中国 GDP 之比。在模型中表现为 Ln（$GDP_{i,t}+1$）。其中 GDP 经过购买力平价处理以增强解释能力。数据来源为世界银行的 WDI 数据库。

3. 生产率水平

这里使用产出和年劳动力人数之比作为生产率水平。在模型中，我们将东道国同中国的生产率水平之比作为变量。表现为 Ln（$PORD_{i,t}+1$）。数据来源为国际劳工组织（ILO）网站提供的 KILM 数据库。

4. 可变贸易成本

在相关研究中，学者们通常使用地理距离作为可变贸易成本的代理变量。在本章中，我们使用中国和东道国之间经过空间加权处理的距离作为可变贸易成本。在模型中表现为 Ln（$DIST_{i,t}$）。数据来源于 CEPII BACI 国际贸易数据库。

5. 固定贸易成本

固定贸易成本受到复杂因素的影响，在参考了大多数学者研究方法的基础上，本章采用贸易便利化指数作为固定成本的代理标量。这一指标来自 The Heritage Foundation 提供的 1995 年以来 160 多个国家和地区的经济自由度指数（Index of Economic Freedom），涵盖了商务自由、贸易自由、财政自由、政府规模、货币自由、投资自由、金融自由、知识产权和腐败 9 个方面的总体得分，被很多学者引用。因此，最终我们使用东道国和母国的贸易便利化指数比值作为固定成本变量。在模型中，表现为 $\text{Ln}(FREE_{i,t}+1)$。

6. 外商直接投资

外商直接投资在《中国统计年鉴》中以年均流量形式统计。但在研究外商直接投资的影响时多以存量作为变量。外商直接投资同对外直接投资类似，存在一个滞后影响。在模型中，我们使用 $\text{Ln}(FDI_{i,t}+1)$ 作为变量，以防止数据丢失。本章使用永续盘存法按照国家对外资企业资产最低残值率 10%，折旧年限 15 年，用固定资产的平均年限法，即每年 6% 计提折旧后计算得到各年 FDI 的存量。基期 1995 年的 FDI 存量计算公式为：

$$FDI_{a,1995}=fdi_{a,1995}/(\sigma+g) \quad (7-11)$$

其中 $fdi_{a,1995}$ 为进口国 a 国在 1995 年的 fdi 流量。其中 σ 为折旧率即 6%，g 为 1995—2015 年样本国家（地区）人均 GDP 增长率的平均值。因此 t 时期 a 国的 FDI 存量计算公式为：

$$FDI_{a,t}=fdi_{a,t}+(1-\sigma)FDI_{m,t-1} \quad (7-12)$$

数据来自《中国统计年鉴》和世界银行数据库。

7. 对外直接投资

我们取中国对东道国直接投资存量作为变量。考虑到对外直接投资是一个资本累积的过程，我们还设置了滞后期的分析。因此，在模型中表现为 $\text{Ln}(OFDI_{i,t}+1)$。数据来自历年《中国对外直接投资统计公报》的整理。

8. 实际汇率

这里采用东道国和中国各年实际汇率的比值作为变量。在模型中，主要表现为 Ln（$EXAN_{i,t}+1$）。在参考 Colaceli（2010）、魏浩等（2016）以及赵勇、雷达（2013）的做法，使用计算后的名义汇率作为实际汇率。计算公式如下：

$$EXAN_{i,t} = \frac{\dfrac{Nom_{i,t}}{GDP_{D_{i,t}}}}{\dfrac{Nom_t}{GDP_{D_t}}} \qquad (7-13)$$

其中，$Nom_{i,t}$ 和 $GDP_{D_{i,t}}$ 为东道国 i 在 t 时的官方汇率及 GDP 平减指数。Nom_t 和 GDP_{D_t} 为中国在 t 时的官方汇率及 GDP 平减指数。数据来自世界银行 WDI 数据库。

9. 外部冲击

设置这一虚拟变量是为了检验发端于 2007 年年末的美国次贷危机是在何种程度上影响了投资和贸易。在研究的时间区间内，全球经济遭遇了一次典型的外部冲击。因此，设置年份为 2008 年，则 SHOCK = 1，否则 SHOCK = 0。

二　计量结果

（一）基于全部样本的回归结果

基于 90 个出口国家或地区 2003—2015 年三元边际的引力模型回归结果，为了提高结果的可信度，对引力模型进行变量控制。见表 7-3。

表 7-3　中国对外直接投资对出口三元边际的影响：全样本回归

项目	Ln（EM）	Ln（P）	Ln（Q）
OFDI 滞后 0 期	0.0122 *** (0.0020)	0.0012 (0.0018)	0.0061 *** (0.0031)
N	1170	1170	1170
R^2	0.3192	0.0849	0.2966

续表

项目	Ln（EM）	Ln（P）	Ln（Q）
OFDI 滞后 1 期	0.0108*** （0.0019）	0.0015 （0.0016）	0.0060*** （0.0014）
N	1080	1080	1080
R^2	0.2299	0.0784	0.2875
OFDI 滞后 2 期	0.0105*** （0.0019）	−0.00006 （0.0015）	0.0056*** （0.0015）
N	990	990	990
R^2	0.1618	0.0797	0.2776

注：***表示在1%的显著性水平上显著。为精简表格内容，不展现回归模型除OFDI外的变量结果。（下同）

1. 对外直接投资对出口的影响

在引力模型中，分别观察对外直接投资的数据滞后1—2期影响结果。具体情况如下：

第一，对外直接投资对出口产品价格的影响为正，但是不显著。对外直接投资滞后2期后，其对价格的影响甚至为负，同时也不显著。因此，笔者认为从全部样本来看，中国对出口目的国的对外直接投资并不能影响它的出口产品价格。一般而言，我们用价格来代指产品的质量，出口产品价格越高，则产品质量越好。从这一点来看，对外直接投资对出口产品质量的影响微乎其微。

第二，对外直接投资对出口产品的扩展边际有显著的正向影响，且随着滞后期数的增加，其影响的系数逐渐下降。也就是说，通常我们认为对外直接投资对经济影响的滞后效应并没有我们想象的那么大。整体来看，中国对出口目的国的对外直接投资每增加1%，则中国出口到这个国家的产品扩展边际会增加0.01%。

第三，对外直接投资对出口产品的数量有显著的正影响，其影响能力随着对外直接投资的滞后期数增加而略有降低。整体而言，中国对出口目的国的对外直接投资每增加1%，中国出口到这个国家的产品数量边际便增加0.006%。

综上所述，就全体样本而言，中国的对外直接投资可以增加出口产品的种类及数量，对产品价格虽然有正的影响，但不显著。这里的对外直接投资具有出口创造效应。

2. 其他因素对出口的影响

接下来，笔者将对除对外直接投资以外的影响因素进行分析，明确其对出口三元边际的影响。具体情况如下（见表7-4）：

第一，相对经济规模对出口产品广度和价格有显著正影响。然而其对出口数量有负的影响，但不显著。对扩展边际的影响最大，价格边际次之。出口目的地相对中国的经济规模每增加1%，则中国对这个国家或地区的出口扩展边际便增加0.1604%，出口产品价格边际会增加0.0981%。笔者认为中国的出口产品数量同经济规模并不一定是正相关的关系。可能出现经济规模较大的国家出口产品数量反而相对经济规模较小的国家小，这可能是因为经济规模较大的国家（地区）内部产业系统完备，经济发展并不依赖于产品进口。而经济规模较小的国家（地区）则不同，落后的工业发展系统使得经济发展的更多产品需要依赖进口产品解决。关于这一点讨论可以在下文的分组回归中继续展开。

第二，相对劳动生产率显著影响着产品价格边际和数量边际。东道国的劳动生产率越高，则中国出口到东道国的产品价格边际会下降，其每增加1%，则产品价格边际会下降0.0307%，产品数量边际会下降0.0497%。在经典文献对出口贸易边际的研究中，按照企业异质性模型，出口国（地区）相对进口国（地区）的劳动生产率越高，那么，出口产品边际和数量边际都应该越高。本章的影响因素恰恰是进口国（地区）相对出口国（地区）的劳动生产率，因此符合理论预期。

第三，地理距离对出口产品价格边际和扩展边际有显著负的影响，对数量价格边际有负的影响，但不显著。模型中笔者应用地理距离作为可变成本的工具变量，随着地理距离的增加，出口产品的运输成本增加，则产品的价格理应上升，在模型中却表现为价格增加，价格边际下降。笔者认为这是产品的种类和质量所决定的。这里的地理距离是应用空间经济地理加权后的距离。观察中国在世界的地理位置发现，很多发展中国家离中国距离较远,尤其是南美洲和非洲国家。中国出口到这些国家的产品价格低廉且质量一般,这主要是因为当地人民还消费不起中高档产品。而且随着交通运输业的发展,地理距离已经不再如过去那样成为产品出口的掣肘。因此,有可能是因为不同国家发展的经济情况以及地理分布导致出现这样的情况。

表7-4　　　　　　　　　　基于全样本回归结果

自变量	LnEM 混合回归	LnEM FE	LnP 混合回归	LnP RE	LnQ 混合回归	LnQ RE
LnGDP	0.0245 (0.0173)	0.1604* (0.0847)	0.0927*** (0.0249)	0.0981** (0.0448)	-0.0046 -0.018	-0.061 (0.0402)
LnPROD	-0.0066** (0.0033)	0.0179 (0.0175)	-0.0349*** (0.0048)	-0.0307*** (0.0114)	-0.0435*** (0.0035)	-0.0497*** (0.0082)
LnDIST	-0.0107*** (0.0032)	—	-0.0249*** (0.0046)	-0.0239*** (0.0103)	-0.0081** (0.0033)	-0.0005 (0.0125)
LnFREE	0.0201 (0.0255)	-0.0743 (0.0931)	0.1093*** (0.0366)	0.0089 (0.0471)	-0.0550** (0.0265)	-0.0655 (0.0733)
LnOFDI	0.0126*** (0.0007)	0.0122*** (0.002)	0.001 (0.001)	0.0012 (0.0018)	0.0070*** (0.0007)	0.0061*** (0.0031)
LnEXAN	0.0131*** (0.0047)	-0.0044 (0.0074)	-0.0039 (0.0068)	-0.0076* (0.0046)	-0.0007 (0.0049)	0.0117*** (0.0031)
LnFDI	0.0096*** (0.0009)	0.0153*** (0.004)	-0.0038*** (0.0013)	-0.0039 (0.0028)	0.0016* (0.0009)	0.0076*** (0.0027)
SHOCK	0.0147** (0.0063)	0.0120*** (0.0041)	-0.0027 (0.0091)	-0.0035 (0.0034)	-0.0054 (0.0066)	-0.0048* (0.0028)
C	0.4269*** (0.0333)	0.3321*** (0.08824)	0.8257*** (0.0479)	0.8895*** (0.1002)	0.2424*** (0.0347)	0.1408 (0.1148)
R^2	0.51	0.32	0.09	0.08	0.32	0.3
N	1170	1170	1170	1170	1170	1170

注:*、**、***表示在10%、5%、1%的显著性水平上显著。

第四,贸易便利化指数对出口产品的扩展边际、价格边际、数量边际的影响在随机模型中均存在不显著。在混合模型中,对价格边际有正的影响，对数量边际有负的影响。

第五，汇率变动对出口产品的价格边际和数量边际有显著影响，其中对价格边际有负向的影响，对数量边际有正向的影响。当人民币相对他国货币贬值时，东道国更愿意进口这些商品，因为此时这些产品的价格相对比较便宜。

第六，外商直接投资对出口产品的扩展边际和数量边际有显著正向影响，对价格边际影响不显著，其中对扩展边际的影响要大于价格边际。这表明他国（地区）对我国的外商直接投资并不能显著提高我国的出口产品质量。内含的机制应当是他国（地区）对我国的外商直接投资，补充了我国的生产技术，可以生产甚至出口更多种类的产品，并且由于我国在世界整体还处于生产成本较低的生产链，因而可以降低产品的出口价格，从而扩大产品出口。

第七，金融冲击对出口产品的扩展边际有显著正向影响，对出口产品数量有显著负向影响，对价格影响不显著。随着2008年国际金融危机的到来，导致全球市场需求的萎缩，因此中国的出口产品数量会下降，较为合情合理。但是出口产品的扩展边际仍保持增长，笔者认为这是因为中国的出口市场相对于其他国家而言，受到的冲击较小，仍保持了较大的体量。而且中国的出口产品种类较多，每一个产品种类之后有非常多的生产企业，这就使得某一出口产品种类不大可能因为金融冲击而出现整个产业覆灭的情况。

第八，观察对外直接投资这一因素对出口产品三元边际的影响系数，笔者发现其同外商直接投资的影响系数类似。这里用的都是投资的存量数据。这说明虽然外商直接投资在中国已经开展多年，但对外直接投资很有可能后来居上，成为推动我国出口贸易发展的一大助力。

（二）发达国家（地区）样本

针对90个样本国家或地区进行分组分析，根据前文所述的发达国家和发展中国家区分标准进行分组回归，共有发达国家或地区31个，发展中国家或地区59个并报告回归结果。

1. 对外直接投资对出口的影响

针对发达国家的回归结果表明，中国对东道国对外直接投资会显著正向影响出口产品的扩展边际，这种影响随着对外直接投资的滞后期数增加而递减，滞后 2 期后有明显的递减。整体而言，中国对东道国的对外直接投资每增加 1%，则出口产品的扩展边际增加 0.0064%。中国对东道国的对外直接投资虽然对出口产品的价格边际和数量边际影响系数为正，但并不显著，以至于将该因素滞后 2 期后，甚至对出口产品的价格边际产生负向的影响，影响非常不稳定。见表 7-5。从以上分析来看，中国对发达国家的对外直接投资并没有明显的出口创造效应，但可以使得国内出口企业学习到新的技术，因而可以出口新的产品到东道国。

表 7-5　对外直接投资对中国出口三元边际的影响：发达国家样本回归

项目	LnEM	LnP	LnQ
OFDI 滞后 0 期	0.0064*** (0.0018)	0.0015 (0.0023)	0.0008 (0.0016)
N	403	403	403
R^2	0.6257	0.0682	0.5343
OFDI 滞后 1 期	0.0060*** (0.0018)	0.0003 (0.0019)	0.0007 (0.0013)
N	341	341	341
R^2	0.5638	0.0809	0.4207

注：*** 表示在 1% 的显著性水平上显著。

2. 其他因素对出口的影响

针对发达国家样本的回归结果如表 7-6 所示，具体分析如下：

表 7-6　基于发达国家样本回归结果

自变量	LnEM 混合模型	LnEM RE	LnP 混合模型	LnP RE	LnQ 混合模型	LnQ FE
LnGDP	0.0416*** (0.0146)	0.0611** (0.0304)	0.0585*** (0.0228)	0.0692 (0.0493)	0.0586** (0.0151)	-0.0378 (0.0397)

续表

自变量	LnEM 混合模型	LnEM RE	LnP 混合模型	LnP RE	LnQ 混合模型	LnQ FE
LnPROD	0.0160*** (0.0057)	0.0032 (0.0152)	−0.0414*** (0.009)	−0.0326 (0.0294)	−0.0422*** (0.006)	−0.0596*** (0.0137)
LnDIST	−0.0065* (0.004)	−0.0073 (0.0053)	0.0087 (0.0062)	0.0057 (0.0123)	−0.0280*** (0.0041)	—
LnFREE	0.0017 (0.0350)	−0.0868 (0.1107)	0.1557*** (0.0549)	0.1794** (0.0853)	0.1571*** (0.0363)	0.0144 (0.1044)
LnOFDI	0.0096*** (0.0009)	0.0064*** (0.0018)	−0.0016 (0.0015)	0.0015 (0.0023)	0.0070*** (0.0010)	0.0008 (0.0016)
LnEXAN	−0.0078** (0.0039)	−0.0136** (0.0061)	−0.0017 (0.0062)	−0.0093*** (0.0035)	−0.0057 (0.0041)	0.001 (0.0023)
LnFDI	0.0057*** (0.001)	0.0075*** (0.0011)	0.0003 (0.0016)	−0.0040* (0.0023)	−0.0021** (0.0010)	−0.0005 (0.0026)
SHOCK	0.0057 (0.0074)	0.0052 (0.0048)	−0.0076 (0.0116)	−0.0075 (0.0055)	0.0008 (0.0077)	0.0006 (0.0024)
C	0.4428*** (0.0469)	0.5565*** (0.1125)	0.4845*** (0.0736)	0.4976*** (0.1699)	0.2714*** (0.0487)	0.2155*** (0.0896)
R^2	0.65	0.63	0.09	0.07	0.46	0.53
N	403	403	403	403	403	403

注：*、**、***表示在10%、5%、1%的显著性水平上显著。

第一，相对经济规模对发达国家出口产品扩展边际有显著正向影响，对出口产品价格边际和数量边际没有显著影响。其中，相对经济规模每增加1%，则出口产品的扩展边际便增加0.06%。

第二，东道国的劳动生产率显著负向影响出口产品的数量边际。也就是说东道国的劳动生产率水平越高，产品竞争力越强，就越少进口来自中国的出口产品。

第三，中国和东道国之间地理距离对出口产品的价格边际和扩展边际并无显著影响。从数量边际的混合模型数据来看，地理距离对出口产品的数量边际有显著的负向影响。这是因为地理距离的增加，使得出口产品的运输成本增加，从而使得价格有所增加。

第四，贸易便利化指数对出口产品价格边际有显著正向影响，对扩展边际和数量边际没有显著影响。这说明中国贸易便利化的改善使得出口产品的价格有所提高，提升了出口产品的质量。

第五，汇率变动对出口产品的价格有显著负向影响，对数量边际有显著正向影响。这说明外币相对于人民币的实际汇率的增加，将会增加中国出口产品的数量而降低其价格。

第六，外商直接投资对中国出口产品扩展边际和数量边际有显著正向影响。

第七，金融冲击对出口产品的扩展边际和数量边际有显著负向影响，对价格边际无显著影响。

（三）发展中国家（地区）样本

针对 59 个发展中国家和地区进行分组回归分析，并报告结果。

1. 对外直接投资对出口的影响

针对发展中国家的回归结果表明，中国对东道国的对外直接投资对出口产品的扩展边际有显著正的影响，其影响系数随着对外直接投资的滞后期数增加而减少。对外直接投资对出口产品数量边际有显著的正向影响，滞后 1 期的影响系数和原序列的影响系数相同，但滞后 2 期后的影响为负且不显著。其对出口产品的价格边际没有显著影响。见表 7-7。

表 7-7　对外直接投资对中国出口三元边际的影响：发展中国家样本回归

项目	稳健模型		
	LnEM	LnP	LnQ
OFDI 滞后 0 期	0.0137 *** (0.0023)	0.0008 (0.0024)	0.0062 *** (0.0017)
N	767	767	767
R^2	0.3696	0.1048	0.4449
OFDI 滞后 1 期	0.0121 *** (0.0023)	0.0029 (0.0040)	0.0062 *** (0.0019)
N	708	708	708

续表

项目	稳健模型		
	LnEM	LnP	LnQ
R^2	0.2687	0.0325	0.4150
OFDI 滞后 2 期	0.0116*** (0.023)	-0.0004 (0.0017)	0.0058*** (0.0021)
N	649	649	649
R^2	0.1951	0.0936	0.3649

注：***表示在1%的显著性水平上显著。

从以上分析来看，中国对不同国家（地区）进行的对外直接投资出口产品的影响颇不相同。从发展中国家（地区）角度来看，这种对外直接投资具有出口数量上的创造效应，但并不能增加产品的质量。

2. 其他因素对出口的影响

针对发展中国家（地区）样本的回归结果具体分析如下（见表7-8）：第一，经济规模对出口产品扩展边际有显著正向影响，对出口产品数量边际有显著负向影响。

第二，劳动生产率对出口产品价格边际和数量边际有显著负向影响。这说明东道国的生产率越高，产品竞争力越强，就越少依赖来自中国出口的产品。

第三，地理距离对产品价格边际有显著负向影响。

第四，贸易便利化程度对产品出口无显著影响。

第五，汇率变动对出口产品无显著影响。

第六，外商直接投资对出口产品的扩展边际和数量边际有显著正向影响。外商投资每增加1%，中国对该国（地区）的出口产品数量便会增加0.0137%。

第七，国际金融冲击对出口产品的价格边际有显著正向影响。这可能是因为国际金融危机使得国外需求数量大幅度降低，尤其是一些廉价产品，从而提高了出口产品的单价，造成出口产品价格提高的错觉。

表 7-8　　　　　　基于发展中国家（地区）样本回归结果

自变量	LnEM 混合模型	LnEM FE	LnP 混合模型	LnP RE	LnQ 混合模型	LnQ FE
LnGDP	0.0498 (0.0386)	0.8475** (0.3504)	0.1393*** (0.0568)	0.1708 (0.2340)	-0.2107*** (0.0410)	-0.7849*** (0.3079)
LnPROD	-0.0162*** (0.0045)	-0.0203 (0.0226)	-0.0343*** (0.0066)	-0.0291** (0.0128)	-0.0364*** (0.0048)	-0.0542** (0.0237)
LnDIST	-0.0046 (0.0042)	—	-0.0340*** (0.0062)	-0.0344*** (0.0116)	0.0034 (0.0045)	—
LnFREE	0.0846** (0.0350)	-0.0224 (0.0947)	0.0870* (0.0515)	-0.0702 (0.0652)	-0.1604*** (0.0372)	-0.0421 (0.0937)
LnOFDI	0.0146*** (0.0009)	0.0137*** (0.0023)	0.0013 (0.0014)	0.0008 (0.0024)	0.0065*** (0.0010)	0.0062*** (0.0017)
LnEXAN	0.0355*** (0.0116)	-0.0145 (0.0192)	-0.0016 (0.0171)	0.0128 (0.0263)	0.0124 (0.0123)	0.0151 (0.0192)
LnFDI	0.0137*** (0.0013)	0.0205*** (0.0042)	-0.0074*** (0.0019)	-0.0058 (0.0045)	0.0058*** (0.0013)	0.0137*** (0.0033)
SHOCK	0.0205*** (0.0084)	0.0160*** (0.0059)	-0.00004 (0.0123)	-0.0004 (0.0043)	-0.0082 (0.0089)	-0.0061 (0.0040)
C	0.2661 (0.0469)	0.2678*** (0.0810)	0.9958*** (0.0689)	1.0362*** (0.1256)	0.1826*** (0.0497)	0.1042 (0.0813)
R^2	0.52	0.37	0.12	0.10	0.26	0.44
N	767	767	767	767	767	767

注：*、**、***表示在10%、5%、1%的显著性水平上显著。

第五节　基本结论和政策建议

本章对对外直接投资的出口贸易增长问题进行了研究，研究结果如下：

1. 出口产品增长源于数量的贡献

在针对中国出口产品的三元边际分解及贡献率进行分析后发现，近20年来的中国出口产品的增长，主要是源于数量边际的贡献。这说明中国出口增长依然是粗放型的增长模式，产品质量上的提高十分有限。加入世界贸易组织，对中国出口产品增长起到了有力的支撑作用。加入世界贸易组织后，中国出口产品的数量边际有了极大幅度的提升，价格小幅上涨。

2. 出口产品质量有待提高

在双边层次的出口产品三元边际分析中，发现中国出口到这些经济体的产品价格要低于其他国家出口到这些经济体的产品价格。这从侧面反映出，中国出口产品的质量还有待提升。从中国出口产品的三元边际分解及贡献率分析来看，中国出口产品的价格边际增长有限，对出口的贡献同扩展边际类似，且不稳定。

3. 中国对外直接投资具有出口创造效应

在全部样本及分组样本的回归检验中，对外直接投资只对扩展边际和数量边际有显著影响，对价格边际没有显著影响。在全部样本回归中，对外直接投资对出口扩展边际的影响要大于数量边际，但其对数量边际的影响更加稳定，随着对外直接投资滞后而没有太大变化。这说明中国对外直接投资存在显著的出口创造效应。

4. 中国对外直接投资的三元边际效应存在国别差异

在国别分组中，我们发现在发达国家样本中，中国对外直接投资只能影响出口产品的扩展边际，而对出口产品的价格边际和数量边际无显著影响。这可能是因为中国对这些国家对外直接投资主要是市场寻求型，因而只能增加新市场的产品销售种类，而不能影响其出口产品数量及价格。在发展中国家样本中，中国对外直接投资对出口产品的扩展边际和数量边际均有显著影响，对价格边际无显著影响。

5. 中国对外直接投资对出口增长的影响路径

综合以上的研究，我们认为中国对外直接投资对出口增长的影响主要是通过扩展边际和数量边际来实现的。对于发达国家，中国对外直接投资可以开拓新市场，扩展出口产品的种类。对于发展中国家，中国对外直接投资，一可以发展新的出口产品种类；二可以对原有的产品通过对外直接投资来增加出口数量。在这两点上，实现对外直接投资的出口创造效应。但中国对外直接投资对出口产品质量提升还十分有限,并不能作为主要的影响路径。

从本章的研究结论出发,针对中国对外直接投资及贸易领域的相关建议如下:

1. 持续推动中国对外直接投资

中国对外直接投资的存量对出口创造有显著的正向影响,因此持续推动中国对外直接投资将提升其存量水平,从而对中国出口增长提供不间断的推动作用。这在全球贸易发展不稳定和不确定因素仍然较多的情况下,有格外重要的意义,将增加中国出口贸易抵御未知风险的能力。从政府角度来说,可以进一步加强双边和多边的投资协定,为中国企业"走出去"提供良好的政治环境和便利的渠道。譬如"一带一路"的建设及亚洲基础设施投资银行的建立都将有力地促进中国对"一带一路"周边国家的直接投资,从而促进中国对这一区域的出口贸易。相应的,政府也应当简化资金审批程序、降低企业融资成本、创新企业融资方式方法,帮助企业降低保险费率、扩大承保范围,降低其对外直接投资的一般风险。

2. 重点推进对发展中国家的对外直接投资

本章研究表明,中国对发展中国家的直接投资对出口贸易的促进作用更为明显。结合当前我国经济深化改革、产能转移的大背景,可以对部分发展中国家逐步转移国内的过剩产能。但是发展中国家的市场、资源、技术成熟度、政治稳定性等各方面条件大有不同,需要政府在前期帮助企业规避一些风险,做好商业预警工作。针对国内已经达到相当水平的产业,可以考虑进行垂直型对外直接投资。针对国内企业普遍缺乏对外直接投资经验的现象,政府可以加强公共服务领域的中介服务,增加这些专业服务机构在中国对外直接投资中的参与度,如会计师事务所、律师事务所、相关国际组织等。

3. 鼓励企业进行科研创新,增加新型产品出口及产品质量

增加产品出口数量可以增加出口企业抵御未知风险的能力。对外直接投资对出口扩展边际有一定的影响。因此,政府应当适当鼓励企业进行科研创新,扩大出口产品的种类,提升自己在全球生产价值链中的地位。

第四篇

中国国际直接投资的经济增长效应水平

经济增长是一国国际直接投资发展的基本目标，国际直接投资促进产业增长与地区经济增长，因此产业经济增长与地区经济增长的水平是国际直接投资发展水平的重要体现。本篇从产业比较优势演变、地区经济增长不同阶段、2008年国际金融危机时期的经济增长稳定性等角度研究国际直接投资的经济增长效应水平。第八章分析国际直接投资的产业增长效应，第九章是国际直接投资与贸易促进地区经济增长的效应比较，第十章分析2008年国际金融危机时期外资外贸企业的经济增长稳定性。

第八章　国际直接投资的产业增长效应

——基于产业比较优势演变的研究*

第一节　引言

产业国际化是指一国产业在其成长过程中利用进口、出口、吸引外资和对外直接投资等国际化方式促进自身发展的过程。不同于单一贸易或外资对各产业的研究，产业国际化研究立足于产业对外贸易与跨国投资的融合发展，综合考虑进口、出口、吸引外资和对外直接投资等多种国际化方式的互动和动态演变过程，及其对产业发展的影响和变化。

改革开放40多年来中国经济发展取得了重大成绩，但是内部的资源环境约束和外部的贸易壁垒都制约了中国经济依赖外需出口与要素投资的粗放型增长方式的持续性。十二五时期国家强调了依赖技术创新和扩大内需的持续型和谐发展目标，在增长模式上更加强调产业转型升级，在国际化推动模式上不再局限于出口和引进外资单一模式的推动作用，比以往更加强调各种国际化模式的互动融合发展。这是新形势下中国经济持续发展和产业转型升级的内在要求，这种转变也应该遵循产业国际化的自身规律。本章考虑利用产业周期发展理论思想，检验中国产

---

* 本章主要由姚利民与余俊良完成，成果来自教育部项目"产业国际化促进经济增长的机制与边际效应实证研究"（11YJA790185）的部分成果。

业国际化发展中外资外贸的经济增长效应，为中国产业国际化政策调整提供依据。

第二节 文献回顾

关于产业国际化的研究尚未形成系统的理论，日本的赤松要（1932）提出了雁形产业发展形态说（Flying Geese Paradigm），论述了发展中国家在赶超进程中从进口到出口的增长推动模式的转变（进口→国内生产→出口的发展过程）。小岛清（1978）在《对外贸易论》中归纳出日本将边际产业从出口转向对外直接投资的国际化转变。Vernon（1966）从产业生命周期角度阐述了进口、出口、引进外资、对外直接投资四种国际化模式在产业生命周期发展过程中的作用。Dunning（1979）的投资发展阶段论论述了FDI和OFDI在经济发展相关阶段中的推动作用，这些理论思想为产业国际化的研究提供了重要的基础。Ju、Lin、Wang（2013）针对美国473个制造业细分行业数据的产业周期动态特点，模型化产业周期倒V形变化规律与要素密集度的关系，揭示了产业动态升级的一般规律。

国内外学者针对国际化促进经济增长和技术进步的研究做了大量的实证分析，但多数文献仅单独考察进口、出口、外资与经济增长和技术进步的关系，并且多数文献没有考虑经济发展阶段和国际化推动模式的动态演变规律。近年来将多种国际化方式融合研究的文献已经出现。Blind、Jungmittag（2004）和Hui Lin、Eric S. Lin（2010）研究了进口、IFDI和出口、OFDI等四种国际化方式对创新的积极影响。Gwanghoon Lee（2006）分析了FDI、OFDI、中间产品进口、非实体的直接渠道进行的国际技术外溢，Xiaohui Liu、Trevor Buck（2007）比较了进口、出口和外资三种渠道的技术进步效果。Wolfgang Keller、Stephen R. Yeaple（2009）估计了进口和IFDI渠道对美国制造业R&D溢出效应。国内黄先海（2005）比较了贸易与外资渠道的技术外溢。王英和刘思峰（2008）

实证分析了国际 R&D 溢出的四种国际化渠道对中国全要素生产率的影响，部分结论与理论预期不一致。康赞亮、张必松（2006）的实证结果说明外国直接投资、国际贸易与经济增长间具有长期均衡关系。Yao、Chen、Zhao（2011）的研究表明进口和外资与浙江制造业的发展存在 U 形关系，而出口与浙江制造业的发展存在倒 U 形关系。

单一的国际化方式研究更容易放大甚至扭曲技术进步与外溢的效应（黄先海，2005），近年来针对多种国际化方式的经济增长效应的研究日益增多，但多数文献重点在于比较各种不同的国际化方式对技术外溢的影响以及贸易和对外直接投资之间的关系，已有的文献很少考虑产业国际化方式的动态变化过程。国际化模式推动经济增长与一个国家的经济发展水平和产业发展阶段密切相关，进口、出口和外资在产业发展的不同阶段的作用和地位也不同（Yao et al., 2011）。本章研究国际化如何促进产业增长和技术进步，重点以显性比较优势指标为依据，将中国工业行业分成四类不同的行业组合：出口劣势且劣势扩大的行业、出口劣势且劣势缩小的行业、出口优势且优势扩大的行业、出口优势且优势缩小的行业，这四类行业可以基本符合产业发展周期的四个不同阶段。通过对这四类不同产业发展过程中国际化推动模式对其的不同影响，本章着重研究进口、出口、外资在不同的产业发展阶段促进产业增长和技术外溢的动态演进过程。

第三节　模型与数据

一　模型

如何将进口、出口、外资等国际化模式纳入一个统一的模型框架中，这是计量实证研究首先考虑的基础问题。本章从 Feder（1982）模型和许和连等（2005）的拓展得到启发。Feder（1982）模型只考虑出口部门与非出口部门，许和连、栾永玉（2005）在 Feder 模型基础上将出口部门改为两个出口部门（农产品出口部门和制成品出口部门，称为三部门模型）。本章顺着这个思路进一步扩展，即在原有的出口和非出口两部门模型增加了外资部门并考虑了进口的影响。模型基本假设：三部门（出口部门 X、非出口部门 N、外资部门 W），三种投入（本国资本品 K、进口资本品 M、劳动力 L）。

生产函数如下：$Y = N + X + W$，$N = F(K_N, M_N, L_N, X, W)$，
$$X = G(K_X, M_X, L_X, W), \quad W = T(K_W, M_W, L_W) \quad (8-1)$$

三部门合计得国家总产出，上式表示出口部门、外资部门、对外直接投资对非出口部门有外部性影响，外资、对外直接投资对出口部门的外部性影响。

国家总产出的增量为：
$$dY = dN + dX + dW \quad (8-2)$$

基于 Feder 模型的以上拓展（具体推导略），本章运用工业行业面板数据对以上模型进行回归分析，模型可规范为：

$$\frac{dY_{it}}{Y_{it}} = \alpha_1 \frac{I_{it}}{Y_{it}} + \alpha_2 \frac{L_{it}}{Y_{it}} \frac{dL_{it}}{L_{it}} + \alpha_3 \frac{M_{it}}{Y_{it}} \frac{dM_{it}}{M_{it}} + \alpha_4 \frac{X_{it}}{Y_{it}} \frac{dX_{it}}{X_{it}} +$$

$$\alpha_5 \frac{N_{it}}{Y_{it}} \frac{dX_{it}}{X_{it}} + \alpha_6 \frac{W_{it}}{Y_{it}} \frac{dW_{it}}{W_{it}} + \alpha_7 \frac{N_{it}}{Y_{it}} \frac{dW_{it}}{W_{it}} + \alpha_8 \frac{X_{it}}{Y_{it}} \frac{dW_{it}}{W_{it}} \quad (8-3)$$

其中，Y_{it} 表示第 i 个行业 t 时间点上的工业总产值，I_{it} 表示第 i 个行业 t 时间点上的投资增量，L_{it} 表示第 i 个行业 t 时间点上的劳动力投入，N_{it} 表示内资非出口部门的产出，M_{it} 表示第 i 个行业的进口额，X_{it} 表示第 i 个行业 t 时间点上的出口额，W_{it} 表示第 i 个行业 t 时间点上的外资存量。其中，$\alpha \frac{I}{Y}$ 为投资率贡献，$\beta \frac{dL}{L}$ 为劳动力增长贡献，$(1 + \mu) \alpha \frac{M}{Y} \frac{dM}{M}$ 为进口资本品的贡献；出口部门的贡献包括：效率差异贡献 $\frac{\delta}{1+\delta} \frac{X}{Y} \frac{dX}{X}$、出口对内资非出口部门贡献 $\theta_X \frac{N}{Y} \frac{dX}{X}$；外资部门的贡献，包括：效率差异贡献 $\frac{\eta}{1+\eta} \frac{W}{Y} \frac{dW}{W}$、外资对内资非出口部门的外溢贡献 $\frac{\theta_W}{1+\delta} \frac{N}{Y} \frac{dW}{W}$、外资对内资出口部门的外溢贡献。方程 (8-3) 为后面的计量模型提供理论基础。

二　数据描述

本章研究产业国际化如何促进经济增长，所选取的数据主要来自《中国工业经济统计年鉴》，年份从 2001 年至 2010 年，选取主要的 36 个工业行业，剔除了一些数据不全的行业，如其他采矿业、木材及竹材采运业，废弃资源和废旧材料回收加工业，电力、热力的生产和供应业。其中 Y_{it} 是各个行业的工业总产值，并以 1984 年为基期对各行业的工业总产值用工业品出厂价价格指数进行调整；I_{it} 每年的投资增量是以本年的固定资产净值减去上一年固定资产净值来表示；L_{it} 是各个行业的从业人员人数；X_{it} 以各个行业的出口交货值表示；由于分行业的 FDI 数据难以取得，W_{it} 选用的数据是各个行业的实收资本中的外资和中国港澳台资本的总和来间接代替。各行业的进口数据在《中国工业统计年鉴》无法取得，因此进口数据主要是来自 UN Comtrade 数据库。按 SITC. Rev. 3 的分类，再根据 SITC. Rev. 3 的三位编码产品代码与我国工业行业对应表转换成各个工业行业的进口数据，并以历年年均美元兑换人民币的汇率转换成人民币表示。此外，内资非出口部门的产出数据也没法直接取得。我们根据以下推导间接取代：内资非出口部门产出 = 内资部门总产出 − 内资出口部门产出 = （总产出 − 外资部门产出） − （总的出口 − 外资部门的出口），其中我们假定出口部门的产出就是出口额，即从总体角度来考虑，忽视微观企业层面的差别。

第四节　实证分析

一　国际化模式增长效应的比较（总体的面板回归）

用式（8-3）对中国工业行业数据进行面板数据回归，经多余固定效应检验（Redundant fixed Effects Tests）和 Hausman 检验为固定效应模型，回归结果如表 8-1 所示。

表 8-1　　Feder 模型拓展的总体面板回归结果

变量	系数	标准误差	t 统计值	概率值
常数项（C）	0.1098	0.0070	15.6561	0.0000
投资率贡献（I）	0.0820	0.0839	0.9769	0.3294
劳动力增长贡献（L）	0.5349	0.1448	3.6944	0.0003
进口资本品的贡献（M）	0.2568	0.0381	6.7447	0.0000
出口效率差异贡献（X）	0.4437	0.2151	2.0627	0.0401
出口对内资非出口外溢贡献（NX）	-0.0006	0.0040	-0.1565	0.8758
外资效率差异贡献（W）	1.5763	0.1962	8.0336	0.0000
外资对内资非出口外溢贡献（NW）	0.1324	0.0220	6.0196	0.0000
外资对内资出口贡献（XW）	-1.9579	0.3961	-4.9428	0.0000

从回归结果来看，进口、出口和吸收外资对产业增长的直接作用明显，均能有效地促进产出增长率的上升。其中外资效率差异贡献最为显著，其系数为1.5763，这也从一定程度上说明了外资对国内经济增长的作用要优于出口（系数为0.4437）和进口（系数为0.2568）的作用。

从技术溢出的角度来看，出口对内资非出口的外溢效应不显著（未通过统计检验），但外资对内资非出口的溢出具有显著的正面影响（系数为0.1324）。说明吸收外资能够有效促进内资非出口部门效益的增长，但作用不大。

此外，外资对内资出口部门具有负的溢出效应（系数为-1.9579），即吸引外资对内资中的出口部门具有消极的作用。原因在于我国吸收的外资很大部分都从事出口业务，据测算，2009年由外资企业带来的出口已经占到了中国总出口量的55%，FDI 成为促进我国出口的主要力量。正因为如此，直接的竞争关系导致外资部门的出口对内资部门的出口产生了较强的挤出效应。

那么，产业国际化对产业增长的动态效应如何呢？下文将各产业按照产业比较优势大小分成若干组，以比较进口、出口、外资对不同产业阶段产业增长的效应差异。

二 按显性比较优势指数分组的比较

在产业国际化推动增长的具体模式上，中国出口的发展可以认为是国际化方式的主要代表。众多文献研究表明贸易（尤其是出口）和 FDI 流入具有长期互补关系（李琴，2004），因此本章以代表出口优势的显性比较优势指标对行业数据进行了分类，对中国工业行业的出口是否存在出口过度的现象、不同出口优势类型的行业中国际化模式对产业增长的推动作用是否存在明显的差别等问题进行了探讨。

显性比较优势指数（Revealed Comparative Advantage，RCA）又称出口效绩指数，是分析一个国家或地区的某种产品是否具有比较优势时经常使用的一个测度指标。该指数的含义是：一个国家某种出口商品占其出口总值的比重与世界该类商品占世界出口总值的比重二者之间的比率。RCA > 1，表示该国此种商品具有显性比较优势；RCA < 1，则说明该国商品没有显性比较优势。其计算公式为：RCA = $(X_i/X_t) / (W_i/W_t)$，式中 X_i 表示一国某类商品出口值；X_t 表示一国商品出口总值；W_i 表示世界某类商品的出口值；W_t 表示世界商品出口总值。由于出口商品种类繁多，没有直接与我国工业行业对应的商品分类，这里我们使用的出口数据主要是根据 UN Comtrade 中的出口数据按 SITC. Rev. 3 分类对每类行业选取一个典型的三位编码行业近似表示，选取的典型行业如附表 1 所示。我们以 2001—2010 年各行业出口总额数据为对象，把 36 个工业行业分成三个类型：RCA < 0.5 的行业为出口优势小的行业，有 15 个；0.5 ≤ RCA ≤ 1.5 的行业为中等出口优势行业，共有 11 个行业；RCA > 1.5 的行业为出口优势大的行业，共有 9 个行业，行业分布详见附表 2。并以拓展的 Feder 模型对这三种类型的行业进行回归分析，回归结果如表 8 - 2 所示。

表 8-2　　按显性比较优势指数分大中小三组的回归结果

解释变量与系数		出口优势小的行业（个体随机效应）	出口优势中等的行业（个体固定效应）	出口优势大的行业（个体固定效应）	增长边际效应与变化特点
投资率贡献（I）	coefficient	0.0048	0.3352***	0.7052***	不显著，正正；对增长的贡献递增
	S.E.	0.0687	0.0482	0.0868	
劳动力增长贡献（L）	coefficient	0.5523**	1.0529***	0.0862***	正正正；先增后减
	S.E.	0.2225	0.1505	0.1147	
进口资本品贡献（M）	coefficient	0.3877***	0.2930***	0.0057	正正，不显著；递减
	S.E.	0.0495	0.0860	0.0362	
出口效率差异贡献（X）	coefficient	-0.0668	0.8852***	0.0153	不显著、正、不显著
	S.E.	0.4823	0.2465	0.1406	
出口对内资非出口外溢贡献（NX）	coefficient	-0.0050	0.0495***	-0.0273	不显著、正、不显著；正外溢
	S.E.	0.0044	0.0154	0.0557	
外资效率差异贡献（W）	coefficient	-0.0668	0.8852***	0.0153	正正正；先减后增
	S.E.	0.4823	0.2465	0.1406	
外资对内资非出口外溢贡献（NW）	coefficient	-0.4341	0.1055***	0.1248**	不显著、正正；正外溢递增
	S.E.	0.0375	0.0201	0.1168	
外资对内资出口贡献（XW）	coefficient	-0.4341	-1.4912***	-0.3186	不显著，负，不显著；挤出效应
	S.E.	0.8530	0.3471	0.3998	
R^2	R-square		0.5554	0.6398	0.9292
	F-stat		22.4888	17.9831	52.2033
	DW-stat		2.0070	1.9694	1.8909

注：***表示99%的置信区间，**表示95%的置信区间，*表示90%的置信区间；最后一列是三个组别的变化特点归纳。

从进口方面来看，进口的增长与出口优势具有反向的替代关系，即出口劣势的行业往往在进口方面具有优势，进口对经济增长的贡献较为明显，而随着出口优势的增长，进口对经济增加的贡献逐渐减弱，出口优势行业的进口对经济增长的作用不显著。

从出口方面来看，出口劣势行业和出口优势行业对经济增长的贡献均不显著，而出口优势中等的行业对经济增长具有促进作用，主要表现在两个方面：一方面是出口优势中等的行业出口的效率差异对国内经济增长具有直接的促进效果；另一方面表现在该类型的行业对内资非出口行业的溢出效应比较明显。值得注意的是中国出口优势明显的行业对经济增长的效果不显著，可能的原因是中国传统的出口优势行业存在着过度出口的现象，进而导致资源的扭曲和效率的损失。

从外资方面来看，首先，三大不同类型行业的外资的效率差异对经济增长均具有促进作用；其次，从溢出效应来看出口优势行业和出口优势中等行业对内资非出口行业均具有正面的影响，而出口劣势行业对内资非出口行业的溢出效应不显著；最后，只有出口优势中等的行业的外资对内资出口部门显著，且为明显的挤出效应，主要原因在于该类型的行业聚集了很大比例的外资，行业内外资间的竞争最为激烈，外资部门的发展尤其是该部门出口的增长对内资部门的出口具有负面影响。而出口劣势行业和出口优势明显的行业这种挤出作用不显著。

三 按显性比较优势变化趋势分四组的面板回归分析

为了分析产业国际化动态变化对经济增长的影响，我们把2001年至2010年分成前后两个5年，并分别对这两阶段测算5年的年均显性比较优势指数，看其前后两段时期的出口优势变化趋势。其中行业数据，是根据UN Comtrade中国出口数据按SITC. Rev. 3分类对每类行业选取一个典型的三位编码行业近似表示，并通过显性比较优势指数的变化，把36个工业行业分成四个类型：(1) 出口劣势且劣势扩大的行业，显性比较优势小且下降的行业，共12个；(2) 出口劣势且劣势缩小的行业，显著比较优势小且上升的行业，共9个；(3) 出口优势大且优势上升的行业，共7个；(4) 出口优势大且优势下降的行业，共8个。详见附表3所示。通过这种分类，这四个不同类型的行业可以看作产业周期发展不同阶段下的动态演进过程：(1) 组是国内发展落后主要依靠进口的产业；(2) 组中的国内产业虽落后，但处于赶超状态；(3) 组的产业可以认为是出口贸易高速增长的行业；(4) 组的产业可以认为是国内发展最早、发展比较成熟的产业，该类行业已不再仅仅依靠出口的作用，而是由出口向对外直接投资进行转型。

对上述四个不同类型的组别数据进行 Feder 拓展模型回归，结果如表 8-3 所示。

表 8-3　按显性比较优势变化趋势分类的 Feder 模型计量分析

解释变量与系数		（1）出口劣势且劣势扩大的行业（个体固定效应）	（2）出口劣势且劣势减小的行业（个体随机效应）	（3）出口优势且优势扩大的行业（混合效应）	（4）出口优势且优势减小的行业（混合效应）	增长边际效应与变化特点
投资率贡献（I）	coefficient	0.3811**	-0.1496**	0.8930***	2.2147***	正负正正；增长贡献不断增加
	S.E.	0.1550	0.0638	0.3333	0.1691	
劳动增长贡献（L）	coefficient	0.7762***	0.4739**	0.4752**	0.5279**	正正正正；增长贡献稳定
	S.E.	0.2879	0.2288	0.2533	0.2284	
进口资本品贡献（M）	coefficient	0.5114***	0.2852***	-0.0101	0.2048***	正、正、不显著、正；正面贡献减弱
	S.E.	0.0723	0.0543	0.3845	0.0629	
出口效率差异贡献（X）	coefficient	-1.1793*	0.6047*	0.6244*	0.5550*	负、正、正、正；贡献由负转正
	S.E.	0.6034	0.4532	0.2809	0.2862	
出口对内资非出口外溢贡献（NX）	coefficient	0.0384	-0.0076**	0.0044	0.0757***	无、负、无、正；负与正的贡献都微弱
	S.E.	0.0225	0.0031	0.0948	0.0213	
外资效率差异贡献（W）	coefficient	1.3740***	0.7401***	3.4842***	2.2330***	正正正正；正贡献先递减后转强再递减（与出口优势变化完全吻合）
	S.E.	0.3612	0.2408	0.6337	0.3838	
外资对内资非出口外溢贡献（NW）	coefficient	-0.0079	0.1960***	0.2430***	0.0879***	不显著、正正正；随出口优势增大而增大，随出口优势转弱而转弱
	S.E.	0.0432	0.0606	0.1706	0.0273	
外资对内资出口贡献（XW）	coefficient	0.2899	-0.3494	-1.7557***	1.8967***	不显著、不显著、负、正；与出口优势形成反向关系，出口优势转强外溢为负，而出口转弱则外溢转正
	S.E.	1.0463	0.8855	0.9063	0.4990	

注：*** 表示 99% 的置信区间，** 表示 95% 的置信区间，* 表示 90% 的置信区间；最后一列是四组别的变化特点归纳。

在（1）组的回归中，进口对经济增长具有正向的促进作用，而出口则对经济增长具有负面影响。由于这些行业显性比较优势较小且出口的劣势具有扩大的趋势，这些行业的发展大多依靠进口外国的原材料或是中间产品进行发展，出口较少，因此进口对国内的经济增长促进作用明显，而出口则对经济增长具有一定的阻碍。此外这类行业的外资的引进对经济增长具有显著的促进作用，但外资的溢出效应不显著，说明这类行业内外资在经济效率上具有明显的差距，而由于内资企业在本身的效率上落后较大，与外资企业尚未形成互动的影响，因此出口和外资的溢出作用不显著。

在（2）组的回归中，进口对经济增长仍具有正向的作用，但程度不如（1）组行业的进口作用大。出口对经济增长的影响也是正向的，这是与（1）组的最大区别。由于（2）组的行业虽然出口处于劣势，但这种劣势在逐步缩小，说明这类行业的出口处于发展赶超的阶段，因此出口对经济发展具有重大的影响，但出口对非出口部门的外溢贡献具有微弱的挤出效应。此外这类行业吸引外资对经济增长的影响是正向的，但其系数小于（1）组的系数，说明内外资在经济效率上的差距有所缩小，并且这一类型行业的外资对内资非出口部门起到了外溢的效果，表明这类行业内外资之间在一定程度上形成了一种互动的关系，外资的发展对内资企业具有一定的促进作用。

在（3）组回归中最大的不同是该类型行业中进口对经济发展的影响不显著，而出口对经济发展依然具有促进作用，出口对内资非出口部门外溢贡献为正。这类行业出口具有明显优势且优势扩大，属于出口贸易高速增长的行业。出口的高速增长，从一定程度上限制了该类行业的进口。由于这类行业出口发展较快，出口对非出口部门的外溢贡献明显。此外该类行业的外资对经济增长的影响程度较大，外资部门直接的效率差异对经济增长的贡献巨大。从外资的溢出效应来看，该类企业对内资非出口部门具有明显的促进作用，但对内资出口部门的发展具有阻碍作用。原因在于内外资在出口方面形成了直接的竞争关系，外资的出口直接影响了内资部门的出口发展。

在（4）组的回归中，进口对经济增长的作用明显，出口和外资的效率差异对经济增长的贡献均为正，但与（3）组相比，程度有所减小。此组回归的最大特点在于虽然出口和外资的效率差异对经济增长的贡献程度没有（3）组那么大，但两者的外溢贡献巨大，尤其是外资的发展对内资出口部门的贡献为正，说明内外资企业在出口上形成了一定的互动关系。（4）组的行业是具有出口优势且优势减小的行业，从产业发展周期来看，该类行业是我国发展比较成熟的行业，因此该类行业对经济增长的贡献主要体现在其对内资非出口部门的带动示范效应，而在自身效率差异上的贡献没有（3）组的程度大。

第五节　结论

本章利用扩展的 Feder 模型针对进口、出口和外资三种国际化模式对中国工业行业的产出增长及技术外溢进行研究，并重点以出口显性比较优势指数变化为依据，将 36 个工业部门分成产业发展不同阶段的组别，实证比较不同产业发展阶段国际化模式的增长效应，研究结论显示：产业的国际化模式组合及其增长效应与产业发展阶段存在对应关系，即产业国际化的增长效应随产业周期而变化，出口、外资企业对产业增长的直接效率贡献、间接外部性贡献也随产业周期而变化。具体有：

（1）进口、出口和外商投资对产业增长均有明显的促进作用，其中外资的效率优势贡献最大。外资对内资非出口部门的溢出具有显著的正面影响，但对内资出口部门具有负的挤出效应。

（2）三种国际化模式对不同出口优势状态的行业具有不同的影响。进口的增长效应与出口优势具有反向的替代关系；出口优势中等行业的出口对经济增长促进最明显，而出口优势大的行业存在出口过度的现象，导致边际贡献不显著；外资对三种类型的行业具有正的效率贡献作用，但溢出效应不同；外资对内资内销企业具有正外溢，而对内资出口企业具有挤出效应。

（3）产业不同发展阶段国际化模式对产业增长的贡献影响也基本

呈现周期性变化。在国际化比较落后的产业中其增长主要依靠进口的贡献，随着其自身的发展，出口和外资的作用才会逐步显现出来；处于高速增长的产业对经济增长的影响往往体现在贸易和外资效率差异上的贡献，而发展比较稳定的产业，其国际化对经济增长的作用则体现在其对内资非出口部门的带动示范效应。

附　表

附表1　按 SITC. Rev. 3 选取的各个工业行业的典型行业

行业	SITC 编码	具体行业
农副食品加工业	46	谷物、面粉加工
食品制造业	62	糖类、蜂蜜制作
饮料制造业	111	非酒精饮料
烟草制品业	122	烟草、烟草制品
木材加工及木、竹、藤、棕、草制品业	246	木片、木屑
造纸及纸制品业	251	纸浆、废纸
纺织业	261	丝绸
化学纤维制造业	266	合成纤维
非金属矿采选业	273	岩石、砂矿、砾石
黑色金属矿采选业	281	铁矿及其浓缩物
有色金属矿采选业	285	铝矿及其浓缩物
煤炭开采和洗选业	321	煤炭
石油和天然气开采业	333	石油及来自沥青矿的油
石油加工、炼焦及核燃料加工业	334	石油制品
燃气生产和供应业	345	煤气、水煤气
电力、热力的生产和供应业	351	电力生产
化学原料及化学制品制造业	515	有机无机混合物
医药制造业	541	医药制品
塑料制品业	581	塑料器皿、导管、胶皮管
皮革、毛皮、羽毛（绒）及其制品业	611	皮毛制品
橡胶制品业	625	橡胶轮胎、器皿

续表

行业	SITC 编码	具体行业
印刷业和记录媒介的复制	642	纸、纸板
非金属矿物制品业	662	黏土及其制品
黑色金属冶炼及压延加工业	671	坯铁、毛铁
金属制品业	691	金属制成品
有色金属冶炼及压延加工业	694	由铜、铝等制成的钉子
电气机械及器材制造业	716	旋转电机
水的生产和供应业	721	水的生产
专用设备制造业	723	民用工程设备
通用设备制造业	746	球架、滚珠轴承
通信设备、计算机及其他电子设备制造业	761	电视接收机
交通运输设备制造业	781	汽车及其他交通工具
家具制造业	821	家具、垫子
纺织服装、鞋、帽制造业	841	男士服装
仪器仪表及文化、办公用机械制造业	871	光学器具
文教体育用品制造业	895	办公文具用品

资料来源：UN Comtrade。

附表 2　按显性比较优势指标大小分类的行业

行业类型	行业	SITC 编码	RCA
出口优势小的行业	黑色金属矿采选业	281	0.00053971
	燃气生产和供应业	345	0.00357577
	有色金属矿采选业	285	0.02146734
	造纸及纸制品业	251	0.02191653
	交通运输设备制造业	781	0.02880261
	石油和天然气开采业	333	0.03372266
	烟草制品业	122	0.17137526
	木材加工及木、竹、藤、棕、草制品业	246	0.21213412
	石油加工、炼焦及核燃料加工业	334	0.22205779
	农副食品加工业	46	0.34014757
	非金属矿采选业	273	0.34597334
	电力、热力的生产和供应业	351	0.37343918

续表

行业类型	行业	SITC 编码	RCA
出口优势小的行业	饮料制造业	111	0.37976259
	水的生产和供应业	721	0.43707214
	塑料制品业	581	0.47070408
出口优势中等的行业	专用设备制造业	723	0.5837503
	化学原料及化学制品制造业	515	0.63184004
	医药制造业	541	0.63259374
	食品制造业	62	0.64588732
	煤炭开采和洗选业	321	0.69534602
	印刷业和记录媒介的复制	642	0.76230415
	通用设备制造业	746	0.90328549
	化学纤维制造业	266	0.97438242
出口优势大的行业	黑色金属冶炼及压延加工业	671	1.253885
	橡胶制品业	625	1.26178546
	电气机械及器材制造业	716	1.34659174
	非金属矿物制品业	662	1.58128112
	有色金属冶炼及压延加工业	694	1.63143581
	金属制品业	691	1.72373626
	文教体育用品制造业	269	1.85215204
	通信设备、计算机及其他电子设备制造业	761	1.9540014
	家具制造业	821	2.25264441
	纺织服装、鞋、帽制造业	841	2.88933666
	仪器仪表及文化、办公用机械制造业	871	3.9180384
	纺织业	261	9.18468675

资料来源：根据 UN Comtrade 数据计算。

附表3　　按显性比较优势变化趋势分类的行业

行业类型	行业	SITC 编码	RCA (2001—2005)	RCA (2006—2010)
显性比较优势小且下降的行业	燃气生产和供应业	345	0.0085	0.0029
	有色金属矿采选业	285	0.0271	0.0204
	石油和天然气开采业	333	0.0600	0.0285

续表

行业类型	行业	SITC 编码	RCA (2001—2005)	RCA (2006—2010)
显性比较优势小且下降的行业	烟草制品业	122	0.2321	0.1720
	木材加工及木、竹、藤、棕、草制品业	246	0.6635	0.1426
	石油加工、炼焦及核燃料加工业	334	0.2606	0.1976
	农副食品加工业	46	0.4916	0.3094
	非金属矿采选业	273	0.5693	0.3114
	电力、热力的生产和供应业	351	0.5976	0.3317
	食品制造业	62	0.6567	0.6358
	饮料制造业	111	0.6961	0.3269
	医药制造业	541	0.7277	0.5901
显性比较优势小但上升的行业	黑色金属矿采选业	281	0.0002	0.0005
	造纸及纸制品业	251	0.0131	0.0237
	交通运输设备制造业	781	0.0103	0.0343
	水的生产和供应业	721	0.2875	0.4527
	塑料制品业	581	0.3348	0.4801
	专用设备制造业	723	0.3253	0.5960
	化学原料及化学制品制造业	515	0.3960	0.7006
	印刷业和记录媒介的复制	642	0.6599	0.8096
	化学纤维制造业	266	0.6341	1.1073
显性比较优势大且上升的行业	橡胶制品业	625	1.0212	1.2728
	非金属矿物制品业	662	1.1575	1.6920
	有色金属冶炼及压延加工业	694	1.5229	1.6265
	金属制品业	691	1.2925	1.6508
	通信设备、计算机及其他电子设备制造业	761	1.6651	1.8755
	文教体育用品制造业	895	1.8177	1.9406
	家具制造业	821	1.9780	2.3538
显性比较优势大但下降的行业	皮革、毛皮、羽毛（绒）及其制品业	611	1.1346	0.6012
	煤炭开采和洗选业	321	1.6891	0.5292

续表

行业类型	行业	SITC 编码	RCA (2001—2005)	RCA (2006—2010)
显性比较优势大但下降的行业	通用设备制造业	746	1.7297	0.9055
	黑色金属冶炼及压延加工业	671	1.9070	1.1043
	电气机械及器材制造业	716	1.3651	1.3110
	纺织服装、鞋、帽制造业	841	3.1546	3.1492
	仪器仪表及文化、办公用机械制造业	871	4.2456	3.3843
	纺织业	261	12.2948	9.4996

资料来源：根据 UN Comtrade 数据计算。

第九章 国际直接投资与贸易的地区经济增长效应[*]

第一节 引言

自改革开放以来，我国各地区经济总体上呈现高速增长的状态，但各地区经济差距在不断加大，特别是东部地区与中西部地区。东部地区人均 GDP 从 1978 年的 458 元，增加到 2009 年的 38587 元；中部地区人均 GDP 从 1978 年的 311 元，增加到 2009 年的 20312 元；西部地区人均 GDP 从 1978 年的 258 元，增加到 2009 年的 18090 元。由此可知，各地区之间经济差距在逐渐扩大。在经济发展水平差异条件下，各地区外贸也呈现了不同的发展趋势，东部地区出口贸易规模从 1996 年的 10674 亿元迅速增长到 2010 年的 181862 亿元，占全国出口贸易比重的 91%。中西部地区出口贸易虽然也有很大的发展，但比起东部地区逊色得多，出口贸易规模存在巨大的差异，而西部地区出口贸易既低于东部，也低于中部。各地区进口贸易总额的变化与出口贸易总额的变化趋势相似。自 20 世纪 80 年代以来，外商直接投资（FDI）成为国际资本流通的主要方式和一国国内投资的重要来源。然而 FDI 在我国的分布非常不均衡。从区域分布来看，85% 左右的 FDI 分布在东部沿海地区。

---

[*] 本章主要由姚利民与鲍超波完成，成果来自教育部项目"产业国际化促进经济增长的机制与边际效应实证研究"（11YJA790185）的部分研究报告。部分成果发表于 *International Journal of Economics and Finance*, Vol. 5, No. 11, 2013。

近年来，在我国加入世界贸易组织后，中国关税水平由 2002 年的 15.3% 调整至 2008 年的 9.8%，非关税壁垒也逐步取消，极大地刺激了东中西各区域对外贸易的发展。而且在入世后，地区内劳动密集型产品出口比重持续下降，资本技术密集型产品出口比重有所上升，资源密集型产品进口比重也在快速增加。这表明我国各区域在入世后进出口结构和区域经济结构正在经历一个质变的过程。在入世后，外商直接投资政策更加开放、透明和友好。外商投资领域不断扩大，尤其在中西部地区，许多过去不允许外商投资的领域也放开了，各地区吸引了大量外商直接投资。

然而，在不同经济发展水平下，出口、进口和 FDI 差异对地区经济增长的推动作用到底如何？而且这种推动作用随着经济发展水平会出现怎样的变化呢？本章结合经济增长要素推动的理论机制与经济发展水平结合，通过实证分析，探究经济发展水平对进出口贸易、FDI 经济增长效应强弱及变化趋势，为新时期国家政策调整提供思路。

第二节　经济增长因素演变和相关文献回顾

一　经济发展水平差异对经济增长因素演变过程分析

关于在不同经济发展水平下，推动经济增长各要素（进口、出口、FDI）作用变化和强弱已经有相关经典理论。赤松要（1932）提出了雁形产业发展形态说，论述了发展中国家在赶超发达国家过程中从进口到出口的增长推动模式转变（进口→国内生产→出口的发展过程）。费农（1966）从产业生命周期角度阐述了进口、FDI、出口和 OFDI 四种国际化模式在产业生命周期和发展过程中的作用及经济增长要素推动模式演变。邓宁（1981）提出投资发展周期理论，将一国国际直接投资依据经济发展水平的不同划分为四个阶段，论述了外商投资（FDI）和对外直接投资（OFDI）在经济发展相关阶段中的推动作用。综合上述经典理论我们可以得出出口、进口和 FDI、OFDI 四种经济增长的国际化推动因素在经济发展水平不同阶段的作用和地位变迁。

许和连、栾永玉（2005）将经济系统分为非出口部门、初级产品出口部门和工业制成品出口部门，构建了三部门的出口贸易技术外溢效应模型。按照经济发展水平不同分成"八五"及"九五"两个期间，对各地区截面数据进行实证分析，来检验出口贸易对国内非出口部门技术溢出效应的作用变化。宋永吉（2012）运用邓宁投资周期理论，对中国对外直接投资与经济发展水平的关系进行实证研究，结果表明我国对外直接投资与邓宁投资发展周期理论前四个阶段基本相符。

根据费农产业生命周期理论与邓宁投资发展周期理论，我们可以大致预期经济增长的国际化推动要素（进口、出口和外商直接投资、对外直接投资）在不同经济发展水平下各要素规模变化的情况，根据前人研究经验，我们可以大致预期进口、出口和外商直接投资规模越大，对经济的拉动效应越强；进口、出口和外商直接投资规模越小，对经济的拉动作用越弱，详见图 9-1 和图 9-2。

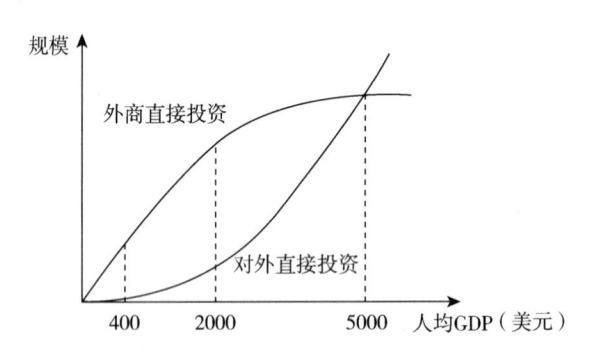

图 9-1　FDI 与 OFDI 规模同经济发展水平关系

根据投资发展周期理论（邓宁，1981），当人均 GDP 小于 400 美元时，有较少的外资流入，没有对外直接投资；当人均 GDP 在 400—1500 美元时，处于这一阶段的国家对外国资本的吸引力明显增强，外资大量涌入，但由于国内经济发展水平不高，未能有效利用外资；当人均 GDP 在 2000—4750 美元时，对外投资大幅度上升，其发展速度有可能超过

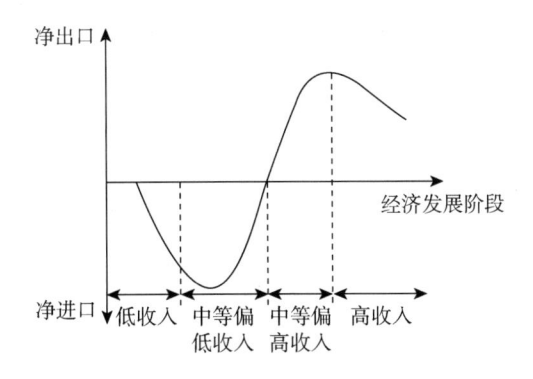

图9-2 产业生命周期贸易平衡的演进

外资直接投资的流入，利用外资的效率有所提升；当人均 GDP 在 5000 美元以上时，进入中高收入国家行列，净对外直接投资呈现正增长，外资利用质量大大提高，有效促进了经济增长。本章只考虑外商直接投资规模的变化。

根据产业生命周期理论（费农，1966），当一国处于低收入国家行列时，由于新产品的价格弹性在发达国家较之发展中国家高，产品主要向低收入国家出口，因此低收入国家在此阶段以进口为主，通过进口，满足国内市场需要，促进国内相关配套产业形成与发展，最终带动经济增长；随着低收入国家经济的发展，人均收入达到中等偏下收入水平时，当地市场规模扩大到足以使当地生产获得规模经济时，国内外的企业家就会选择在国内生产，并可能以低于进口的价格出售自己的产品，尽管此时贸易仍然是净进口，但是出口对经济的拉动作用开始显现。当一国达到中等偏高收入水平时，发达国家的垄断技术水平也扩散到该国，随着生产技术的相对稳定和市场的扩大，当地企业已不受规模与成本的限制，生产不断增长，出口增加并开始向产品发源地出口，对外贸易以出口为主，通过出口大大刺激了经济的增长。当一国进入发达国家行列时，产品已经完全标准化，产品的相对优势已转移到技术和工资水平较低而劳动力资源丰富的发展中国家和地区，这些国家成为成熟期产品的出口者，而该国成为产品的进口国，出口能力减弱，进口增长加速，两者规模发生变化，对经济拉动效应也发生了变化。因为每个产业都要经历一个由成长到衰退的演变过程，可以扩展到各个产业，因此从宏观层面来分析进口、出口对经济增长拉动效应，可以从总体把握贸易与国际直接投资对经济增长的变化特征。

本章不同于已有文献，采用了比较分析的方法，从动态角度审视经济发展水平，及出口、进口和 FDI 三种经济增长国际化要素对经济推动作用强弱和变化趋势，从而为政策调整提供思路，以便更有效地促进地区经济增长。

二 对外贸易、FDI 与经济增长文献回顾

在出口和经济增长关系的研究方面：Feder（1982）认为，出口部门高效管理方式和先进生产技术会对非出口部门产生外溢效应，从而带动经济增长；Balassa（1978）运用 OLS 回归分析方法对 12 个发展中国家的 1961—1974 年出口数据与 GDP 进行了回归，在考虑了劳动力增长和国内外投资贡献的基础上，分析国内生产总值平均增长率和实际出口增长的关系，研究表明出口促进了一国经济的增长。Kwan、Kwok（1995），Shan、Sun（1998）运用实证分析方法，通过协整分析方法和格兰杰因果关系检验，表明出口贸易能够促进经济增长。林毅夫、李永军（2003）通过对对外贸易对经济增长贡献的传统衡量方法进行改进，强调出口对国民收入恒等式中消费和投资两个部分影响，利用需求导向分析，研究表明自 20 世纪 90 年代以来外贸出口每增长 10%，基本能够推动 GDP 增长 1%；石传玉、王亚菲、王可（2003），许和连、赖明勇（2002），范柏乃、毛晓苔、王双（2005）采用因果关系检验法分析了出口贸易与经济增长之间的关系。

在进口研究方面：Lee（1995）、Coe（1997）等论证了进口推动经济增长的积极作用；刘晓鹏（2001）通过对 GDP 与进出口有关数据变量进行协整计量分析，揭示进口增长对我国国民经济增长意义更为重大及其对于经济增长促进作用原动力所在；范柏乃、王益兵（2004）实证分析了我国进口贸易与经济增长之间存在着互为因果的关系，结果表明，经济增长对进口贸易有较强促进作用，同时进口贸易对经济增长也

具有很强的促进作用。

在 FDI 的研究上，Kueh（1992）讨论了 FDI 对中国沿海开放地区国内投资、工业产出和出口的影响，发现外商投资对总资本形成做出很大贡献。国内学者江锦凡（2004）发现外国直接投资在中国经济增长中存在资本效应和外溢效应两方面作用，在促进中国经济增长中起到十分重要的作用；曹伟（2005）认为 FDI 通过影响中国对外贸易有力地促进了中国经济增长，但是对提升中国人力资本水平作用不明显，并且对国内投资存在挤出效应；程惠芳（2002）认为 FDI 流入增长对高收入的发达国家经济增长作用比对中低收入的发展中国家作用更明显。王志鹏、李子奈（2004）用 FDI 外溢效应的准内生经济增长模型进行分析，结果表明东道国的长期经济增长取决于 FDI 与国内资本的比例。DeMello（1999）发现，无论东道国在技术状况上处于领先者位置还是处于跟随者位置，FDI 对产出的增长率都有正的影响。

外资外贸组合研究的文献已经出现。Lee（2006）分析了 FDI、OFDI、中间产品进口、非实体的直接渠道进行的国际技术外溢；王新燕、张伟（2005）对云南进出口和 FDI 与经济增长关系进行实证分析，结果表明：云南省出口、进口与 GDP 之间不存在长期的动态均衡关系；姚树洁、韦开蕾（2007）使用 Petroni 的面板单位根数据检验和 Arellano 及 Bond 的动态面板数据估计技术，发现出口贸易和外商直接投资对经济增长有重大的正面效应。毛新雅、姚宇（2009）运用面板数据模型，分析了东部地区 FDI 与对外贸易对经济增长影响作用，研究表明对外贸易对东部地区经济增长起显著正推动作用，FDI 虽然对东部地区经济增长起着负面影响，但作用力度很小。本章注重从不同发展水平的地区比较入手，揭示进口、出口、外资的经济增长效应变化。

第三节　数据来源及实证分析

本章数据主要来自《中国统计年鉴》和《新中国 60 年汇编》，样本数据为1987—2010年的年度数据,进口、出口以及FDI都通过当年汇率水平换算成亿元人民币作为单位统计量,为剔除价格因素,将原数据名义GDP通过GDP平减指数转化为实际GDP。数据自然对数变换不改变原有协整关系,也为了消除时间序列中存在的异方差,将FDI、GDP和进出口进行自然对数变换,并分别用Ln表示。其中,GDP表示经济增长水平,EX表示出口值,IMP表示进口值,FDI表示实际利用外商直接投资,TRA表示进出口贸易总额。本章选取了东部地区北京、天津、河北、辽宁、上海、江苏、浙江、福建、山东、广东、海南以及中部地区黑龙江、吉林、山西、安徽、江西、河南、湖北、湖南,西部地区,因重庆、西藏、青海部分数据无法获得,不能用Eviews软件得出结果,所以我们只选取四川、贵州、云南、陕西、甘肃、宁夏、新疆、广西、内蒙古。

一 单位根检验

本章所做的是对东部、中部和西部地区的比较分析,因此选用1987年至2010年面板数据,而面板数据一般都含趋势因素,即非平稳的数据,可能会因为"伪回归"造成结论无效,所以要先做单位根检验。单位根检验方法有LLC检验(Levin, Lin, Chu),IPS(Im, Pesaran, Shin W-stat),Breitung t-stat,ADF-Fisher和PP-Fisher等。为了方便起见,本章只采取相同单位根检验LLC和不同单位根检验PP-Fisher这两种检验方法,如果它们都拒绝存在单位根的原假设,则可以认为此序列是平稳的,反之就是非平稳的。结果见表9-1。

表9-1　　　　　　　　面板单位根检验结果

数据	东部地区 LLC	东部地区 PP-Fisher	中部地区 LLC	中部地区 PP-Fisher	西部地区 LLC	西部地区 PP-Fisher
LnGDP	-0.4324	18.1249	-0.3076	6.5402	1.2733	8.1899
ΔLnGDP	-6.6120***	-61.2739***	-4.9697***	61.5008***	-7.7870***	90.5518***
LnEX	0.2689	20.4126	-2.8321	13.0653	-0.9621	13.0379

续表

数据	东部地区 LLC	东部地区 PP-Fisher	中部地区 LLC	中部地区 PP-Fisher	西部地区 LLC	西部地区 PP-Fisher
ΔLnEX	-9.0465***	102.731***	-10.0914***	95.9288***	-10.6998***	97.9787***
LnIMP	-0.2040	12.0209	-4.9966***	15.8058	-4.2596***	13.3134
ΔLnIMP	-9.5201***	103.740***	-7.6567***	70.3474***	-6.1211***	71.8629***
LnFDI	-1.6358	21.4870	-2.1630***	15.0353	-2.2660***	19.0589
ΔLnFDI	-4.8941***	86.0392***	-5.3345***	81.1941***	-6.0786***	114.101***
LnTRA	-0.3192	12.4501	-3.7105***	9.0770	-0.1855	10.7839
ΔLnTRA	-9.4972***	83.2730***	-7.3479***	65.8679***	-7.8760***	74.5268***

注：***表示在1%的显著性水平上显著。

由表9-1可知，各个变量原序列都存在单位根，是非平稳序列，而对各变量一阶差分进行检验时，检验结果都在1%的显著水平上拒绝了原假设，属于同阶平稳，即各变量的一阶差分序列为平稳序列。因此我们可以判定进出口贸易、外商直接投资与经济增长之间可能存在长期的协整关系，是否真的存在，还需要继续分析。

二 面板数据协整检验

Kao（1999）、Kao 和 Chiang（2000）利用推广的 DF 和 ADF 检验提出了检验面板协整的方法，这种方法零假设是没有协整关系，并且利用静态面板回归的残差来构建统计量；Pedroni（1999）在零假设时在动态多元面板回归中没有协整关系的条件下给出了七种基于残差的面板协整检验方法。和 Kao 的方法不同的是，Pedroni 的检验方法允许异质面板的存在。本章采取 Kao 检验，分别对四组变量进行协整检验，即 LnGDP、LnEX、LnIMP 和 LnFDI（协整关系 i），LnGDP、LnTRA、LnFDI 和 LnFDI×LnTRA（协整关系 ii）。结果如表9-2所示：

表9-2　　　　　　　　　　面板协整检验结果

	检验类型	东部地区	中部地区	西部地区
协整关系（i）	Kao 检验	-2.7442***	-3.3215***	-1.9694***
协整关系（ii）	ADF	-2.7093***	-3.5153***	-1.7447**

注：***、**表示在1%、5%的显著性水平上显著。

从表9-2估计可以看出，协整关系（i）、（ii）在1%或者5%显著水平下，拒绝不存在协整关系的假设，说明东、中、西部地区 LnGDP、LnEX、LnIMP 和 LnFDI，LnGDP、LnTRA、LnFDI 和 LnFDI×LnTRA 之间都存在着长期协整关系。

三　模型估计及结果

对于东部地区，我们首先对面板数据模型选用固定效应模型，通过 F 统计量检验，结果为 Cross-section F=99.9444，Prob=0.000<0.1，拒绝原假设，原假设为模型应采用混合效应模型，故该模型选用随机效应或者固定效应，接下来对模型选用随机效应模型，再进行 Hausman 检验，结果为 Chi-Sq. Statistic=7.71354，Prob=0.0523<0.1，拒绝原假设，该模型更适用固定效应；对于中部和西部地区，使用同样方法检验。如下模型选取皆使用同种方法，下面我们对两个协整关系做回归。

表9-3　　　　　各地区进口、出口及FDI的经济增长效应

变量	东部地区（固）	中部地区（随）	西部地区（固）
C	4.8993*** (61.5318)	5.6902*** (37.2613)	5.1360*** (54.7015)
LnEX	0.4138*** (10.6635)	0.2001*** (4.3605)	0.3099*** (6.9964)
LnIMP	0.1187*** (3.3950)	0.3174*** (9.2048)	0.2448*** (7.5160)
LnFDI	-0.0389*** (-2.4428)	-0.0322** (-1.9697)	-0.0503** (-2.4549)

续表

变量	东部地区（固）	中部地区（随）	西部地区（固）
观测值	264	192	216
调整 R^2	0.9718	0.9153	0.9407
F 统计量	663.7382	689.0769	311.2914

注：***、**表示在1%、5%的显著性水平上显著。

由表9-3结果可知，各变量在1%和5%概率下均显著，当出口对数值每增加一个百分点，GDP对数增加值东部地区（0.4318）＞西部地区（0.3099）＞中部地区（0.2001）；当进口对数值增加1个百分点，GDP对数增加值中部地区（0.3174）＞西部地区（0.2448）＞东部地区（0.1187）；当FDI对数值增加1个百分点，GDP对数值反方向变动中部地区（-0.0322）＞东部地区（-0.0389）＞西部地区（-0.0503）。

从经济发展水平来看，1987—2010年，东部地区高于中西部地区，而中部地区又高于西部地区。在这24年发展历程中，东部地区人均GDP已达到中等偏低收入行列，远高于中西部地区，中西部地区仍处于低收入水平行列。从实证结果可知，东部地区出口对经济增长作用高于中西部地区，而中西部地区出口对经济的增长效应高于东部地区，这也符合上述的理论预期效果，即经济发展水平处于中等收入出口推动作用高于低收入水平，相反经济发展水平处于低收入水平的进口推动作用高于中等收入水平。从更深层次剖析，东部地区经济发展水平较之中西部地区高，且沿海地区开放程度高，良好的人力资本积累，较发达的交通运输，在吸收进口新产品新技术的同时，实行规模生产，扩大市场，对外出口，因此出口对地区经济的贡献程度也高于中西部地区。从进口角度来看，中西部地区经济发展水平较低，以进口为主，通过进口来满足市场需要，刺激消费，促进经济增长，整体来说属于进口导向型经济。

表9-4 各地区对外贸易、FDI 及 FDI 与对外贸易交叉对经济增长效应

变量	东部地区（随机）	中部地区（随机）	西部地区（随机）
C	5.2228*** (20.1956)	5.9832*** (29.5334)	4.8644*** (35.3753)
LnTRA	0.3875*** (9.485)	0.2804*** (6.3888)	0.4975*** (19.3809)
LnFDI	-0.0738*** (-3.0727)	-0.1419*** (-6.4756)	-0.1943*** (-7.0556)
LnTRA×LnFDI	0.0142*** (2.9356)	0.0447*** (7.4224)	0.0359*** (6.8196)
观测值	264	192	216
调整 R^2	0.9306	0.9356	0.9049
F 统计量	1179.435	926.5954	682.817

注：***表示在1%的显著性水平上显著。

从外商直接投资角度出发，1987—2010年，三个地区的 FDI 对经济都起着负影响作用，不过作用力度很小。由投资周期发展理论可知，当经济发展水平还处于中等或低收入水平时，净对外直接投资仍为负值，利用外资程度和质量不高。但通过表9-4的 FDI 与 TRA 交叉项，我们可以发现对三大经济板块的经济增长都起到了促进作用，由于对外贸易所起的正作用稀释了 FDI 的阻碍因素，这也说明了 FDI 与对外贸易之间是有互补关系的，如果保持对外贸易活跃，并不需要担心 FDI 的引入而造成本土经济的负面影响。

第四节　分阶段实证分析

通过上一节回归结果分析，我们还未能得出三大地区从1987年至2010年内在变量的变化趋势及对经济增长促进作用大小的变化。因此，本节从纵向角度出发，研究各个地区在不同经济发展水平下出口、进口和 FDI 对经济增长效应的变化。以我国加入世贸组织作为契机，各地区经济

出现快速发展，分成1987年至2001年和2002年至2010年这两个时间段进行分析，运用上节同种方法通过单位根检验，LnGDP、LnEX、LnIMP和LnFDI存在协整关系的；通过Eviews软件得出结论，如表9-5所示。

表9-5　各地区分时间段的FDI、进口和出口对经济增长效应

变量	东部地区 1987—2001年固	东部地区 2002—2010年随	中部地区 1987—2001年随	中部地区 2002—2010年随	西部地区 1987—2001年固	西部地区 2002—2010年随
C	5.4019*** (51.7903)	3.7236*** (14.8986)	6.5110*** (29.0565)	5.6401*** (32.2256)	5.6608*** (52.0603)	4.9396*** (23.5123)
LnEX	0.3514*** (8.9590)	0.2693*** (3.7668)	0.0295 (0.4478)	0.0972** (2.2800)	0.2020*** (4.0531)	0.1969*** (3.2143)
LnIMP	0.0337 (1.0536)	0.2180*** (2.9796)	0.2262*** (5.3907)	0.3378*** (6.7980)	0.1366*** (3.7276)	0.3086*** (6.1106)
LnFDI	0.0255* (1.6211)	0.2266*** (4.4909)	0.0412** (1.9167)	0.0933*** (2.8145)	0.0108 (0.5621)	0.1259*** (2.8733)
观测值	165	99	120	72	135	81
调整R^2	0.9799	0.8657	0.8120	0.8802	0.9636	0.8003
F统计量	616.7802	211.582	172.3758	174.9515	323.5138	107.8698

注：固表示固定效应，随表示随机效应。*、**、***分别表示在10%、5%、1%的显著性水平上显著。

当我们将时间划分成两阶段后，各地区经济在加入世界贸易组织前后出现了快速飞跃。东部地区从低收入水平（人均GDP 6200元）上升到中等偏高收入水平（人均GDP 28000元），从实证结果可知，出口作用减弱，进口则从不显著变为显著，对外直接投资对经济的促进作用也渐渐增强。加入世贸组织后，国际间竞争压力巨大，加之劳动力成本上升，东部地区出口优势减弱，而国家又鼓励东部沿海地区将产业向中西部转移，所以导致出口对经济的促进作用也减弱，进口对经济的促进作用变得显著。随着经济发展水平的提高，东部地区LnFDI对经济增长效应系数由0.0255增加到了0.2266，变动明显；自加入世贸组织以来，东部地区借助优越的地理位置和技术支持，吸引了外资大规模的流入，

带动了经济的增长。

中部地区划分阶段后，从低收入水平（人均 GDP 3300 元）上升到中等偏低收入水平（人均 GDP 14200 元），出口对经济促进作用变得显著，进口作用增强。随着经济发展水平的提高，中部地区经济出现较快发展，借助资源优势和国家政策支持，大力发展出口，带动经济增长，但是中部地区仍然处于中低收入水平，进口仍然是该地区经济增长的引擎。中部地区 FDI 对经济的促进作用虽不及东部地区那么明显，但也出现了小幅度增长，自加入世贸组织以后，关税的降低和中部地区政策鼓励吸引外资，虽然利用外资水平和质量不高，但在一定程度上也促进了经济的发展。

西部地区划分阶段后，经济发展水平也从低收入水平上升到中等偏低收入水平，略低于中部经济发展水平，总体还处于落后水平，出口对经济的促进作用变化不大，进口作用明显增强，因为西部地区经济水平落后，经济拉动仍然以进口为主，特别是在加入世贸组织后，西部地区抓住了西部大开发这个机遇以及入世后关税的降低，开展同中亚、东南亚、俄罗斯等国家和地区贸易，同时，新亚欧大陆桥的开通较大程度地改善了西部地区的交通条件，进口贸易的优势渐渐体现出来。而且西部地区在经济发展的同时，实施西部战略及相应的政策措施，鼓励港澳台资和外国资本投向西部地区，有力地带动了经济的增长。

综合上述分析，各地区在不同经济发展水平下，经济增长要素（进口、出口和 FDI）对经济增长的促进作用变化大致符合理论预期。并且从 1987 年至 2010 年，FDI 对经济起微弱阻碍作用，可能是因为经济的增长速度远远落后于 FDI 的增长速度，未能体现出对经济的增长作用。

第五节 结论与启示

研究表明，1987年至2010年，东中西部地区经济发展水平不同，东部地区出口对经济增长的促进作用更强，而中西部地区进口对经济增长拉动效果更明显。三大地区FDI则对经济起到负增长作用，但阻碍较小，这与三大地区经济发展水平不高有关：吸引外资较少与引进外资质量不高，若FDI与对外贸易联合作用就能对经济增长起到正向推动作用，因此，无须过多担心FDI的增长会阻碍经济发展，挤出效应是局部的。

将东中西部地区按入世时间前后划分成两个阶段，分析各地区在不同经济发展水平下，进口、出口和FDI对经济增长作用的强弱变化。得出几个重要结论，即东部地区出口作用减弱，进口作用开始显著；中部地区出口对经济促进作用变得显著，进口作用增强；西部地区出口对经济的促进作用变化不大，进口作用明显增强；FDI的流入对三大地区经济增长作用也越来越显著。

在现阶段，各地区应根据自身经济发展水平，合理调整外贸和外资策略。有相关启示如下：

（1）在进出口方面，对于东中西部地区继续采取鼓励政策，但应当适时调整外贸战略，鼓励中西部地区积极发展对外贸易，并鼓励东部地区产业向西部地区转移，促进中西部地区企业自身成长，产业升级，形成产业链和产业集群，合理利用西部地区自然资源、劳动成本、区位优势，以国际市场为导向，扬长避短，大力发展具有西部区域特色的对外贸易。对于东部地区，不应简单地追求进出口数量，应着眼于传统产业的改造和升级，依靠科学技术，不断调高经济效率和产出率，提高产品的附加值，在对外贸易中占据主导地位，只有这样，经济才能稳定快速地发展。

（2）在利用外资方面，照目前三大地区经济发展水平，仍然具有相当大的增长空间，FDI 能增大社会固定资产投资，增加社会有效需求，从而推动经济增长。引入 FDI 是必不可少的，根据地区产出规模和经济增长目标实行合理的 FDI 流入区域导向，放宽中西部地区外商投资的审批权限，利用中西部地区人力和资源优势，使 FDI 往中西部地区流动，也可缩小东中西部地区经济差距。另外，还要提高利用外资的质量，进一步优化外资产业结构，鼓励外资往农业、高新技术产业和基础产业投入，通过外资的溢出效应，培育技术实力强劲的本土企业。

第十章　外资外贸企业对国际金融危机时期经济增长的稳定效应研究[*]

第一节　引言

由 2007 年 8 月美国次贷危机引发的国际金融危机对世界各国的经济造成了很大的冲击。据 IMF 数据统计，全球经济增长在 2007 年达到了一个高峰，平均增长率高达 5.2%，但 2008 年的增长率下降为 3.8%，2009 年甚至出现负增长（-0.6%），这是 1980 年以来的第一次负增长，也是第二次世界大战以来最严重的一次衰退。国际金融危机的冲击通过国际金融交易、国际投资和国际贸易等途径传导至中国，对中国国内的宏观经济、金融市场、对外贸易等方面产生了深刻的影响。在危机不断深化的 2008 年和 2009 年，中国经济增长速度有明显的下降，2008 年中国 GDP 增速为 8.76%，结束了两位数增长的态势，2009 年进一步下降为 8.42%；中国对外出口贸易遭受的冲击更为严重，2008 年中国对外出口的增长率为 6.8%，比 2007 年 17.06% 下降了 10.26 个百分点，2009 年出口全面探底，出现 -22.39% 的增长；外商直接投资在 2009 年也受到一定程度的冲击，实际利用外商直接投资额由 2008 年的 6416.9 亿元下降到 2009 年的 6150.2 亿元，降幅达 4.34%。中国

---

[*] 本章主要由姚利民与余俊良完成，是教育部项目"产业国际化促进经济增长的机制与边际效应实证研究"（11YJA790185）的部分成果。部分成果发表于 *Elixir Economics*，64（2013）19118-19123。

的经济增长与发展在很大程度上依靠外贸出口引擎的带动,在长期经济发展过程中形成了依靠出口和投资拉动经济增长的产业结构特点,以在国际金融危机前的 2007 年为例,中国进口、出口和外商直接投资占 GDP 的比重分别高达 36.04%, 46.01% 和 2.80%。过高的外资外贸依存度是否在国际金融危机期间表现出产能过剩、效率扭曲等问题,外资外贸企业的效率优势在国际金融危机前后对经济增长的作用是否有所变化,这便是本章研究的重点。在全球平衡增长议题下,中国要实现向内外部均衡经济发展模式的转变,须致力于推进产业结构升级与调整。因此,探讨对外贸易、外商直接投资与经济增长的关系及其各自作用机制,将对后危机时代中国正确应对国际金融危机的影响、调整和优化产业结构并促进经济平稳增长具有重要作用。

本章研究外资外贸企业效率优势对国际金融危机时期经济增长的稳定效应,选取了中国工业部门 36 个行业的数据,将 2001—2010 年的数据以国际金融危机为分界点分为 2001—2007 年和 2008—2010 年两个阶段,并在 Feder 扩展模型的基础上对这两段时期的面板数据进行实证回归分析,试图寻找国际金融危机前后对外贸易和外商直接投资促进经济增长效应的不同特点。

第二节 文献回顾

关于外资外贸企业的效率优势问题,新新贸易理论从企业微观层面入手,以企业异质性为假定,就企业生产效率与出口、FDI 的关系进行了深入的研究。

对于国际贸易中企业异质性现象的关注始于 20 世纪 90 年代中期,Bernard 和 Jensen (1995) 的研究收集了大量的企业层面数据来解释出口企业的行为。他们将美国制造业部门的出口企业和非出口企业进行对比,发现虽然出口企业只占很小的比例,但与非出口企业相比,美国的出口企业具有很大的不同,表现为出口企业的规模都相当大,生产率更高，支付较高的工资，使用更熟练的技术工人，更具备技术密集型和资本密集型特征。此后 Clerides、Lach 和 Tybout（1998）对哥伦比亚、墨西哥和摩洛哥三国的出口企业，Bernard 和 Jensen（1999）针对美国企业，Delgado 等（2002）针对西班牙企业，Baldwin 和 Gu（2003）针对加拿大企业进行了类似的研究。大量的研究表明，只有一小部分企业从事出口，而且出口企业与非出口企业相比，通常规模较大，生产率较高。

Melitz（2003）提出异质性企业垄断竞争模型来解释国际贸易中企业的差异和出口决策行为。其研究结果显示贸易能够引发生产率较高的企业进入出口市场，而生产率较低的企业只能继续为本土市场生产甚至退出市场。贸易的存在使得资源重新配置，流向生产率较高的企业。Bernard、Eaton、Jensen 和 Kortum（2003）也共同研究了一个国际贸易异质性企业贸易模型来解答相似问题，该模型采用的是 Bernard 竞争模型，主要关注企业生产率和出口之间的关系，实证表明在同一产业内，贸易成本和产品差异会导致企业不同的反应，生产率最低的企业将可能倒闭，生产率相对较高的企业则开始选择出口。

最早研究企业出口和 FDI 选择的是 Helpman 等（2004），他们提供了一个综合化的框架，继承了 Melitz（2003）的基本模型假定，引入企业异质性，研究得出，最有效率的企业会参与国外市场，而这些最有效率的企业中，采取 FDI 方式进入国际市场的企业效率最高，而效率次之的以出口方式进入国际市场；同时，在企业异质性较明显和较大的产业，FDI 方式被更多地采用。Head 和 Ries（2003）建立模型用生产率差异解释了为什么一些企业只服务国内市场而其他企业会通过出口和 FDI 服务国外市场，研究表明，如果对外直接投资并不能从东道国获取成本优势，则直接投资的企业生产率会比出口企业更高。Kimura（2006）、Raff 和 Ryan（2006）的研究对日本企业按照生产率高低进行排序，在该模型中，可以计算出不同类型企业从事不同经营行为的份额，那些生产率最大的产业也是对外投资比例最高的产业。

以上文献从异质性企业出发，阐述了企业生产效率优势与出口、FDI

选择路径的关系，从理论上论证了外资外贸企业在生产率上比内资内销企业更具优势，而具有更高效率优势的外资外贸企业显然对经济增长具有更大的促进作用，关于这一点国内外众多学者从进口、出口、FDI 单个或多个国际化模式促进经济增长的直接效应或技术外溢效应进行了大量的研究，结论也各不相同。

对外贸易、FDI 与经济增长三者间的关系异常复杂，在国际金融危机之后，变得更加扑朔迷离。在国际金融危机与经济增长的问题研究中，一般都是以贸易为中介进行分析的，大量研究表明对外贸易的波动是国际金融危机影响经济增长的重要传导因素。

Eichengreen 和 Rose（1999）、Glick 和 Rose（1999）的研究表明亚洲金融危机的传播扩散更多的是依赖贸易渠道而非宏观经济方面的因素。Park 等（2009）从企业微观层面出发，研究了亚洲金融危机期间出口需求的下降对中国出口企业绩效的影响，结果认为出口至遭受金融危机影响比较大区域的出口增长缓慢，因而影响这些企业的生产绩效。Forbes（2002）的研究同样认为亚洲金融危机通过微观的企业出口贸易行为影响贸易的波动。他的数据样本是亚洲金融危机和俄罗斯经济危机期间来自全球 10000 多家企业的信息数据，研究表明那些出口至发生危机国家的企业或是出口产品与发生危机国家存在直接竞争关系的企业的出口贸易明显受挫。其研究还表明金融危机影响的贸易溢出渠道包括 3 个方面：市场竞争、国民收入和廉价进口品效应。

国内的李俊、王立（2008）将国际金融危机下贸易传导机制归纳成四类：需求传导、汇率传导、价格传导和贸易政策传导，即国外消费需求的减少、人民币升值、国际原材料价格的上升。李增广（2009）的研究也认为金融危机对出口的影响分为直接影响和间接影响，并认为2008 年的国际金融危机主要是通过价格效应、收入效应、政策效应和预期效应等传导的。石红莲（2010）的研究重点分析了国际金融危机的国际贸易传导机制及国际金融危机对我国对外贸易所造成的影响。她的研究认为国际贸易的传导效应主要通过贸易量的变化影响其他国家，还通过贸易条件的改变影响我国进出口贸易的产业结构，从而影响一国的经济增长。章艳红（2009）的研究认为中国经济增长的特殊模式容易受到外部经济危机的冲击，其中最主要的冲击是外部需求的冲击和内部成本优势的下降。因此，她的研究以供求关系为传导机制，主要是从需求和供给这两个经济学最基本的因素入手，研究中国对外贸易如何在经济危机时期外部需求下降、内部成本上涨的双重压力下取得新的突破口。

从以上文献中看，关于金融危机与经济增长的关系的研究一般都是以出口贸易为媒介进行分析论证的，着重探讨了金融危机下出口贸易波动的各种传导机制，从而进一步影响经济发展。而对于金融危机、外资外贸企业效率与经济增长三者之间的直接研究，鲜有文献进行研究。因此，本章以中国工业部门为例，就外资外贸企业效率优势与产业经济增长的关系，应用面板数据模型回归分析，探求金融危机前后两段时期内在不同的影响效应，为后危机时代中国如何应对严峻的国际贸易与投资环境，实现内外部均衡发展提供可行的思路。

第三节　国际金融危机前后中国外资外贸发展现状分析

2001 年以来，中国 GDP 的增长速度比较稳定，实际 GDP 由 2001 年的 107452.40 亿元增长到 2011 年的 293715.25 亿元，年增长速度比较稳定，最低的是 2001 年的 7.67%，最高的是 2007 年的 12.44%，即使在中国经济形势最为严峻的 2009 年增长率也在 8% 以上。与此相比，外资外贸的增长速度呈现出更大的波动性。进口和出口贸易的发展具有较大的相似性。2001—2007 年中国进出口贸易发展迅速，进口贸易在 2003 年增长率高达 28.56%，出口贸易最快的增长速度是 2004 年的 26.10%；2008 年进出口贸易的增长率有所下降，进口年增长率降至 7.83%，出口的年增长率降至 6.80%；2009 年进出口贸易全面探底，增长率分别为 -15.95% 和 -22.39%，之后对外贸易恢复较快的增长速度。此外FDI的增长也呈现一定的波动性，2001—2007年中国的外商直接投资除2005年外其他年份皆是正的增长，FDI受到国际金融危机的影响具有一定的滞后性；与外贸发展不同，2008年中国吸收的外商直接投资增长率高达11.40%，到2009年出现负增长，国际金融危机之后恢复较快的发展速度（见表10-1）。

表10-1　　2001—2011年中国GDP、进出口贸易、FDI总额及增长率

单位：亿元，%

年份	实际GDP	增长率	进口总额	增长率	出口总额	增长率	FDI总额	增长率
2001	107452.40	7.67	20159.20	7.54	22024.40	6.31	3880.09	13.13
2002	117226.20	8.34	24430.30	17.48	26947.90	18.27	4365.54	11.12
2003	128949.74	9.09	34195.60	28.56	36287.90	25.74	4428.61	1.42
2004	141975.26	9.17	46435.80	26.36	49103.30	26.10	5018.22	11.75
2005	158012.11	10.15	54273.70	14.44	62648.10	21.62	4941.64	-1.55
2006	178080.54	11.27	63376.86	14.36	77597.20	19.26	5023.91	1.64
2007	203374.37	12.44	73300.10	13.54	93563.60	17.06	5685.36	11.63
2008	222901.15	8.76	79526.53	7.83	100394.94	6.80	6416.93	11.40
2009	243397.70	8.42	68618.37	-15.95	82029.69	-22.39	6150.15	-4.34
2010	268714.23	9.42	94699.30	27.54	107022.84	23.35	7157.73	14.08
2011	293715.25	8.51	113161.40	16.31	123240.60	13.16	7492.92	4.47

资料来源：相关年份《中国统计年鉴》。

本章以进口、出口和FDI总额占中国GDP的比重作为其依存度，衡量中国外资外贸从2001年至2011年的发展状况。从表10-2可见，中国的进出口贸易依存度从2001年到2007年均呈现上升的趋势。2001年进口和出口占GDP的比重分别是18.76%和20.50%，在2007年两者均达到历史最大值，分别为36.04%和46.01%。2008年和2009年进出口贸易的依存度呈下降趋势，2009年进口依存度下降至28.19%，出口依存度下降至33.70%，此后进出口贸易的依存度又上升，并在2011年达到新的最大值，分别为38.53%和41.96%。相比之下，FDI对GDP

的依存度远小于外贸的依存度，且从 2002 年以来 FDI 的依存度基本处于略微下降的趋势，在 2009 年国际金融危机最为严峻的时期达到最小值 2.53%，此后有所恢复，但总体变化较小。

表 10-2　　　　中国进口、出口和 FDI 的依存度　　　　单位：%

年份	进口/GDP	出口/GDP	FDI/GDP
2001	18.76	20.50	3.61
2002	20.84	22.99	3.72
2003	26.52	28.14	3.43
2004	32.71	34.59	3.53
2005	34.35	39.65	3.13
2006	35.59	43.57	2.82
2007	36.04	46.01	2.80
2008	35.68	45.04	2.88
2009	28.19	33.70	2.53
2010	35.24	39.83	2.66
2011	38.53	41.96	2.55

资料来源：相关年份《中国统计年鉴》。

第四节　实证分析

一　模型与数据

本章研究所采用的模型是基于 Feder（1982）的修正模型进行扩展。Feder（1982）通过构建两部门模型首次研究了出口贸易的技术外溢效应。Feder 分别就 1964—1973 年 19 个国家和地区及 31 个国家和地区两组样本进行了实证研究，结果表明，出口通过两个渠道影响经济增长：外部经济效应和要素生产率差别效应。从而使得资源从相对低效率的非出口部门向高效率的出口部门流动，资源得到更优的配置，进而促进经济增长（许和连、栾永玉，2005）。在原有的出口和非出口两部门模型基础上，本章增加了外资部门并考虑了进口的影响。经过推导所得模型可规范为以下表达式：

$$\frac{dY_{it}}{Y_{it}} = \alpha_1 \frac{I_{it}}{Y_{it}} + \alpha_2 \frac{L_{it}}{Y_{it}} \frac{dL_{it}}{L_{it}} + \alpha_3 \frac{M_{it}}{Y_{it}} \frac{dM_{it}}{M_{it}} + \alpha_4 \frac{X_{it}}{Y_{it}} \frac{dX_{it}}{X_{it}} + \alpha_5 \frac{N_{it}}{Y_{it}} \frac{dX_{it}}{X_{it}} +$$

$$\alpha_6 \frac{W_{it}}{Y_{it}} \frac{dW_{it}}{W_{it}} + \alpha_7 \frac{N_{it}}{Y_{it}} \frac{dW_{it}}{W_{it}} + \alpha_8 \frac{X_{it}}{Y_{it}} \frac{dW_{it}}{W_{it}} \qquad (10-1)$$

其中，Y_{it} 表示第 i 个行业 t 时间点上的工业总产值，I_{it} 表示第 i 个行业 t 时间点上的投资增量，L_{it} 表示第 i 个行业 t 时间点上的劳动力投入，N_{it} 表示内资非出口部门的产出，M_{it} 表示第 i 个行业的进口额，X_{it} 表示第 i 个行业 t 时间点上的出口额，W_{it} 表示第 i 个行业 t 时间点上的外资存量。

以上表达式中的各系数的含义分别为：α_1 是投资贡献；α_2 是劳动力增长贡献；α_3 是进口品的贡献；出口部门的贡献包括 α_4 出口效率差异贡献和 α_5 出口对内资非出口部门的外溢贡献。外资部门的贡献包括 α_6 外资效率差异贡献、α_7 外资对内资非出口部门的外溢贡献和 α_8 外资对内资出口部门的外溢贡献三个部分。

本章所选取的数据主要来自《中国工业经济统计年鉴》，时间为 2001 年至 2010 年的十年，选取 36 个工业行业，剔除了一些数据不全的行业，如采矿业，木材及竹材采运业，废弃资源和废旧材料回收加工业，电力、热力的生产和供应业。其中 Y_{it} 是各个行业的工业总产值，并以 1984 年为基期对各行业的工业总产值用工业品出厂价价格指数进行调整；I_{it} 是每年的投资增量，以本年的固定资产净值减去上一年固定资产净值来表示；L_{it} 是各个行业的从业人员人数；X_{it} 以各个行业的出口交货值表示；由于分行业的 FDI 数据难以取得，W_{it} 选用的数据是各个行业的实收资本中的外资和港澳台资的总和来间接代替。分行业的进口数据在相关《中国工业统计年鉴》中无法取得，主要是来自 UN Comtrade 的进口数据。按 SITC. Rev. 3 的分类，再根据 SITC. Rev. 3 的三位编码产品代码与我国工业行业对应表转换成各个工业行业的进口数据，并以历年年均美元兑换人民币的汇率转换成人民币表示。此外，内资非出口部门的产出数据也没法直接取得，我们可以用以下推导间接取代：内资非出口部门产出 = 内资部门总产出 - 内资出口部门产出 = （总产出 - 外资部门产出）-（总的出口 - 外资部门的出口），其中我们假定出口部门的产出就是出口额，即从总体角度来考虑，忽视微观企业层面的差别。

二 Feder 模型总体面板回归

为了对比国际金融危机前后进出口贸易和 FDI 对产业增长效应的不同作用，以 2008 年国际金融危机为界限，本章把入世后的十年分成两个阶段进行分析，2001 年至 2007 年可以认为是对外贸易、FDI 发展的高速增长期，2008 年以后为后危机的调整期，并对两个阶段各个工业行业进行面板数据回归分析，结果如表 10 - 3 所示。

表 10 - 3　2008 年国际金融危机前后两段时期面板数据回归结果

解释变量与系数		2001—2007 年（个体固定效应）	2008—2010 年（个体固定效应）
投资率贡献（I）	coefficient	0.1526*	-0.1139***
	S. E.	0.0866	0.4119
劳动力增长贡献（L）	coefficient	0.4643**	1.1158***
	S. E.	0.1637	0.1505
进口资本品的贡献（M）	coefficient	0.1900***	0.3771***
	S. E.	0.0516	0.0632
出口效率差异贡献（X）	coefficient	0.1772**	1.2126***
	S. E.	0.2553	0.4642
出口对内资非出口外溢贡献（NX）	coefficient	0.0325**	-0.0051
	S. E.	0.0167	0.0045
外资效率差异贡献（W）	coefficient	1.2487***	2.0049**
	S. E.	0.2415	0.4172
外资对内资非出口外溢贡献（NW）	coefficient	0.0544*	0.1721***
	S. E.	0.0287	0.0485
外资对内资出口外溢贡献（XW）	coefficient	-0.4514	-3.9228***
	S. E.	0.5175	0.9491

续表

解释变量与系数	2001—2007年（个体固定效应）	2008—2010年（个体固定效应）
R-square	0.5977	0.8762
F-stat	5.942	10.5333
DW-stat	2.1925	2.2373

注：＊＊＊表示99%的置信区间，＊＊表示95%的置信区间，＊表示90%的置信区间。

从回归结果来看，2001—2007年和2008—2010年两个时期进出口贸易和FDI对经济增长均起到促进作用。但2008—2010年的进出口贸易和FDI对经济增长的效率贡献明显均高于前一个时期，这说明经济危机并没有削弱外资外贸对本国经济的正面促进作用，反而突出了进出口贸易和FDI的高效率。这也从一定程度上说明了国际金融危机对非开放部门的冲击要大于开放部门，从而直接拉大了非开放部门和开放部门的效益差距。

此外，另一个重要特点是2008—2010年这个阶段对外贸易和FDI对内资非出口部门的外溢效应相对于2001—2007年这个阶段有所恶化。如2001—2007年出口对内资非出口部门的外溢贡献为正，而2008—2010年这种外溢效应变为负影响，再如外资对内资出口部门的影响，2001—2007年外资对内资出口的贡献为负，但不显著，但2008—2010年这种负影响高达－3.9228，说明后危机时期出口和外资对于内资非出口部门的挤出效应有所扩大。

由此表明2001—2007年和2008—2010年两个时期的进出口贸易和FDI对经济增长的贡献具有不同的影响。在对外开放的高速发展时期除了进出口和外资本身效率的贡献外，还从一定程度上带动了非开放部门的发展；而在危机后的这段时期，开放部门的与非开放部门的效率差距扩大，且开放部门的发展对内资非出口部门的发展具有更明显的挤出效应。

三 按显性比较优势指标分类的 Feder 模型回归

在进口贸易、出口贸易和FDI三种国际化模式上，中国出口的发展可以认为是国际化方式的主要代表，众多文献研究表明贸易（尤其是出口）和 FDI 流入具有长期互补关系（李琴，2004），因此本章以代表出口优势的显性比较优势指标对行业数据进行了分类，对不同出口优势类型的行业中国际化模式对经济增长的推动作用是否存在明显差别、不同出口优势行业在国际金融危机前后两个时期的增长效应是否具有不同特点等问题进行探讨。

显性比较优势指数（Revealed Comparative Advantage，RCA）又称出口绩效指数，是分析一个国家或地区的某种产品是否具有比较优势时经常使用的一个测度指标。该指数的含义是：一个国家某种出口商品占其出口总值的比重与世界该类商品占世界出口总值的比重二者之间的比率。RCA > 1，表示该国此种商品具有显性比较优势；RCA < 1，则说明该国商品没有显性比较优势。其计算公式为：RCA = $(X_i/X_t) / (W_i/W_t)$，式中 X_i 表示一国某类商品出口值；X_t 表示一国商品出口总值；W_i 表示世界某类商品的出口值；W_t 表示世界商品出口总值。由于出口商品种类繁多，没有直接与我国工业行业对应的商品分类，这里我们使用的出口数据主要是根据 UN Comtrade 中的出口数据按 SITC. Rev. 3 分类对每类行业选取一个典型的三位编码行业近似表示，选取的典型行业同第九章附表 1。

我们以 2001—2010 年各行业出口总额数据为对象，以 RCA = 1 为分界点，把 36 个工业行业分为 RCA < 1 的行业和 RCA > 1 的行业两个类型，分别代表国际化模式发展比较劣势的行业和国际化模式发展比较优势的行业，并通过回归分析来考察两类国际化优势不同的行业在金融危机前后对产业增长的效应具有怎样的变化趋势。按显性比较优势指数的行业分类如表 10 - 4 所示，其中出口 RCA < 1 的行业共有 24 个，RCA > 1 的行业有 12 个。

表 10-4　按显性比较优势指标大小分类的行业

行业类型	行业	SITC 编码	RCA
出口劣势行业	黑色金属矿采选业	281	0.00053971
	燃气生产和供应业	345	0.00357577
	有色金属矿采选业	285	0.02146734
	造纸及纸制品业	251	0.02191653
	交通运输设备制造业	781	0.02880261
	石油和天然气开采业	333	0.03372266
	食品制造业	72	0.06207117
	烟草制品业	122	0.17137526
	木材加工及木、竹、藤、棕、草制品业	246	0.21213412
	石油加工、炼焦及核燃料加工业	334	0.22205779
	农副食品加工业	46	0.34014757
	非金属矿采选业	273	0.34597334
	电力、热力的生产和供应业	351	0.37343918
	饮料制造业	111	0.37976259
	水的生产和供应业	721	0.43707214
	塑料制品业	581	0.47070408
	专用设备制造业	723	0.5837503
	化学原料及化学制品制造业	515	0.63184004
	医药制造业	541	0.63259374
	皮革、毛皮、羽毛（绒）及其制品业	611	0.63823124
	煤炭开采和洗选业	321	0.69534602
	印刷业和记录媒介的复制	642	0.76230415
	通用设备制造业	746	0.90328549
	化学纤维制造业	266	0.97438242
出口优势行业	黑色金属冶炼及压延加工业	671	1.253885
	橡胶制品业	625	1.26178546
	电气机械及器材制造业	716	1.34659174
	非金属矿物制品业	662	1.58128112
	有色金属冶炼及压延加工业	694	1.63143581
	金属制品业	691	1.72373626
	文教体育用品制造业	269	1.85215204

续表

行业类型	行业	SITC 编码	RCA
出口优势行业	通信设备、计算机及其他电子设备制造业	761	1.9540014
	家具制造业	821	2.25264441
	纺织服装、鞋、帽制造业	841	2.88933666
	仪器仪表及文化、办公用机械制造业	871	3.9180384
	纺织业	261	9.18468675

资料来源：根据 UN Comtrade 数据计算。

利用扩展的 Feder 模型分别对不同出口优势的两类行业按国际金融危机两段时期进行回归分析，得到计量回归结果如表 10 - 5 所示。回归结果表明不同出口优势类型的行业对于国际金融危机前后国际化促进产业增长效应的变化存在明显的差别。

表 10 - 5 按显性比较优势指标行业分类的计量分析

解释变量与系数		RCA < 1 的行业		RCA > 1 的行业	
		2001—2007 年	2008—2010 年	2001—2007 年	2008—2010 年
投资率贡献（I）	coefficient	0.5558	0.3206***	0.3511	1.3482
	S.E.	0.1134	0.4427	0.3401	0.7019*
劳动力增长贡献（L）	coefficient	0.2750	1.7061**	0.1722	0.0617
	S.E.	0.2420	0.6939	0.1805	0.4162
进口贡献（M）	coefficient	0.5345***	0.4976***	0.1052*	0.1500
	S.E.	0.0595	0.0755	0.0684	0.1464
出口效率差异贡献（X）	coefficient	1.0019**	0.0332*	0.2676**	0.3895**
	S.E.	0.4400	0.8733	0.2153	0.3915
出口对内资非出口外溢贡献（NX）	coefficient	-0.0027	-0.0068	0.0283**	0.0619**
	S.E.	0.0037	0.0044	0.0195	0.0250
外资效率差异贡献（W）	coefficient	1.6926***	1.2121***	0.7879**	2.2533**
	S.E.	0.2937	0.4569	0.6654**	1.8174
外资对内资非出口外溢贡献（NW）	coefficient	0.0513	0.1055**	0.7416***	0.7051**
	S.E.	0.0353	0.0495	0.1132	0.2452

续表

解释变量与系数		RCA <1 的行业		RCA >1 的行业	
		2001—2007 年	2008—2010 年	2001—2007 年	2008—2010 年
外资对内资出口外溢贡献（XW）	coefficient	-2.1556**	-0.8770	-1.0915	-2.1684*
	S. E.	0.8633	2.4394	0.8869	2.4445
R-square		0.7866	0.9132	0.9090	0.9531
F - stat		13.3143	13.5831	27.3464	17.1209
DW - stat		2.6384	3.2501	2.0602	2.0906

注：***表示99%的置信区间，**表示95%的置信区间，*表示90%的置信区间。

出口优势比较小的这类行业在国际金融危机前进口、出口和外资对行业经济增长的促进作用明显大于国际金融危机以后的这段时期。2001—2007年，进口对行业经济增长的贡献系数为0.5345，而2008—2010年进口对行业经济增长的贡献系数为0.4976；2001—2007年出口对行业经济增长的贡献系数为1.0019，而2008—2010年出口对行业经济增长的贡献系数仅为0.0332；同样外商直接投资对行业经济增长的贡献系数由国际金融危机前的1.6926下降到国际金融危机后的1.2121。由此表明对于出口优势较小的这类行业来说，国际金融危机对其的冲击较为明显，表现在国际金融危机后进出口贸易和外商直接投资等国际化方式对行业经济增长的贡献有直接下降的趋势。此外，该类行业由于出口优势较小，出口对内资非出口部门的外溢贡献为负，但不显著。外资的外溢效应从时间趋势上看有所改善，其中外资对内资非出口部门的外溢贡献2001—2007年这段时间不显著，而2008—2010年这段时间系数为0.1055，具有正的溢出效应；外资对内资出口部门的外溢效应为负，国际金融危机前系数高达-2.1556，而国际金融危机后该系数为-0.8770，但不显著。

出口优势比较大的这类行业则正好相反，该类行业国际金融危机以后进口、出口和外资等国际化方式对行业经济增长的直接贡献均高于国际金融危机前的时间段。其中2001—2007年这段时期进口对行业经济增长的贡献系数为0.1052，而2008—2010年进口对行业经济增长的贡献系数为0.1500,但不显著;2001—2007年出口对行业经济增长的贡献系数为0.2676,而2008—2010年出口对行业经济增长的贡献系数为0.3895;同样外商直接投资对行业经济增长的贡献系数由国际金融危机前的0.7879上升到国际金融危机后的2.2533。由此表明对于出口优势较大的这类行业金融危机这段时期国际化对行业增长的直接促进作用更为明显。正如表10-3的回归所证明,国际金融危机并没有削弱国际化对本国经济的正面促进作用,反而突出了进出口和外资的高效率,而这一点主要表现在出口优势较大的行业,而出口优势较小的行业中,国际金融危机对国际化的行业经济增长表现为负效应。此外从溢出效应来看,出口优势较大的这类行业出口的溢出效应两段时期均为正的影响且有所增加,该系数由国际金融危机前的0.0283上升到国际金融危机后的0.0619。外资对内资非出口部门也呈现正的相关性,表明该类行业外资部门对内资非出口部门具有带动作用,而对内资出口部门由于存在直接的竞争关系,表现为挤出效应,且国际金融危机以后外资对内资出口部门的挤出效应较大,系数为 -2.1684。

第五节 结论

本章研究进出口贸易和FDI效率优势对经济增长的促进作用,主要以国际金融危机为分界点,考察国际金融危机前后两段时期国际化模式对行业经济增长效应的不同特点以及不同出口优势条件下国际金融危机对行业经济增长效应的不同影响。通过实证分析得到的结论主要有以下几点:

(1)总体层面上国际金融危机以后对外贸易和FDI对行业经济增长的直接贡献大于金融危机前的时期。国际金融危机并没有削弱国际化对本国经济的正面促进作用,反而突出了进出口和外资的高效率优势。但危机后的这段时期开放部门的与非开放部门的效率差距扩大,且开放部门的发展对内资非出口部门的发展具有更明显的挤出效应。

（2）出口优势比较小的行业国际金融危机前进口、出口和外资对工业行业经济增长的促进作用明显大于金融危机以后的这段时期。表明对于出口优势较小的这类行业来说，国际金融危机对其的冲击较为明显，表现后危机时期进出口贸易和外商直接投资等国际化方式对行业经济增长贡献直接下降的特点。

（3）出口优势比较大的这类行业金融危机以后这段时期进口、出口和外资等国际化方式对行业经济增长的直接贡献均高于金融危机前的时间段。由此表明国际金融危机并没有削弱国际化对本国经济的正面促进作用，反而突出了进出口和外资的高效率，而这一点主要表现在出口优势较大的行业，而出口优势较小的行业中，国际金融危机对国际化的行业经济增长表现为负效应。

第五篇

中国国际直接投资的互利共赢效应水平

国际直接投资将影响投资国与东道国两国经济的发展，因此，互利共赢效应水平是国际直接投资发展水平的重要体现。本部分尝试探索中国国际直接投资的互利共赢效应，第十一章为中国对外直接投资对非洲经济增长的影响，并与发达国家对非洲直接投资做比较，分析中国对非洲直接投资的互利共赢效应。

第十一章 中国对外直接投资对非洲经济增长的影响研究[*]

第一节 引言

国家"十三五"规划指出,开放是国家繁荣发展的必由之路,我国奉行互利共赢的开放战略。扩大对外直接投资,提高互利共赢开放水平将是"十三五"时期我国一项重要的战略任务。虽然与西方发达国家相比,中国对外直接投资相对起步较晚,但是中国对外直接投资发展势头良好,发展速度快,根据商务部和国家统计局数据,2002年中国对外直接投资流量仅27亿美元,2005年就突破百亿美元,2013年对外直接投资(OFDI)流量达1078亿美元,突破千亿美元大关,迈上新的台阶。当中国积极走出去,走向拥有丰富资源和增长潜力的非洲时,一些忌惮中国的势力却扬言中国对非投资旨在掠夺非洲资源、开展新的殖民主义,并不关心非洲经济的增长。本章比较中国投资与其他国家投资的影响,分析中国对非洲直接投资对非洲东道国经济产生的影响和作用机制,从而合理评价我国对非洲直接投资的互利共赢水平。

目前已有大量关于外商直接投资(FDI)对东道国经济增长影响的研究文献。大量研究表明,FDI对东道国的经济增长主要表现为资本积

---

[*] 本章为姚利民、张淑莹2017年工作论文。关于就业效应的成果发表于《经营与管理》2017年第12期。

累效应和技术溢出效应两大方面（罗军，2016；李辰航，2016；徐海霞，2013；张军2002；武剑1999）。一些学者认为对外直接投资对东道国的资本具有补充效应，根据"双缺口"理论，一国的经济增长受资本不足约束，而外资的进入，对于国家的资本补充具有积极作用，尤其是对于资本存量本身就相对稀缺的不发达地区而言，外资的"资本效应"比一般发达地区来得更为重要。对于不发达地区，由于国际金融开放程度不高，离岸金融市场或证券市场融资的平台尚不完善，金融资本进入困难，对外直接投资由于其进入要求不高，正好能够对东道国国内资本形成有效补充。为了证实FDI对经济增长效应的作用，很多学者构建了计量模型进行检验。毛英、闫敏（2011）通过建立多元回归模型，分析了FDI对我国经济的传导路径，证实FDI对中国的经济增长显著。赵广川、郭俊峰、陈颖（2015）基于地级市面板数据，研究中国FDI对地区经济效率的影响，得出外商直接投资能促进地区经济效率，且地区经济越发达这种促进作用就越大。岳书敬（2008）认为国内生产总值由国内资本、外商直接投资、人力资本、劳动力和基础设施等变量决定，通过建立多元回归以中国29个省级行政单位为研究对象进行分析，得出FDI与GDP之间相互作用的结论。沈荣坤、耿强（2001）构建内生经济增长模型，将FDI占GDP比重、人力资本存量、外商直接投资和人力资本的交叉项以及市场化程度和地区政策等作为变量，建立线性回归模型来揭示FDI与中国经济增长的关联性，FDI促进经济增长，但由于其他政策、政治等因素影响，经济增长对FDI并不存在必然关系。刘宏、李述晟（2013）构建VAR模型，引入就业变量研究1985—2010年我国FDI与经济增长、就业关系时发现FDI对我国经济增长作用显著，保持FDI的增量可持续助推经济增长。

FDI不仅以资本形式对东道国产生作用，还可能影响东道国的就业。FDI与东道国就业关系的研究最早可以追溯到凯恩斯（1936）的《就业、利息和货币通论》，凯恩斯指出，就业的增加是受到投资的影响，投资微小的增加或减少，会通过投资乘数的原理，使得就业多倍地增加或减少。联合国贸发会议1994年《世界投资报告》提出，FDI的生产经营活动会对东道国的就业机会产生直接和间接的创造效应。Slavo Radosevic（2000）等在研究中欧经济复苏时期斯洛伐克等四个国家的FDI和就业时也明确指出外商直接投资对当地创造就业具有关键作用。毛日昇（2009）研究出口、FDI与中国制造业就业之间关系时发现，FDI通过产出扩张促进了制造业就业。温怀德（2010）通过比较分析我国入世前后的FDI和就业数据，发现FDI对我国就业总体上是有拉动作用的，但这种力量在逐渐减小。刘宏、李述晟（2013）通过对我国FDI和就业的研究，认为FDI对我国就业具有明显的促进作用，且如果输出的是劳动密集型产品，则对就业具有更强的吸收效应。余菊（2013）用协整分析的方法验证了FDI对我国就业具有促进作用，认为可通过调节FDI来缓解就业压力。但是也有研究认为FDI对就业有负面挤出影响，黄华民（2000）通过研究内外资关系，认为外资会减少就业，而内资会增加就业。这主要是因为FDI的进入带来了劳动生产率的提高，相应减少了劳动需求。Jan Misun 等（2002）研究发现，外资企业进入波兰，不但没有增加波兰就业，反而对波兰就业产生了消极的挤出影响。产生挤出效应的原因在于，外资的进入加剧了国内竞争，外资的高效率挤出了内资的低效率，从而减少了对国内劳动力的总需求。牟俊霖（2007）研究中国的就业数据与FDI之间的关系，发现在1993年以后FDI对就业的影响越来越小。这可能是因为随着FDI存量的增加一方面外资进入导致劳动生产效率提高从而减少对劳动力的需求，另一方面外资进入挤出了部分内资，减少了就业。

除资本和就业外，FDI对东道国的技术进步也具有不可忽视的影响，包括FDI企业本身的技术进入带来的进步和源于FDI的技术外溢。技术溢出最早是由Macdougall（1960）在研究FDI影响东道国的经济效益时提出的。他认为在跨国公司对外直接投资时，东道国本土企业可以受益于跨国公司的先进技术的溢出。从理论上一般认为FDI的技术外溢是存在的，但实证结果却不尽相同，有些学者认为存在正向溢出。如Richard Caves（1974）通过对澳大利亚制造业的分析，明确地提出了对外直接投资对东道国企业产生显著的正向技术溢出效应。Kokko（1996）、Haddad 和 Harrison（1993）分别对乌拉圭和摩洛哥的研究也得到正溢出的结论。何洁（2000）也认为 FDI 对中国企业的技术外溢是实际存在的，且这种溢出会随着开放的深入而逐渐增大。也有些学者认为 FDI 的技术外溢不存在，甚至是负的。如 Barry（2001）和 Aitken、Harrison（1999）对爱尔兰和委内瑞拉的研究表明外商直接投资对当地企业的技术溢出并不明显，甚至因为跨国公司的进入导致东道国竞争加剧，内资挤出，产生了负的技术外溢。冼国明（2005）的研究表明 FDI 对我国中西部地区的外溢不显著，且对东部地区的技术外溢也比较小。黄菁、赖明勇（2008）研究发现国外创新技术的外溢效应为负。

不同实证结果之间的差别说明 FDI 的技术外溢受某些因素影响，这些因素的不同导致 FDI 对东道国技术进步产生不同的影响。杨俊仙（2008）通过对山西的研究认为外资比重大小、来源地结构、吸收能力和产业关联度会影响 FDI 的技术外溢。杨阳（2008）认为母国投资方式、东道国人力资本水平、技术差距和 R&D 投入等会影响 FDI 的技术外溢。李成刚（2008）总结认为 FDI 的技术外溢受技术差距、市场竞争、吸收能力等多种因素的影响。根据前人的研究，可以说技术差距和吸收能力是影响 FDI 技术外溢的重要因素。

根据文献梳理，可以从生产要素角度来综合分析 FDI 对东道国经济增长的影响。要素的增加和效率的提升能扩大产出，实现经济增长。从生产要素积累角度看，FDI 的进入就意味着资本的流入，国外资本增加。除此之外，国内资本受国外资本的带动可能产生挤入效应，使东道国总体资本得到积累，资本要素得以增加。除了资本积累，就业也是 FDI 流入东道国之后产生作用的一个渠道。外资企业在东道国的生产经营会创造出新的岗位需求，而且由于产业链前后向的联系，可能催生出更多的关联企业岗位，增加劳动力要素。即 FDI 通过资本积累和就业效应来增加要素，促进经济增长。从要素生产率看，FDI 进入东道国本身所携带的技术促进了技术进步，提高了要素生产率。此外 FDI 通过学习效应、竞争效应和模仿效应引起的技术外溢，也促使国内企业要素生产效率的提高。即 FDI 通过技术进步和外溢来提高要素产出效率，扩大产出，促进经济增长。

第二节　FDI 对非洲经济增长影响的实证分析

一　模型构建

一国经济增长受到多种因素的影响，为衡量 FDI 对非洲国家经济增长的影响，在 De Mello（1999）和 Ramirez（2000）模型基础上，以柯布—道格拉斯生产函数为基础函数，借鉴许文彬（2016），岳书敬（2008），姚树洁（2006），温怀德、谭晶荣（2014）等的研究，建立模型如下：

$$Y_{it} = AF(K_{i,t},(\lambda L_{i,t}),\mu) = AK_{i,t}^{\alpha}(\lambda L_{i,t})^{\beta}\mu_{i,t}^{1-\alpha-\beta} \quad (11-1)$$

其中 $\lambda = H^{\delta}$，即考虑了人力资本对经济的影响。式（11-1）中 Y 为产出，A 为技术，K 为资本，L 为劳动力，μ 代表由外资引致的外部性，FDI 会通过资本投入、就业和技术进步来对经济产生外部效应。考虑进出口对经济体发展的影响，即加入进口和出口两个控制变量。关于技术进步对经济增长的影响，借鉴 Hine、Wright（1998）和江锦凡（2004）的处理，考虑时间对技术进步的影响，令 $A = e_{i,t}^{VT} B_{i,t}$，得到：

$$Y_{it} = e_{i,t}^{VT} B_{i,t} IM_{i,t}^{\delta 1} EX_{i,t}^{\delta 2} K_{i,t}^{\alpha}(H^{\delta}L)_{i,t}^{\beta} FDI^{1-\alpha-\beta} \quad (11-2)$$

其中 T 表示时间，引入该变量后，即考虑了时间因素 T 对技术进步的影响，V 就是技术进步随时间变化的增长速度；B 表示影响技术进步的其他因素；IM 为进口，EX 为出口。在实证分析中为研究东道国不同来源的 FDI 对其经济增长的影响，按 FDI 的来源，分为来源于中国的直接投资即 COFDI（China OFDI）和来源于其他国家的直接投资 OFDI（other countries' OFDI），式（11-2）取对数变为：

$$LnY_{i,t} = C_{i,t} + VT_{i,t} + \theta_{1}LnK_{i,t} + \theta_{2}LnCOFDI_{i,t} + \theta_{3}LnOFDI_{i,t} +$$
$$\theta_{4}LnL_{i,t} + \theta_{5}LnIM_{i,t} + \theta_{6}LnEX + \theta_{7}LnH_{i,t} + \varepsilon_{i,t} \quad (11-3)$$

其中，i，t 表示国家和时间，C 表示常数，Y 表示国家的 GDP 水平,用国民生产总值 GDP 表示;T 表示时间,即样本期间 2003—2015 年;K 表示国内资本,COFDI 表示中国对非洲国家的直接投资,OFDI 表示除中国外其他国家对非洲国家的直接投资,L 表示就业人数,以劳动力人数与就业率的乘积计算得到;IM 表示进口渗透率,用一国进口占 GDP 比重表示;EX 表示出口导向,用一国出口占 GDP 比重表示;H 表示人力资本,以高等院校入学率作为当地人力资本的体现。

本章采用覆盖整个非洲的 33 个国家 2003—2015 年的面板数据为样本,所用数据均来自历年中国对外直接投资公报、联合国贸发会议(UNCTAD)数据库和世界银行数据库。

二 实证结果分析

面板模型又称为时间序列截面模型,一般有混合 OLS、固定效应模型和随机效应模型。因此本章首先通过 F 检验和 Hausman 检验来确定模型类型。F 检验和 Hausman 检验的 p 值均为 0.0000,从而确定选用个体固定效应模型。为了避免模型的自相关和异方差问题,用截面加权来对模型进行回归,结果如表 11-1 中第一列(1)所示。同时为了考虑可能存在的内生性对模型回归结果的影响,采用滞后一期变量作为自变量进行回归,结果如表 11-1 中第二列(2)所示。

表 11-1　　　　　　　　　固定效应回归结果

变量	(1) 不考虑内生性	(2) 考虑内生性
C	-46.676*** (-5.57)	-12.199 (-1.52)
T	0.028*** (5.86)	0.009** (2.03)
LnK	0.475*** (27.76)	0.445*** (22.38)
Ln$COFDI$	0.041*** (5.93)	0.054*** (6.67)

续表

变量	（1）不考虑内生性	（2）考虑内生性
Ln$OFDI$	-0.014 (-1.27)	0.019 (1.54)
LnL	0.272*** (2.87)	0.421*** (4.03)
LnIM	-1.355*** (-12.38)	-1.313*** (-10.69)
LnEX	0.362*** (2.69)	0.239 (1.59)
LnH	-0.357 (-1.60)	0.130 (0.55)
Adjusted R^2	0.996	0.996
F统计量	2468.686	1972.778

注：***、**分别表示在1%、5%的显著性水平上显著。

根据回归结果（1），多数变量的系数符号和意义与预期相符，其中变量 T 对非洲国家 GDP 的系数显著为正，说明随着时间的推进，非洲国家的技术在逐渐提升发展，从而推动经济的前进。资本 K 对非洲国家经济增长起主要作用，系数在1%的显著性水平上为0.475，表明资本投入作为主要生产要素对非洲这种资本拉动型经济体的贡献是突出的，符合经济增长理论的观点。同样以资本形式表现的外商直接投资对非洲国家的经济增长影响机制则相对复杂，其中来自中国的直接投资 COFDI 对非洲国家的 GDP 增长具有显著正向促进作用，系数在1%的水平上为0.041，即我国对非直接投资每变动1个百分点会引起非洲国家经济同向变动0.041个百分点。而来自其他国家的外商直接投资 OFDI 对非洲国家的经济增长作用却并不显著。这一结论与汪文卿、赵忠秀（2014）的结论一致。两类外商直接投资对非洲东道国经济增长作用的差异表明了异质性外资对东道国经济作用的不同机制和路径。

除物质资本外，劳动力对非洲经济增长的弹性系数是0.272，同样在1%显著性水平上成立，说明除了资本 K 之外，劳动力 L 是影响非洲国家经济的第二因素，符合柯布—道格拉斯函数对要素的假设。除对劳动力数量的考察之外，人力资本对非洲经济增长的作用却不显著，这可能与非洲国家整体产业人力资本含量不高有关，人力资本对经济增长的带动作用尚未显现。

进口渗透率对非洲整体的经济增长影响显著为负，说明进口的增加反而抑制了非洲国家的经济发展，从重商主义角度看，进口意味着财富流失。而且进口对国内产业的冲击和影响也不可忽视，系数高达 -1.355。与进口相反，出口对非洲国家具有正向促进作用，出口每增加 1 个百分点，引起非洲经济增长同向变动 0.362 个百分点。

考虑可能存在的变量之间的内生性之后，根据回归结果（2）可以发现总体上变量之间的关系基本维持稳定，包括显著性程度也没发生太大变化，回归结果稳定性比较好。其中变量 T 的系数减小至 0.009；资本 K 和劳动力 L 仍然是影响非洲国家经济增长的主要因素。来自我国的直接投资 COFDI 的系数仍然在 99% 置信区间上显著为正，而来自其他国家的直接投资对非洲国家 GDP 的作用依然不显著，再次证实我国对非洲国家直接投资对非洲东道国经济的增长有贡献。

从结果可看出，K 和 L 是非洲经济增长的主要驱动要素，而技术进步对非洲经济增长也具有一定贡献。根据上文已有的文献综述和理论分析，外商直接投资不仅是一种资本形式的存在，本身又是一种技术进步的存在，还会对内资以及就业带来一定影响，这也造成了不同来源地外商直接投资对非洲东道国经济增长影响的不同，所以第三节欲进一步探究我国对非洲直接投资和其他国家直接投资这两类不同外资具体是通过哪一种或哪几种路径来影响经济增长这一问题。

第三节　FDI 对非洲东道国经济增长的影响机制分析

FDI 对东道国不仅具有资本效应，还对东道国的就业和技术进步都产生影响，即 FDI 可能通过资本效应、就业效应和技术进步这三条路径来综合作用于东道国经济发展。下面将分三个部分,分别分析来自中国的外商直接投资与非洲东道国资本、就业和技术进步的关系。

一 外商直接投资的资本效应

FDI 具有直接资本效应和间接资本效应。直接资本效应是指 FDI 作为资本形式的投入,会给东道国资金缺口形成一个有效填补。外资进入东道国对东道国资本形成具有积极作用,从而促进东道国经济发展,这也是 FDI 最初被东道国引入的目的。尤其是对非洲这样资金匮乏的地区,国内大型的基础设施建设以及商业投资等项目都缺乏资金,由于国内资本匮乏导致非洲经济发展落后,甚至不能保证基本的稳定,所以对于非洲地区的很多国家来说,外界的援助和外商直接投资是其重要的资本来源。按照这种情况来看,外商直接投资对于非洲国家的资本效应应当是比较明显的。FDI 还具有间接效应,即对国内投资的挤入挤出效应和融资效应。FDI 进入东道国生产行业,会对其前后向产业产生一定需求,FDI 企业需要上游的中间品生产商和供应商来为其提供生产原料,同时也会对下游的经销商和服务商提供产品销售服务,这些前后关联效应会带动国内投资在相关产业的投资。并且东道国政府为了引资会放松金融管制,出台配套政策来配合外资企业的生产活动,从而也为国内投资提供了宽松的投资环境。

首先用格兰杰因果检验法来探究外商直接投资与国内资本的关系。同样还是区分了来自中国的直接投资 COFDI 和来自其他国家的直接投资 OFDI 两个不同来源的 FDI 对非洲的资本效应差异,具体检验结果如表 11-2 所示。

表 11-2　　　　　　外商直接投资与资本的因果检验结果

原假设	F 值	结论
H1: COFDI 不是国内资本变化的原因	3.76**	拒绝
H2: 国内资本不是 COFDI 变化的原因	6.36***	拒绝
H1: OFDI 不是国内资本变化的原因	3.58**	拒绝

续表

原假设	F 值	结论
H2：国内资本不是 OFDI 变化的原因	6.25***	拒绝

注：***、**分别表示在1%、5%的显著性水平上显著。

根据上述因果检验结果，中国对非洲直接投资和其他国家对非洲直接投资均是非洲国家国内资本的格兰杰原因，可作为预测非洲国家国内资本变化的重要因素之一。

为了进一步证实外商直接投资对东道国的资本效应，借鉴张海星（2005）的资本积累模型，建立外商直接投资对资本积累的简单回归模型，得如下回归方程：

$$\mathrm{Ln}K_{i,t} = 12.949 + 0.202 \mathrm{Ln}COFDI_{i,t} + 0.248 \mathrm{Ln}OFDI_{i,t} \quad (11-4)$$

$$R^2 = 0.985 \quad F = 690.463$$

根据上述实证结果，可以说明非洲国家的外商直接投资对国内资本具有资本形成效应。在1%显著性水平下，我国直接投资对非洲国家的资本系数为0.202，而世界其他国家直接投资的作用系数为0.248。

从系数大小看，其他国家的直接投资 OFDI 的资本积累效应相对我国直接投资 COFDI 的资本积累效应要强一些，这是因为其他国家对非洲直接投资中采矿业占比非常大。以美国和英国为例，其在非洲的直接投资中采矿业分别占60.1%和53.7%。而根据英国《金融时报》旗下数据服务机构 FDI markets 数据，非洲前十大外资项目行业中，房地产建筑和采矿业是提供资本最多的两个行业，分别占非洲全部外商资本的43.85%和25.4%，即非洲的外资补给主要来自这两个行业。且房地产虽然作为建筑业的一部分，也具有金融业属性，而美国和英国的金融业占比也都是第二位的。而采矿业也是中国对非洲直接投资最多的行业，占27.5%，且排名第二的是建筑业，因此中国对非洲的直接投资也为非洲国家提供了大量的资本，影响显著为正。

二 外商直接投资的就业效应

外商直接投资对就业的影响体现在直接创造就业和间接创造就业两

个方面。首先外商直接投资进入东道国，FDI企业本身会产生对劳动力的需求，提供就业岗位。尤其是一些成本寻求导向的跨国直接投资，投资海外本身就出于寻求海外低成本劳动力的跨国企业，对于就业劳动力的需求更加旺盛。其次随着为FDI企业提供采购、分销服务的上下游关联企业的发展，这些关联企业对劳动力的需求在一定程度上可以增加就业数量。

表11-3　　　　　　　外商直接投资与就业的因果检验结果

原假设	F值	结论
H1：COFDI不是就业变化的原因	2.23*	拒绝
H2：就业不是COFDI变化的原因	3.91**	拒绝
H1：OFDI不是就业变化的原因	6.83***	拒绝
H2：就业不是OFDI变化的原因	1.68	接受

注：***、**、*分别表示在1%、5%、10%的显著性水平上显著，由于备择假设H1：COFDI不是就业变化的原因检验值在p=0.1091下显著，非常接近10%的显著性水平，所以也视为在10%的显著性水平上显著。

首先用格兰杰因果检验法来探究外商直接投资与东道国就业之间的关系。同样区分了来自中国的直接投资COFDI和来自其他国家的直接投资OFDI两个不同来源的FDI对非洲国家的就业效应差异，具体检验结果如表11-3所示。根据上述因果检验结果，中国对非直接投资和其他国家对非洲直接投资都是非洲国家就业的格兰杰原因，外商直接投资和就业之间存在因果关系。

为了进一步证实外商直接投资对东道国的就业效应，建立外商直接投资与东道国就业之间的相关性回归模型，得如下回归方程：

$$\text{Ln}L_{i,t} = 13.30 + 0.0591\text{Ln}COFDI_{i,t} + 0.045\text{Ln}OFDI_{i,t} \quad (11-5)$$

$$R^2 = 0.99 \quad F = 17688.37$$

根据上述实证结果，可以说明非洲国家的外商直接投资对就业具有促进作用。我国对非洲直接投资对非洲就业的影响系数在1%显著性水平上为0.059；其他国家对非直接投资对非洲就业的影响同样在1%

显著性水平下显著，系数为0.045。中国所有对非洲直接投资和世界其他国家对非洲直接投资都对非洲国家就业产生了正向显著影响。其中我国对非洲直接投资对非洲国家的就业效应比其他国家的直接投资的就业效应要相对强一些，这与对非洲直接投资的行业结构有关，根据英国《金融时报》旗下数据服务机构 FDI markets 数据，非洲前十大外资项目行业中，消费零售和建筑这两个行业所创造的就业占比是最大的，分别达到了 31.5% 和 33.6%，即外资创造的岗位的近 2/3 是由这两个行业的外资所贡献的。而占外资 1/4 资金的煤炭石油天然气部门只贡献了 3.7% 的工作岗位；金融服务业也只贡献了 2% 的工作岗位。以中美对非洲直接投资为例，美国近 80% 的 FDI 集中在采矿和金融领域，这些行业对劳动力的需求比较小，且前后向产业也多不属于劳动密集型，因此创造的就业岗位很少。而中国在采矿行业的 FDI 虽然也居首位，但是相对比例较小，且有近 40% 的 FDI 流入了建筑业和制造业这两个劳动力需求大的行业，如铁路、公路、桥梁等大型基建，这些行业及其前后相关联产业能够创造大量的就业，所以对非洲国家就业拉动作用比较明显。

三　外商直接投资的技术进步

FDI 对东道国技术进步的影响主要来自两方面，一是 FDI 直接造成的技术进步，二是 FDI 企业对当地企业造成的技术外溢。正如黄菁、赖勇明（2008）所说 FDI 对东道国技术进步的影响可以归结为两方面，一方面，FDI 企业自身要素生产率优势就是对东道国技术的提高和促进；另一方面，FDI 企业对东道国企业还会产生技术外溢。跨国企业本身携带的先进技术，对于东道国的技术就是一种进步。而跨国企业对东道国国内企业产生的技术外溢通过示范模仿效应、竞争效应、联系效应和培训效应等机制表现。

然而 FDI 技术外溢效应的大小与东道国本地对技术吸收能力正相关。R. Findly（1978）认为对外直接投资技术溢出的速度与跨国公司投资规模相联系，规模越大扩散就越快。跨国公司这种"传染效应"

(Contagion Effect) 越大，东道国本地企业的赶超潜力就越大。也就是说，FDI 占国内企业的比重越大，外溢效果越好。

本章从宏观层面出发，综合借鉴前人研究，将 FDI 对东道国技术进步的作用分成直接促进和间接外溢两方面。借鉴黄菁、赖勇明（2008）研究建立 FDI 内生化的技术进步形式的柯布—道格拉斯函数模型：

$$Y_{i,t} = F(Ki_{i,t}, L_{i,t}) = AK_{i,t}^{\alpha} L_{i,t}^{\beta} \quad (11-6)$$

假定 FDI 是决定全要素生产率的影响因素之一，将 FDI 内生化引入表达式：

$$A = D \cdot [1 + \phi S_{i,t}] \cdot FDI_{i,t}^{\phi} \quad (11-7)$$

ϕ 是外资占国内总投资比重 S 的系数，度量 FDI 的外溢效应；ϕ 代表了 FDI 对东道国技术进步的直接作用。将式（11-7）取对数，把 FDI 分成我国对非洲直接投资 COFDI 和其他国家对非洲直接投资 OFDI 两部分；并把 S 分成 $S1$ 和 $S2$ 两部分，分别表示 COFDI 和 OFDI 占非洲国内总投资的比重。当 x 很小时，Ln（1+x）近似等于 x，得以下回归模型：

$$LnA_{i,t} = C + \phi_1 S1_{i,t} + \phi_2 S2 + \phi_1 LnCOFDI_{i,t} + \phi_2 LnOFDI \quad (11-8)$$

其中，i 表示国家或地区，t 表示时间，A 表示技术进步，用科技期刊文章数量表示；C 表示常数；$S1$ 和 $S2$ 分别为我国对非洲直接投资和其他国家对非洲直接投资占总投资比，用 COFDI 和 OFDI 存量与国内总投资的比重表示。本章分别用 F 检验和 Hausman 检验来确定面板模型类型，根据检验结果可知，应该选择个体固定效应模型。通过回归得到如下回归模型：

$$LnA = -2.949 - 0.377 \times S1 - 0.66 \times S2 + 0.149 \times LnCOFDI + 0.242 \times LnOFDI \quad (11-9)$$

$$R^2 = 0.99 \quad F = 1149.628$$

根据回归结果，中国对非洲直接投资对非洲国内企业的溢出效应不显著，但是我国对非洲直接投资的跨国企业在技术进步促进方面的作用却比较明显，即在中国对非洲直接投资占非洲总投资的比重 S1 不变的情况下，在 1% 显著性水平下中国跨国企业自身要素生产率每提高 1 个百分点，可带动非洲全要素生产率提高 0.149 个百分点。而其他国家对非洲直接投资对非洲国内企业的溢出效应却具有显著遏制作用，在 1% 显著性水平下为 -0.66，但跨国公司本身对东道国国内企业技术进步的促进作用也在 1% 显著性水平下显著，影响系数为 0.242。

即不论是来自中国的直接投资还是来自其他国家的直接投资，对非洲东道国的技术进步都具有直接促进作用。而中国的直接投资对非洲的技术外溢不显著，原因可能是因为中国对非洲的直接投资中部分行业技术在东道国是不存在的，属于空缺状态，因此中国的技术在东道国不具有外溢性。而外溢的不显著也不能因此否定该行业技术对东道国技术的积极作用，因为它恰恰填补了东道国产业体系的技术空缺，对其他行业的发展具有一定贡献。

其他国家对非洲的直接投资外溢效应为负，这与黄菁、赖明勇（2008）的结果一致。他们给出的解释是仅从宏观经济上看，国外创新技术并没有起到技术外溢的作用，因为只控制了 FDI 一个变量，有可能这种外溢需要通过结合其他机制来体现。这是一种可能的解释，此外笔者推测行业差异以及由此导致的技术差距或许可以解释该现象。从行业差异角度看，以美英为代表的其他国家对非洲直接投资主要集中在采矿业和以信息技术为主的金融业，而中国以采矿和制造、建筑业为主。行业差异可能导致其他国家的直接投资对非洲国家技术溢出的作用没有中国的明显。从技术差距看，Kokko（1994）的研究指出当技术差距较小时东道国才可以较好地吸收学习母国技术，只有当满足一定条件时，跨国公司对东道国企业产生正面影响。说明技术差距过大不利于东道国技术外溢。以美英为代表的其他国家对非洲直接投资偏向于金融服务业，一般都是较为发达先进的信息技术，与非洲国家的生产力水平差距悬殊，可能无法满足一定条件，因此没有产生积极影响；而中国对非洲直接投资的技术更多的是制造、建筑领域的工业技术，对欠发达的非洲国家来说相对容易模仿吸收。

除上述解释外，还有另外一种解释：根据模型含义，当外资占国内总投资比重 S 越大时，则产生的外溢总知识量越多，即外溢的总量大小与比重 S 正相关。但是在国内投资不变的基础上，外资企业所占比重增加，说明新知识量也增加，而国内企业吸收的能力不变，则单位外资只能被较少的国内企业吸收，即单位外资的外溢范围会减小。所以外资企业占比与单位外资被吸收的能力成反比，或者说单位外资外溢的覆盖面与外资企业占比成反比。此处其他国家对非洲直接投资占国内投资比重 S_2 的系数为负，说明在本地企业不变的情况下，外资比例越高，则意味着越少的本地企业接收到外资的技术外溢。正好说明了因为其他国家直接投资占国内总投资比重大了，所以单位外资的技术外溢反而减小了。即这里的系数体现的是单位外资的外溢范围，但这并不能否认其总的外溢量的大小。

四 小结

根据上述的实证分析，我们可以得到以下结论：

第一，非洲的外商直接投资中来自中国的直接投资对非洲国家的经济增长起到了正向促进作用。而来自其他国家的直接投资对非洲国家的经济发展尚未表现出显著作用。

第二，通过对 COFDI 和 OFDI 两类外资对非洲经济发展影响及路径的分析，我国对非洲直接投资通过资本积累、就业改善和技术进步这三条路径来作用于非洲国家的经济发展，其中我国 COFDI 每变动 1 个百分点，非洲国家的资本相应变化 0.202 个百分点；就业人数同向增加 0.059 个百分点；同时我国在非洲的跨国企业生产效率每提高 1 个百分点，也会带动非洲整体技术进步 0.149 个百分点，但是对非洲国内企业的技术外溢效应却并不显著。而其他国家对非洲直接投资同样对东道国资本和就业有正向效果，但由于投资行业结构的特点、技术差距和吸收能力的原因，其他国家对非洲直接投资对非洲国家的技术进步虽然有显著促进作用，但是却没有实现正向技术外溢。其中资本和就业的影响系数分别为 0.248 和 0.045，技术进步影响系数为 0.242，但是技术外溢显著为负。这与我们之前的认识存在差别，一般我们认为发达国家的 FDI 更容易发生技术溢出，这或许是没有考虑其他可能因 FDI 类型和东道国吸收能力等差异所导致的。

第四节　中国 OFDI 对非洲经济增长稳定性的影响分析

一　模型构建

为了进一步证实非洲经济增长稳定性和我国对非洲直接投资之间的关系，借鉴随洪光（2013）的模型，建立如下模型[①]：

$$W_{i,t} = \chi_1 W_{i,t-1} + \chi_2 W_{i,t-2} + \chi_3 \text{Ln}COFDI_{i,t} + \chi_4 \text{Ln}OFDI_{i,t} + \chi_5 \text{Ln}OPEN_{i,t} + \chi_6 GDPPC_{i,t} + \varepsilon_{i,t} \quad (11-10)$$

其中，i 表示国家，t 表示时间，W 表示经济增长的稳定性，COFDI 表示我国对非洲直接投资，OFDI 表示世界其他国家对非洲直接投资，TRADE 表示对外贸易，GDPPC 表示地区发展水平。

1. 数据说明

经济增长稳定性用稳定指数来衡量，数据是笔者根据 2003—2015 年非洲 33 个国家的实际 GDP 估算潜在产出，再根据向爱保（2008）的方法计算所得，具体公式如下：

$$W_{i,t} = \left(1 - \frac{|G_{i,t} - GP_{i,t}|}{GP_{i,t}}\right) \times 100\% \quad (11-11)$$

其中，G 表示 GDP 实际增长率，GP 表示经济潜在增长率。关于经济潜在增长率，本章使用 Hodrick 和 Prescott（1980）的 HP 滤波法来计算潜在产出。关于 HP 滤波法计算过程中参数取值的说明，本章采用 Eviews 软件计算，故 HP 参数取 Eviews 的默认值为 100。COFDI 采用相对指标，用我国直接投资与东道国国家的 GDP 比值表示；OFDI 也采取相对指标，用世界其他国家直接投资与东道国 GDP 的比值表示。对外开放度用进出口值与 GDP 的比值表示，GDPPC 用非洲国家地区人均 GDP 表示。以上数据均来自中国对外直接投资公报、世界

[①]　目前关于稳定性的实证回归较少，综合考虑之后本章选择随洪光（2013）的模型，文献出处详见《财贸经济》2013 年第 9 期《外资引入、贸易扩张与中国经济增长质量提升》。

银行以及 UNCTAD 数据库。在计算潜在产出之前,首先对实际产出进行平稳性检验,判断是否趋势平稳,用 LLC 和 pp-fisher 两种方法分别对实际产出进行检验,结果为平稳,说明用 HP 滤波法估算潜在产出是可行的。

2. 单位根检验

在对模型进行回归之前,首先要对变量进行平稳性检验,以便后续分析。按照模型所选取的变量对其进行单位根检验,检验结果如表 11-4 所示。检验结果显示,模型所取变量在 1% 显著性水平上原序列平稳。

表 11-4　　　　　　　　单位根检验

	统计量	p 值	结论
LLC	-9.33791	0.0000	平稳
IPS	-7.45874	0.0000	平稳
ADF - Fisher	595.158	0.0000	平稳
PP - Fisher	697.125	0.0000	平稳

3. F 检验和 Hausman 检验

F 检验可用于判断固定效应模型与混合 OLS;Hausman 检验可用于判断固定效应和随机效应。为了判断选用何种面板模型,本章分别用 F 检验和 Hausman 检验来确定面板模型类型。检验结果如表 11-5 所示。根据上述检验结果,可知模型选择个体固定效应模型进行面板数据回归。

表 11-5　　　　　　F 检验和 Hausman 检验结果

统计指标	统计量	Prob	结论
F 检验	2.50	0.0000	固定效应优于混合 OLS
Hausman 检验	72.63	0.0000	固定效应优于随机效应

二 回归结果和分析

在确定模型之后对式（11-9）进行回归分析，回归结果如表 11-6 所示。为了避免模型的自相关和异方差问题，用截面加权来对模型进行回归，结果如表 11-6 中第二列（9）所示。同时为了考虑可能存在的内生性对模型回归结果的影响，采用滞后一期变量作为自变量进行回归，结果如表 11-6 中第三列（10）所示。

表 11-6　　　　　稳定性模型固定效应回归结果

变量	（9）不考虑内生性	（10）考虑内生性
C	0.273** (2.14)	0.061 (0.33)
W（-1）	0.114** (2.36)	0.256*** (3.49)
W（-2）	-0.052** (-1.73)	0.041 (0.61)
COFDI	3.596 (1.19)	7.019 (1.21)
OFDI	-0.377 (-1.48)	-0.860** (-2.24)
OPEN	0.106 (0.56)	0.374 (1.38)
GDPPC	0.0001*** (4.28)	0.0001** (2.25)
R^2	0.36	0.33
F 统计量	4.84	3.79

注：***、**分别表示在1%、5%的显著性水平上显著。

根据表 11-6 的回归结果，在未考虑模型内生性时，W 的滞后一期对 W 的影响在 5% 显著性水平上影响系数为 0.114，W 的滞后二期对当期 W 的稳定性起到消极作用。地区人均 GDP 水平对经济增长稳定性有显著的促进作用，在 1% 显著性水平下显著，说明我国对非洲直接投资和其他国家对非洲直接投资对非洲国家经济增长的稳定性均没有表现出显著的影响。考虑内生性之后，其他国家 OFDI 对非洲经济增长稳定性产生了显著的负面影响，而中国 COFDI 并不显著。

对外贸易开放度对经济增长稳定性的作用不显著。考虑可能存在的内生性问题后，只有 W 的滞后一期对当期增长的稳定性在 5% 显著性水平下具有显著影响，W 的滞后二期影响变得不显著，说明增长的稳定性具有前期走势的延续性，随着时间的推移这种延续性会大大减弱。同时其他国家对非洲直接投资对经济增长稳定性的消极影响变得显著，在 5% 水平下系数为 -0.860。从上述分析中可以看出，就经济增长的稳定性而言，由于对外经贸活动直接受外围经济的影响，有时候反而会加大国内经济发展的不确定性，更容易受到外部环境的不利冲击，对增长稳定性的作用是有限的，这与随洪光（2011）的研究结果是一致的，也符合实际情况。

三 中国 COFDI 增长率波动对非洲经济增长稳定性影响的进一步检验

下面从对外直接投资规模角度考虑了中国 COFDI 和其他国家 OFDI 对非洲东道国经济增长的影响。为了进一步验证中国 COFDI 与其他国家 OFDI 对非洲经济增长稳定性的差别，本章从对外直接投资增长率及其波动角度进一步检验中国对非洲直接投资和其他国家直接投资对非洲经济增长的稳定性关系。

在上文中，COFDI 采用相对指标，用我国直接投资与东道国国家的 GDP 比值表示；OFDI 也采取相对指标，用世界其他国家直接投资与东道国 GDP 的比值表示。对外开放度用进出口总额与 GDP 的比值表示，GDPPC 表示非洲国家地区人均 GDP。在这部分回归模型（11）和模型（12）中，COFDI 表示中国对非洲直接投资增长率及增长变化率，OFD 表示其他国家对非洲直接投资增长率及增长变化率。OPEN 表示对外开放度增长率及增长变化率，回归结果如表 11-7 所示。

表 11-7　中国 OFDI 对非洲经济增长率及其波动检验

变量	（11）增长率指标	（12）增长变化率指标
C	0.366*** (4.99)	0.265*** (3.61)
W(-1)	0.082 (1.47)	0.054 (0.89)
W(-2)	-0.046 (-0.81)	-0.003 (-0.06)
COFDI	0.0002* (1.71)	-0.0001* (-1.71)
OFDI	-0.0003 (-0.35)	-0.0009* (-1.91)
OPEN	0.065 (0.66)	0.002 (0.98)
GDPPC	0.00007** (2.34)	0.0001*** (3.66)
R^2	0.40	0.43
F-统计量	4.54	4.51

注：***、**、*分别表示在1%、5%、10%的显著性水平上显著。

根据上述分别以增长率和增长变化率为指标的模型回归结果（11）和（12），可以发现变量指标发生改变后，其余变量的系数和显著性结果基本与之前符合，虽然滞后期变量的显著性有所改变，但由于滞后期并不是本章研究的重点，因此重点关注对外直接投资变量。在（11）回归结果中，中国 OFDI（COFDI）对非洲经济增长稳定性影响系数显著为正，而其他国家 OFDI 为负，但不显著；而在（12）回归结果中，COFDI 和 OFDI 对增长稳定性影响系数虽然均为负，但是相比而言，COFDI 的负效应仅为 OFDI 的 1/9，即 OFDI 相对不利于非洲稳定增长。比较说明，不论是以规模、增长率为指标，抑或是以增长变化率为指标，中国对非洲直接投资相对其他国家对非洲直接投资都要更利于非洲国家经济增长的稳定性。

四 小结

首先,根据上述描述性统计分析和实证分析结果,可以发现非洲国家从 2003 年以来经济增长的稳定性在逐渐增强,同时期我国开始加大对非洲的直接投资。2008 年发生国际金融危机后受全球避险情绪高涨的影响,非洲的外商直接投资出现了较大的波动,但相对来讲中国对非洲的直接投资波动幅度较小,体现了我国对非洲直接投资的相对稳定性。其次,根据回归结果可以看到,对外经济活动,包括外商直接投资和贸易,对于非洲国家经济增长稳定性的作用都非常有限,甚至加剧了经济增长的不稳定性,其中其他国家对非洲直接投资 OFDI 的这种不利于稳定的作用更加显著,而我国 COFDI 对非洲经济增长稳定性的影响相对不显著,更加趋于稳定。从这两方面我们可以看出,我国对非洲直接投资更有利于非洲国家经济稳定增长,这主要由我国对外直接投资的主体构成和对非洲直接投资的行业结构特点所决定。我国对外直接投资多属于国有企业投资,尤其是政策性比较强的非洲地区。国有跨国企业投资往往具有比较长远的投资战略,且由于有雄厚的资金支撑,不容易受一时的经济冲击或亏损而中断投资,具有一定的持续性,比较稳定。我国对非洲直接投资分布前五的行业是采矿业 27.5%、建筑业 27.4%、制造业 13.3%、金融业 9.9%、科学研究和技术行业 4.2%,相对欧美国家对非洲的直接投资分布结构来讲,我国对非洲直接投资主要集中在建筑、制造类实体企业,而在金融行业的投资比较少,以"热钱"方式流入非洲的直接投资少,所以当发生国际金融危机时,跨国企业想撤资也需要一段时间来完成,且撤离成本较高,不会轻易撤资。而以欧美资本主义为主的其他国家对非洲的直接投资很大一部分都属于"热钱"投资,以投机为主,当发生经济危机或者发生金融泡沫时为了保护企业自身最大化的利益,最小化损失,会不顾东道国国家的经济损失和危机而撤资(随洪光,2011),加剧东道国的经济危机,增强其不稳定性。

第五节 结论和政策建议

一 致力于互帮互助的经济合作，实现互利共赢

中国对非洲直接投资对东道国的经济增长具有积极作用，不是西方部分舆论所扬言的"新殖民主义"，而是建立在互利共赢基础之上的友好合作。因此为了中非关系的友好以及双方经济的发展繁荣，要继续保持对非洲的直接投资，对于到非洲投资的跨国企业给予政策优惠、技术支持、语言文化培训等，致力于互帮互助的投资合作，一方面可充分利用非洲市场资源，选用非洲当地劳动力以及部分资源来满足 OFDI 投资所需要的要素，降低我国跨国企业的生产成本，进而缓解非洲国家的就业压力，优化非洲当地资源配置，推动非洲经济发展。另一方面通过对非洲国家大型基建的投资，可以充分发挥我国的相关产业技术优势，在"攻坚克难"过程中提升技术，更重要的是可以帮助非洲国家完善日常基础设施，提供经济发展基础，从而实现互利共赢。

二 加大对非洲的直接投资力度，深化中非投资合作领域

首先，我国对非洲直接投资后续发展动力或显不足，表现为当前我国对非洲直接投资增长率总体趋于下降，我国对非直接投资占我国总的对外直接投资比例不高，到 2015 年，中国对非洲直接投资存量占我国全部对外直接投资存量不到 4%，在六大洲排名处于倒数第二，投资地位相对较低。其次，我国对非洲直接投资行业和地区分布不均，80% 以上的直接投资集中在以采矿业、建筑业为主的五个行业，主要直接投资地区集中在南非、坦桑尼亚等经济环境相对较好的非边缘化国家。因此为了深化我国与非洲国家之间的经济交流合作，我国应进一步加大对非洲国家的直接投资力度，制定相配套的优惠政策，鼓励企业走出去。引导企业了解非洲其他未被投资的边缘化国家和行

业，充分挖掘商机，拓宽投资布局，降低因为部分行业冲击或者地区冲突导致的投资风险，不仅可以实现自身收益最大化、风险最小化，而且可以减小因撤资对非洲直接投资的波动，降低非洲国家经济增长的不稳定性。

第六篇

中国国际直接投资与
跨国公司成长水平

跨国公司发展水平是一国开放经济水平与国际竞争力的基本标志。国际直接投资促进一国的跨国公司发展，因此跨国公司发展水平体现了该国国际直接投资发展水平。本篇以世界 500 强企业为例，实证分析世界一流跨国公司成长的母国因素，揭示国际直接投资对中国世界一流跨国公司成长的作用与意义。

第十二章　世界一流跨国公司成长的母国因素实证分析[*]

第一节　引言

世界一流跨国公司影响全球产业的资本流向与产业链布局、决定着世界贸易的利益分配。经过多年的开放发展，中国已经成为第一制造业大国和出口大国，但是中国还不是制造业强国和贸易强国，发展世界水平的中国跨国公司刻不容缓[①]。党的十八大报告提出"加快走出去步伐，增强企业国际化经营能力，培育一批世界水平的跨国公司"。当前越来越多的中国企业走出国门，但是真正具有世界影响力的跨国公司还不多，中国强国梦需要培育一批具有世界影响力的一流跨国公司[②]。什么是世界一流跨国公司？胡鞍钢（2013）[③] 认为世界一流企业必须同时满足三个条件：进入世界500强的"门槛"，进入世界同行业前10名，具有世界知名品牌和核心技术。王志乐（2008）认为，世界一流跨国公司要具备全球战略、全球管理、全球责任，从而成为全球公

---

[*] 本章作者为姚利民、王爱丽，主要成果已经发表于《国际商务研究》2016年第1期。
[①] 隆国强：《发展世界水平的中国跨国公司刻不容缓》，中国经济新闻网，http://www.cet.com.cn/ycpd/xbtj/915810.shtml，2013年7月22日。
[②] 王健林：《经济强国必须要有一流跨国企业》，人民政协网，http://cppcc.people.com.cn/n/2013/0820/c34948-22620466.html。
[③] 新浪财经杂志"全球化格局下的企业国际化之路"分论坛，http://finance.sina.com.cn。

司。赵斌（2012）发现，世界一流企业不仅要实现优秀的经营效益，而且要积极打造和发挥卓越的核心能力并切实践行社会责任。胡鞍钢、魏星、高宇宁（2013）认为，世界一流企业具有超长跨国经营历史，超大经营规模，极强盈利能力，高度市场占有率，不仅是世界行业发展的引领者、核心技术创新者、知名品牌拥有者，还是国内和国际市场垄断者。世界一流跨国公司的基本特征主要表现在巨大的规模实力、优良的经营效益、较高的国际化程度、强大的核心竞争力、世界性的品牌影响力、勇于承担社会责任等方面。那么世界一流跨国公司成长的驱动因素有哪些呢？不仅由企业自身微观因素所驱动（王志乐，2008；胡鞍钢，2013），同时受到母国宏观因素（杨清，2006）、产业基础（卢进勇，2012）的影响。本章首先综述跨国公司成长的驱动因素，然后构造国家层面的世界一流跨国公司水平指数，实证检验世界一流跨国公司成长的母国因素，探索培育一流跨国公司成长的驱动因素。

第二节 世界一流跨国公司成长的母国驱动因素分析

关于世界一流跨国公司成长因素的研究还不多，国内外学者的大量研究集中于跨国公司的成长因素和对外直接投资的发展因素。

一 国际化驱动因素

（1）对外直接投资（OFDI）成就跨国公司。根据联合国跨国公司委员会（1983）《跨国公司行为守则》的定义，跨国公司是指由分设在两个或两个以上国家的实体组成的企业。因此 OFDI 是促使企业成为跨国公司的必要条件。各类跨国公司理论都明确阐述了 OFDI 的地位，如垄断优势理论（Hymer，1976）、内部化理论（Buckley & Casson，1976；Rugman，1981）、国际生产折中理论（Dunning，1975），可以认为 OFDI 是跨国公司形成的前提。

(2) 出口发展与出口竞争力提升是 OFDI 的基础。不管是国家层面、产业层面还是微观层面，国际化路径是从出口到 OFDI 的升级。小岛清（Kojima，1978）边际产业论从产业层面解释国际化从出口到 OFDI 的升级。费农（Vernon，1966）产品生命周期理论从微观产品角度看企业的国际化成长，只有具备较强出口竞争力的企业才能从事 OFDI。新新贸易理论认为企业效率水平决定了企业国际化模式的升级，即低效率企业做内贸，较高效率企业做出口，而只有高效率企业才有能力开展 OFDI（Helpman 等，2004；Yeaple，2005；李春顶，2009）。因此，出口竞争力为 OFDI 创造了基础。

(3) 外汇储备资源。外汇储备一方面是出口创汇的结果，另一方面充裕的外汇储备为企业国际化模式升级到 OFDI 提供了条件。张翠霞（2009）、Cheung 和 Qian（2009）的研究发现，中国的外汇储备推动了对外直接投资。如果外汇资源有大量闲置，说明企业对外投资动力不足，不利于本地跨国公司的成长。

二 创新驱动因素

跨国公司的对外直接投资行为依赖于其独特的技术优势（Hymer，1960；Dunning，1975），大型跨国公司更具有技术创新能力（姚利民，2004）。反过来，贸易与投资的国际化促进创新知识的跨国外溢（Grossman，Helpman，1991），中国对外直接投资有利于产业技术的逆向外溢从而促进本国产业创新（Kogut and Chang，1991；赵伟等，2006；王英、刘思峰，2008；欧阳艳艳，2010；姚利民、王若君，2011）。Alberto Di Minin 等（2012）研究中国跨国公司在欧洲研发投资的案例，发现中国在境外的研发投资目的在于学习而不是技术创新。产业技术创新与跨国公司成长具有互动性，而世界水平跨国公司更依赖产业技术创新。

有大量文献研究跨国公司成长中的创新因素，创新驱动是世界 500 强企业成长的基础。汪劲松（2002）研究 500 强企业成功经验后认为：技术创新与管理整合能力是重要因素；而丘凌峰（2008）研究了世界

500强长寿企业的成功因素，创新与变革是诸多因素中十分重要的。王晓东（2011）研究了日本500强企业，认为核心技术与国际竞争力对日本500强企业成长至关重要。毛蕴诗、戴黎艳（2006）研究认为20世纪90年代美国500强企业水平重新超越日本的原因在于美国具有新企业培育的硅谷机制与老企业重新崛起的公司重构。因此，创新驱动了世界一流跨国公司的成长。

三 政府支持与制度因素

Wang等（2012）研究中国大型企业对外直接投资行为后认为，政府支持和母国制度结构发挥了关键作用，而技术和广告不太重要。张为付（2008）的研究也认为，政府支持力度对中国对外直接投资发展具有显著正影响。

虽然跨国公司成长因素研究文献很多，但研究重点是微观层面的跨国公司成长与对外直接投资的决定因素，关于国家层面世界一流跨国公司成长的研究相对不足。本章从宏观经济基础、中观产业基础、微观企业能力三个层面归纳国际化与创新作为跨国公司成长的动力源泉，并以世界500强企业主要母国为样本，构造国家层面世界一流跨国公司成长水平指数，针对世界一流跨国公司成长的母国因素进行分析。

四 世界一流跨国公司成长的宏观、中观、微观因素分析

一国跨国公司的成长受到该国宏观经济基础、中观产业基础与微观企业能力等因素的影响。国际化与创新是世界一流跨国公司持续成长的双轮驱动源泉，其机理见图12-1。

（1）宏观经济基础。根据Dunning（1988）的投资发展周期理论，具有较高经济发展水平的国家才有更多的资源与能力开展对外直接投资行为，进而促进其跨国公司的成长。Lall（1983）的技术地方化理论和Cantwell、Tolentino（1990），Tolentino（1993）的技术创新与产业升级理论指出了技术创新优势是一国经济发展的根本动力。国内外有大量文献关注宏观因素对跨国公司成长的影响，国内学者张为付（2008）、张

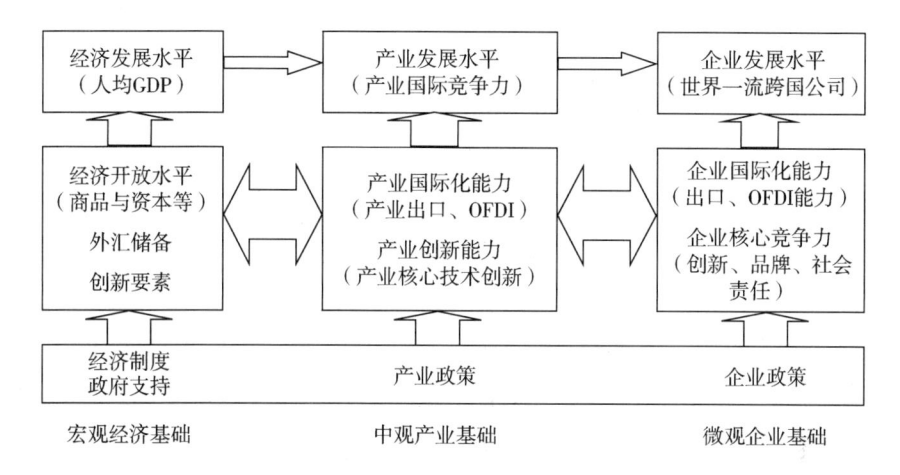

图 12-1　世界一流跨国公司成长的母国基础：宏观、中观与微观因素关系

翠霞（2009）、温磊（2013）等通过实证分析发现出口贸易、汇率、人均 GDP 等指标决定了跨国公司的对外直接投资。Cheung, Qian（2009）的研究发现中国的外汇储备推动对外直接投资。张为付（2008）、Deng（2009）、Yamakawa 等（2008）、Yang 等（2009）、Wang 等（2012）研究发现政府支持和母国的制度结构在企业国际化的过程中发挥了积极的作用。因此，从出口到 OFDI 的开放水平升级以及创新资源积累与利用是跨国公司成长的宏观基础。

（2）中观产业基础。根据 Cantwell, Tolentino（1990）的技术创新与产业升级论，发展中国家的产业升级可以提高企业技术能力，同时随着技术积累、地域扩展以及对外直接投资，其技术与产业优势逐渐显现并促进一国的经济发展，进而有利于其跨国公司的成长。而赤松要（1932）的产业国际转移雁形模式及小岛清（1978）的边际产业扩张理论，认为产业比较优势的转折是跨国公司进行 OFDI 的决定性因素，边际产业的 OFDI 促进产业国际转移，可以充分有效地发挥母国和东道国的比较优势和潜在比较优势。杨清（2006）、卢进勇（2012）从母国产业基础的角度研究了跨国公司培育的产业基础。

（3）微观企业基础。Hymer（1960）认为跨国公司对外直接投资动因主要来自其技术、管理、品牌等垄断性优势，Dunning（1975）认为企业必须同时具备所有权优势、内部化优势和区位优势才能进行对外直接投资，而内部化优势和区位优势的利用恰恰是企业核心能力的体现。Wells（1983）认为，发展中国家跨国企业在技术创新上处于劣势，但是其拥有的自身市场特征、经营战略等竞争优势也推动了 OFDI 活动与公司国际化成长。国际化阶段论发现了企业从出口到 OFDI 的发展路径（Jonanson，1977；Forsgren，1997；Pedersen，1998；Claver，2007），新新贸易理论认为企业效率决定了出口到对外直接投资的国际化模式升级（Helpman，Melizta，Yeaple，2004；Nocke，Yeaple，2006），而企业技术创新降低了产品边际成本，进而直接促进海外生产（Hirschey，1981；Petit，Francesca，1998）。汪劲松（2002）、毛蕴诗等（2006）、丘凌峰（2008）等认为世界 500 强企业的国际化与核心竞争能力推动了其成长。

世界一流跨国公司成长于较高经济发展水平经济体所拥有的丰裕创新资源与较高开放水平，有一批产业具有从出口到 OFDI 的国际化能力与技术创新能力。由于国际化与创新之间的互动性，国际化与创新的双轮驱动是一国跨国公司持续成长的重要基础。在宏观层面，全球化时代的宏观经济发展依赖于开放经济水平与创新能力，决定于外汇资源与创新资源的有效利用，决定于要素配置的市场主导与政府适度干预。在中观层面，产业的创新能力与国际化能力奠定了产业国际竞争力持续提高与本国产业在全球产业链中的地位提升。在微观层面，成长于集群产业体系中的领先企业，凭借其领先的国际化能力与创新能力才能优先成长为世界一流跨国公司。不管是宏观、中观还是微观层面，国际化与创新的双轮驱动是跨国公司成长的源泉。作为发展中国家的跨国公司成长，将面临发达国家跨国公司的强大竞争挤压，政府的积极支持将有利于后发优势的启动。

第三节 世界一流跨国公司成长母国因素的检验方法

一 变量选取与世界一流跨国公司成长的动力

（1）因变量的选取。关于跨国公司成长的研究文献都是从企业层面分析，从宏观层面的分析需要构造一个国家层面的世界一流跨国公司成长水平指标。本章根据一国所拥有的世界500强企业数量及其排名计算该国水平指标，即以世界500强排行榜第一名为500分，第二名为499分，依次类推。将一国500强企业的得分加总来衡量该国世界一流跨国公司成长的水平（SCORE）。

（2）自变量的选取。自变量选取决定于世界一流跨国公司成长的动力与影响因素。世界一流跨国公司的成长动力主要来自国际化驱动与创新驱动，同时还受到一国经济发展水平、经济制度与政府干预能力的影响，本章考虑：经济发展水平、国际化驱动（对外直接投资、出口国际市场份额、外汇储备）、技术创新驱动（R&D强度、国际专利等）、制度质量与政府干预（经济自由度、市场化、政府干预能力）四个方面。

①经济发展水平指标。本章用各国人均GDP（GDPC）衡量一国经济发展水平，预期符号为正。

②国际化驱动指标。本章考虑产业出口能力、对外直接投资能力和外汇储备三个方面。首先，用一国商品国际市场占有率（MS）代表该国的产业国际竞争力，预期符号为正。其次，用一国对外直接投资额（OFDI）代表该国对外直接投资能力水平，预期符号为正。最后，外汇储备（RE）为该国企业对外直接投资从而促进该国跨国公司成长提供了外汇资源。外汇储备充足能够有效提高国家对外融资的能力，使本国企业进入国际市场的融资成本得到降低，从而促进国内企业对外直接投资和跨国经营，寻求更好的投资环境以及更大的利润空间，提高本国跨国公司发展水平。另外，外汇储备充裕提高了政府干预跨国公司对外直

接投资与跨国并购的干预能力。但是外汇储备结余多又说明对外直接投资不足，可能暂时影响跨国公司的成长，因此，外汇储备指标与世界一流跨国公司成长指标的关系符号不能确定。

③技术创新驱动指标。本章采用研究强度（R&D），即研发投入占GDP的比重来衡量一国的技术创新水平。理论预期为正。

④制度质量和政府干预指标。本章采用经济自由度指数①（IEF）来衡量一国的制度质量，但是由于经济自由度与政府干预程度成负向关系，而政府干预往往成为后起国家鼓励跨国公司成长的重要手段，因此经济自由度指标与世界一流跨国公司成长指数之间的关系符号不能确定。

二　数据来源与描述性分析

《财富》500强企业是公认的世界一流跨国公司的代表。从入围《财富》500强排行榜的企业数量上看，历年来上榜企业最多的国家分别为美国、中国、日本、法国、德国、英国、韩国，所以本章主要选取这7个国家的世界500强企业数据来进行分析。另外，考虑到数据的完整性和可获取性，本章选取了1996—2011年影响世界一流跨国公司成长的主要指标，具体指标说明及数据来源如表12-1所示。

表12-1　　　　　　　　变量指标及数据来源

	变量	变量说明	数据来源	预期效应
因变量	SCORE	一国世界500强企业排名总得分（以世界500强企业排行榜第一名为500分，第二名为499分，依次类推并加总）	根据财富中文网数据整理	
自变量	GDPC	人均GDP（单位：美元）	根据世界银行数据库整理	正
	MS	国际市场占有率	根据WTO数据库整理	正

---

① 经济自由度指数是商业自由、贸易自由、财政自由、政府规模、货币自由、投资自由、金融自由、产权保护和腐败9方面的综合得分（0—100分），分为自由经济体（80—100分），较自由经济体（70—80分），中等自由经济体（60—70分），较不自由经济体（50—60分），受压制经济体（0—50分）。

续表

	变量	变量说明	数据来源	预期效应
自变量	OFDI	对外直接投资流量（单位：百万美元）	根据 UNCTAD 数据库整理	正
	R&D	研发投入占 GDP 的比重	世界银行相关数据	正
	IEF	经济自由度指数	美国传统基金会	正或负
	RE	外汇储备（单位：百万美元）	联合国数据库	正或负

从各国世界一流跨国公司排名得分看，1996—2011 年这 7 国中只有美国、中国和英国的该指标是上升的，且中国涨幅最大，达到 22.9 倍；而从其平均值上看，中国处于倒数第二的位置；这些数据表明虽然中国的一流跨国公司水平相对较低，但其提升速度非常快，这也说明中国跨国公司的竞争力在逐步增强。

从经济发展水平看，在 1996—2011 年 7 国的人均 GDP 中，中国处于最低的平均水平，但在递增的 7 国中，中国的增长是最快的（约 6.7 倍），这为我国跨国公司的成长提供了一定的母国经济基础。

从出口竞争力看，1996—2011 年这 7 个国家中，除了中国和韩国的国际市场占有率总体上在提高之外，其他国家均处于下降趋势；中国提高的幅度约为 2.7 倍，这为中国企业国际化增强了竞争力。

从对外直接投资规模看，总体上，1996—2011 年上述 7 国的对外直接投资流量均是逐年递增的，中国的增长最快（约 34.3 倍），韩国次之；但从其平均值上看，韩国和中国却处于较低水平；由此可知，尽管中国对外直接投资规模相对较低，但是其发展相对较快，这也为中国"走出去"、进一步培育一流跨国公司提供了一定的条件和动力。

从技术创新水平看，除法国和英国的研发投入占 GDP 的比重在下降外，其他 5 国均呈上升趋势，且中国上升最快，涨幅达 2.2 倍，但其研发强度仍处于最低水平，由此可知中国的技术研发投入增长较快，为中国企业的跨国经营增添了技术优势。

从经济自由度指数看，中国经济自由度指数平均得分最低（52.9 分），美国最高（78.4 分），英国、日本、韩国、德国、法国分别为 77.7、

70.5、69.3、69.1、60.9 分，由此可知美国、英国、日本是较自由经济体，韩国、德国和法国是中等自由经济体，而中国是较不自由经济体，即中国政府对企业投资的干预水平较高。一般而言，企业更乐于在自由市场中发展，这可能在一定程度上促使中国企业增加对外直接投资。

从外汇储备看，除美国、法国和德国的外汇储备在下降外，其他国家该指标均在增加，且中国增长率最高（达 29.3 倍），同时中国外汇储备处于最高水平。外汇储备充裕为中国企业国际投资与国际化成长提供了条件。

三 模型选择

首先为了消除异方差的影响，对各变量进行取对数处理。其次做变量之间的相关性检验和因果检验。各自变量之间的相关性分析结果显示，相关系数均小于 0.5，说明自变量之间只有低度相关或不存在相关关系，自变量都可以进入回归模型。

自变量与因变量的因果关系检验。如果因变量影响自变量的变化，则不适用一般回归分析。除了外汇储备与因变量世界一流跨国公司成长水平之间的因果关系可能比较模糊之外，其他自变量与因变量之间的因果关系基本明确，因此本章针对外汇储备（RE）与世界一流跨国公司成长水平（SCORE）的一阶差分序列进行格兰杰检验。格兰杰检验结果显示，短期内外汇储备是世界一流跨国公司成长水平的单向因果关系。

（一）世界一流跨国公司成长水平影响因素的模型选择与结果

首先，选择一国世界 500 强企业排名总得分作为因变量，以人均 GDP、对外直接投资额、国际市场占有率、研发强度、经济自由度指数、外汇储备 6 个指标作为自变量，同时为了消除异方差的影响，对各变量进行取对数处理，初步建立如下面板模型：

$$\text{Ln}SCORE_{it} = \beta_0 + \beta_1 \text{Ln}GDPC_{it} + \beta_2 MS_{it} + \beta_3 \text{Ln}OFDI_{it} +$$

$$\beta_4 RD_{it} + \beta_5 \text{Ln}IEF_{it} + \beta_6 \text{Ln}RE_{it} + \mu_{it} \qquad (12-1)$$

其次，面板单位根检验。通过 Eviews 6.0 软件运算，面板单位根检验可知，一阶差分之后各变量数据均不存在单位根，即一阶差分稳定。因此，可以将模型调整为：

$$\Delta \text{Ln}Score_{it} = \beta_0 + \beta_1 \Delta \text{Ln}GDPC_{it} + \beta_2 \Delta \text{Ln}MS_{it} + \beta_3 \Delta \text{Ln}OFDI_{it} +$$
$$\beta_4 \Delta \text{Ln}RD_{it} + \beta_5 \Delta \text{Ln}IEF_{it} + \beta_6 \Delta \text{Ln}RE_{it} + \mu_{it} \qquad (12-2)$$

最后，面板数据模型选择。使用 Eviews 6.0，对面板数据进行 Hausman 检验和 F 检验，最终确定了混合效应回归模型。同时考虑到横截面的异方差与序列的自相关性问题，本章对混合回归模型进行截面似不相关加权，并采用 cross-sectionSUR（PCSE）估计方法回归。得到表 12-2 中的模型 1 结果。

（二）世界一流跨国公司成长水平提升影响因素的模型选择与结果

为了进一步研究世界一流跨国公司水平提升的影响因素，本章尝试将原模型的因变量（一国世界 500 强企业排名总得分）更换为各国世界 500 强企业水平总得分的变化（3 年成长或 5 年成长），考虑到该数值含有非正数据，故对其进行标准化处理，并且考虑到其水平提高的幅度可能具有滞后性，同时为了消除异方差的影响，对各变量取对数处理，建立如下面板模型：

$$\text{Ln}Cscore_{it} = \beta_0 + \beta_1 \text{Ln}GDPC_{i,t-m} + \beta_2 \text{Ln}MS_{i,t-m} + \beta_3 \text{Ln}OFDI_{i,t-m} +$$
$$\beta_4 \text{Ln}RD_{i,t-m} + \beta_5 \text{Ln}IEF_{i,t-m} + \beta_6 \text{Ln}RE_{i,t-m} + \mu_{it} \qquad (12-3)$$

其中，$m = 3$、5，在模型中 $t-m$ 表示滞后 3 期或 5 期的数据；Cscore 为各国世界 500 强企业的排名总得分的变化，衡量世界一流跨国公司水平的提高幅度，本章将其分别定义为 3 年成长和 5 年成长水平变化。选取时间：1996—2011 年。

面板单位根检验得出，一阶差分稳定。因此，可以将模型调整为：

$$\Delta \text{Ln}Cscore_{it} = \beta_0 + \beta_1 \Delta \text{Ln}GDPC_{i,t-m} + \beta_2 \Delta \text{Ln}MS_{i,t-m} +$$
$$\beta_3 \Delta \text{Ln}OFDI_{i,t-m} + \beta_4 \Delta \text{Ln}RD_{i,t-m} + \beta_5 \Delta \text{Ln}IEF_{i,t-m} +$$
$$\beta_6 \Delta \text{Ln}RE_{i,t-m} + \mu_{it} \qquad (12-4)$$

表12-2　世界一流跨国公司成长影响因素检验结果汇总

成长水平影响因素因变量：$\Delta \mathrm{Ln}Score_{it}$		3年成长水平影响因素因变量：$Lnscore_{it}$		5年成长水平影响因素因变量：$LnCscore_{it}$	
模型1		模型2		模型4	
变量	系数	变量	系数	变量	系数
$\Delta\mathrm{Ln}GDPC$	0.291142***	$\Delta\mathrm{Ln}GDPC(-3)$	-0.311943***	$\Delta\mathrm{Ln}GDPC(-5)$	-1.34457***
$\Delta\mathrm{Ln}MS$	0.223055*	$\Delta\mathrm{Ln}MS(-3)$	0.36195***	$\Delta\mathrm{Ln}MS(-5)$	0.982856**
$\Delta\mathrm{Ln}OFDI$	0.020368**	$\Delta\mathrm{Ln}OFDI(-3)$	0.019022**	$\Delta\mathrm{Ln}OFDI(-5)$	-0.118872**
$\Delta\mathrm{Ln}RD$	1.175257***	$\Delta\mathrm{Ln}RD(-3)$	-0.134368	$\Delta\mathrm{Ln}RD(-5)$	0.306494
$\Delta\mathrm{Ln}IEF$	-0.405071*	$\Delta\mathrm{Ln}IEF(-3)$	-0.884356***	$\Delta\mathrm{Ln}IEF(-5)$	-4.989551***
$\Delta\mathrm{Ln}RE$	-0.092304***	$\Delta\mathrm{Ln}RE(-3)$	0.034569	$\Delta\mathrm{Ln}RE(-5)$	0.054261
统计量R^2	$R^2=0.435136$		$R^2=0.417201$		$R^2=0.625332$
统计量F和P	F=12.58216, P=0.000000		F=7.516491, P=0.000000		F=17.52478, P=0.000000

		模型3	
		变量	系数
		$\Delta\mathrm{Ln}GDPC$	-0.319208***
		$\Delta\mathrm{Ln}MS$	0.500866***
		$\Delta\mathrm{Ln}OFDI$	0.021639**
		$\Delta\mathrm{Ln}RD$	-0.651678***
		$\Delta\mathrm{Ln}IEF$	0.259657**
		$\Delta\mathrm{Ln}RE$	-1.265898***
			-0.093761**
			0.084677**
		R^2	0.641986
		F=13.67307, P=0.000000	

注：Δ表示一阶差分，(-3)、(-5)表示滞后3期和5期，***、**、*分别表示在1%、5%和10%的显著性水平上显著。

使用 Eviews 6.0 对面板数据进行 Hausman 检验和 F 检验，最终建立混合效应回归模型。并采用 cross – sectionSUR（PCSE）估计方法回归，针对各国世界一流跨国公司 3 年成长水平变化的影响因素（自变量为 3 年前的数据）面板回归计算，得到表 12 – 1 中的模型 2 和模型 3 结果。针对各国世界一流跨国公司 5 年成长水平变化的影响因素（自变量为 5 年前的数据）回归计算，得到表 12 – 2 中的模型 4 结果。

第四节　检验结果的分析

一　世界一流跨国公司成长的母国因素

通过模型 1 回归结果可以看出：人均 GDP、国际市场占有率、对外直接投资规模、研发强度等变量均与各国世界一流跨国公司水平变量呈正相关，和预期结果一致；经济自由度变量与外汇储备变量的影响均呈负相关，和预期结果不一致。具体分析如下。

（1）经济发展水平（GDPC）。人均 GDP 的回归系数为 0.291142，二者呈正相关关系，与预期的假设相符，表明一国人均 GDP 的增加可以使一国在世界 500 强排行榜的排名总得分增加，即能使得其世界 500 强企业成长水平有所提高。

（2）国际市场占有率（MS）。MS 的回归系数为 0.223055，二者呈正相关关系，与预期的假设相符，表明一国出口商品国际市场占有率的提高促进了该国世界 500 强企业的成长。出口商品的国际市场占有率体现该国产业体系的国际竞争力，拥有一批一流国际竞争力的商品与产业，该国才能成长一批有竞争力的跨国公司。国际市场占有率变量与世界一流跨国公司水平的正相关，说明了世界一流跨国公司成长需要强大的产业基础做支撑。

（3）对外直接投资（OFDI）。OFDI 的回归系数为 0.020368，二者呈正相关关系，与预期的假设相符，表明一国对外直接投资流量的增加有利于该国世界 500 强企业成长水平的提高。对外直接投资的规模发展,是一国企业大量进入国际化水平更高阶段的体现,只有企业的大量对外直接投资实践,才能培育跨国公司的国际化能力。因此对外直接投资变量可以看作世界一流跨国公司培育的国际化实践基础,体现一国强大的对外直接投资能力。

(4) 技术创新驱动(RD)。RD 的回归系数为 1.175257,二者呈正相关关系,与预期的假设相符,表明增强研发强度也可以提高一国世界一流跨国公司成长水平得分,即对该国世界一流跨国公司成长是有利的。21 世纪以来,技术创新与经济全球化是世界经济发展的大趋势,各国之间和各国企业之间的国际竞争日益剧烈,世界一流跨国公司的成长依赖国家强大的创新资源积累与投入,没有强大的科技创新基础,企业国际化与跨国公司成长就没有持久的成长动力。

(5) 经济自由度指数(IEF)。IEF 的回归系数为 -0.405071,二者呈负相关关系,与理论预期不符。经济自由度的提高一方面体现了企业自由发展与市场竞争的水平,另一方面也体现政府对经济的干预以及对跨国公司成长支持力度的不足。因此,经济自由度指数恰恰是政府干预支持的反方向指标。经济自由度与世界一流跨国公司成长水平的负相关关系,说明国家对跨国企业成长的支持越多,越有利于本国跨国企业的成长。

(6) 外汇储备(RE)。RE 的回归系数为 -0.092304,二者呈负相关关系,这个结果说明一国的外汇储备增加却降低了一国在世界 500 强企业排行榜的排名,即不利于跨国公司的成长。这个负相关关系的原因可以理解为:国家外汇储备的增加反映了国家外汇资源的利用不足,即企业对外直接投资的相对不足,对外直接投资不足当然不利于本国跨国公司的成长。

二 世界一流跨国公司 3 年和 5 年成长的母国因素

通过模型 2、模型 4 回归结果可知,仅检验滞后 3 期或 5 期的自变量数据对因变量的影响时,结果都表明研发强度和外汇储备这两个变量的影响并不显著;而在影响显著的自变量中,两种情况的人均 GDP、国际市场占有率和经济自由度变量对因变量的正负影响均是一致的,分别呈负相关、正相关、负相关。具体分析如下。

（1）经济发展水平。一国3年或5年前的人均GDP与其对应的跨国公司成长水平的提高呈负相关,说明一国前期较高经济发展水平会降低其后期跨国公司成长水平的提升幅度,这说明高收入国家世界一流跨国公司水平提升速度将会减缓,这是受到后起新兴国家世界一流跨国公司的追赶与竞争的影响。相反,较低收入水平的新兴国家跨国公司成长反而有更快的提升速度。即世界一流跨国公司发展具有多国化倾向,后起的新兴国家跨国公司发展更有潜力。

（2）国际市场占有率。一国3年或5年前的国际市场占有率与其成长水平的提高呈正相关,而且系数不断提高,说明一国前期国际竞争力为其跨国公司成长水平的提高提供了产业基础,国际竞争力具有较长期的积极影响。

（3）对外直接投资。5年期滞后情况下,一国对外直接投资规模与其对应的成长水平的提高呈负相关,而3年期滞后情况下,对外直接投资规模与其相对应成长水平的提高呈正相关,这说明一国对外直接投资发展对于其跨国公司成长水平的提高只能在一定时期内具有积极的影响力。

（4）研发强度变量具有长期性,而外汇储备变量只有短期效应。模型3在模型2自变量滞后3变量的基础上引入当期的研发强度和外汇储备变量,结果却与之前仅检验滞后3期自变量影响的结果不同,原来均不显著的两个变量在后者的检验中均是显著的,说明研发强度与外汇储备这两个变量只有在滞后3期和当期共同作用下对其世界一流跨国公司水平提升才有显著影响。具体来看:一国3年前的研发强度与其成长水平的提高呈正相关,而当年的研发强度却与其成长水平的提高呈负相关,这说明了一国的技术研发对跨国公司的成长水平提高的效果是需要一定时间才能显现的;而3年前外汇储备与其成长水平的提高呈正相关,而当年的外汇储备却与其成长水平的提高呈负相关,也就是说3年前国家的外汇储备的增加可以促进其跨国公司成长水平的快速提高,而当年外汇储备的增加会抑制这一成长速度，这可能是由于3年前一国的外汇储备相对较少，对应着该国大量的对外直接投资，从而会加快其跨国公司成长水平的提高，而当年的外汇储备增加，恰恰反映出当年跨国企业对外直接投资的相对不足，因而不利于跨国公司的成长。由此得出结论，研发投入对世界一流跨国公司成长水平提升具有长期效应，而外汇储备变量只有短期效应。

（5）经济自由度指数。一国3年或5年前的经济自由度对其成长水平的提高具有负面影响。经济自由度指数可以看作政府干预程度指标的反面，这说明国家对跨国公司支持力度的降低，在较长时期内会降低跨国公司成长速度，由此可知，世界一流跨国公司成长需要政府的积极支持。

第五节　结论与启示

实证分析可知，一国的经济发展水平为企业国际化与创新提供了宏观基础，产业水平对本国世界一流跨国公司的成长提供了产业基础，政府的适度干预和外汇储备的积极利用对本国跨国公司成长具有积极意义。

首先，人均收入水平是世界一流跨国公司成长的经济基础，我国达到较高收入水平之后，国家外汇储备资源丰裕，企业对外直接投资能力提高，政府的积极鼓励措施将有效推进中国跨国公司的成长。我国经济发展水平已经跨入了较好的世界一流跨国公司成长时期，当达到高收入水平之后其跨国公司的成长将步入成长水平减缓期。

其次，世界一流跨国公司的成长需要坚实的产业创新与出口竞争力支持，提高产业技术创新能力和出口竞争力将是中国跨国公司成长的产业基础。技术创新对跨国公司成长具有长期效应，而短期之内不一定有效，因此要不遗余力地坚持创新驱动战略。强有力的出口竞争力是世界一流跨国公司成长的产业基础，中国已经成为世界出口第一大国，有较完整的产业体系，只有通过技术创新实现出口转型升级，形成创新驱动的出口竞争力，中国世界一流跨国公司的培育才有坚实的产业基础。

最后，外汇资源的闲置与过早过度追求政府的不干预不鼓励政策，将不利于中国世界一流跨国公司成长。我们要利用雄厚的外汇资源，积极鼓励民营企业国际化发展，对于有国际化经验与实力的民营企业，要鼓励对外直接投资与兼并收购，提高企业的对外投资能力。中国跨国公司的创新与国际化成长需要政府政策的积极鼓励与培育。

第七篇

中国国际直接投资与浙江制造业开放型经济水平

开放型经济水平是近年来日益受到各界重视的重要课题。国际直接投资对开放型经济水平产生积极作用，因此，开放型经济发展水平是国际直接投资发展水平的重要体现。本部分以浙江制造业经济普查数据为基础，比较三次经济普查制造业企业数据，研究了国际金融危机前后浙江制造业开放型经济水平提升的效果与影响因素。

第十三章　浙江制造业开放型经济水平提升研究[*]

发展高水平的开放型制造业成为各国建设强国的共识，党的十八大再次确立把我国建设成为引领世界制造业发展的制造强国。自加入世界贸易组织以来，中国开放型经济发展成绩显著，出口占世界比重连续多年位居世界第一；利用外资连续23年保持发展中国家利用外资的首位，2014年超过美国成为利用外资第一大国；绝大多数制造行业出口比较优势显著，是第一生产大国和出口大国。但是中国粗放型的外资外贸增长模式受到国际国内的双重挤压，新时期的开放型经济水平提高必须注重质量效益型水平的提高。

浙江作为开放型经济最为发达的省份之一，制造业开放型经济发展具有代表性。本章以浙江省2004年、2008年、2013年三年经济普查数据为基础，利用PPI和2013年规模以上企业标准对这三年的企业样本做处理，生成具有可比性的三年浙江制造业规模以上企业样本；在制造业企业中分离出内资出口企业、外资出口企业与外资非出口企业等开放型企业；将开放型经济水平分为规模水平、效益水平、效率水平三个层次来分析浙江制造业开放型经济水平；通过比较2004年、2008年与2013年三个年度开放型经济水平的变化，统计分析浙江制造业开放型经济水平的提升特征。

---

[*] 成果来自姚利民负责的浙江省第三次经济普查数据研究项目，主要成员有胡军、余凯丽、冯李丹、张海婷。

结论显示，相对于非开放型企业，2013年浙江制造业开放型企业的相对规模水平较高、相对效益水平较好、全要素生产率水平较低。2004年到2013年，开放型经济绝对规模水平大幅增长，相对规模水平大幅下降；微观效益水平维持低位而社会效益水平有较大提高；但是全要素生产水平下降明显，显示了开放型经济增长的低效益与效率恶化型增长特征。比较2008年状态，国际金融危机影响开放型经济水平的变化，相对规模水平由升转降，效益水平由降转升，而全要素生产率水平由升转降，体现规模、效益、效率水平变化的不一致性。相对于非开放型企业发展，开放型企业规模水平提升与效率水平提升相对优势不足，开放型经济增长动力由外资推动为主转向以内资出口推动为主。开放型经济持续发展受到效率水平提升的制约，在外需不足、产能过剩的新形势下，拓展外需新空间、提升出口与外资质量水平将有利于开放型经济的持续发展。

第一节 引言

自1978年改革开放以来，中国开放型经济发展迅速，但是伴随要素投入的粗放型经济增长，中国粗放型的外资外贸增长受到持续增长的严峻挑战。党的十八大提出中国全面提高开放型经济水平的新目标，不同于传统的规模型水平提高，新阶段的开放型经济发展必须注重质量、效益与效率的提高，这是开放型经济持续发展与转型升级的需要。本章以走在前面的浙江制造业开放发展为例，利用浙江省经济普查制造业企业数据，分析浙江制造业出口企业与外资企业发展水平与水平提升，揭示浙江制造业开放型经济水平的现状以及水平提升特征。

一 选题背景及意义

制造业发展水平决定着国家经济现代化的基础，制造业的开放发展不仅影响制造业国际竞争力，还将影响开放型经济的持续发展。发展强大的开放型制造业成为各国经济强国的共识。因此，研究浙江制造业的开放型经济发展现状与水平提升对于浙江经济持续发展具有重要意义。

（1）制造业作为国民经济的支柱产业，在浙江省经济建设中发挥着举足轻重的作用。制造业是国民经济的主体，是立国之本、兴国之器、强国之基。从美国、欧盟等发达经济体的工业化进程看，制造业都曾为 GDP 贡献 1/3 以上。围绕制造业的发展各发达国家出台了一系列政策。2009 年 12 月到 2012 年 2 月，美国连续公布与通过了《重振美国制造业框架》《美国制造业促进法案》《先进制造业 国家战略计划》。欧盟委员会专家组提出了《未来制造业：2020 年展望》，提出欧盟制造业未来的发展目标与智能化战略。2013 年德国在 2010 年《高技术战略 2020》基础上提出了"工业 4.0"战略，以确保德国制造业的未来。2015 年 5 月，我国也提出了《中国制造 2025》，提出通过三个十年的"三步走"战略，把我国建设成为引领世界制造业发展的制造强国。可见制造业在各国经济发展中的重要作用。

制造业作为浙江省工业的主体，已成为推动全省国民经济增长的主要动力。浙江省的制造业增加值占整个浙江省 GDP 的 46%，制造业在浙江省经济发展中起着举足轻重的作用。但随着经济全球化和信息化的迅猛发展，以及浙江制造业内外环境的变化，浙江制造业面临着严峻挑战。

（2）开放型经济在制造业水平提升与转型升级中发挥着重要的作用。开放型经济是指一国与其他国家的商品及资本联系的经济形态，开放型经济的联系方式主要包括国际贸易与国际投资。近十年来，我国出口年均增速达到 15.7%，商品出口额占世界比重已经超过 12%，连续多年成为世界第一出口大国。我国利用外资连续 23 年保持发展中国家利用外资的首位。2014 年在全球外国直接投资流入下跌 8% 的背景下，中国吸收外资仍然同比增长 1.7%，规模达 1196 亿美元，外资流入量首次超过美国成为全球第一。中国仍是全球范围内对外国直接投资最具吸引力的经济体。

中国开放型经济发展成绩显著，但是中国粗放型的外资外贸增长模式受到国际国内新形势的双重挤压。党的十八大提出中国全面提高开放型经济水平的新目标，不同于传统的规模型水平提高，新阶段的开放型经济水平提高必须注重质量效益型水平的提高，这是开放型经济持续发展与转型升级发展战略的需要。

浙江省作为开放型经济发展水平最为发达的省份之一，开放型经济发展具有代表性。研究浙江制造业开放型经济水平及提升课题具有意义，不仅对浙江开放型经济水平提升与制造业转型升级有指导意义，而且对其他省份开放型经济发展有重要启示。

二 文献简述

开放型经济，从经济开放渠道划分，可以分为进出口贸易、国际直接投资（流入与流出）、人员跨国流动、技术跨国流动、货币跨国流动等多个方面。但是从中国开放型经济发展的动力来看，目前最主要的发展动力来自外贸与外资的推动。中国开放型经济发展的水平如何？国内有许多文献做了研究，认为目前中国开放型经济发展进入了新阶段，需要全面深化与质量效益水平提升。

张幼文（2007）从阶段性推进的角度把中国开放型经济的发展分为规模扩张、结构提升和要素优化三个阶段。这三个阶段层层递进，每一个阶段都是后一个阶段的必经阶段，并与后一阶段存在部分重合。杜群阳（2014）从中国利用与整合全球要素的角度，将中国开放型经济发展阶段分为整合利用全球初级要素、整合利用全球初级要素与高级要素并重、整合利用全球高级要素三阶段。

目前中国开放经济需要全面深化与质量提升。裴长洪（2008）、王玉华（2010）分别从开放程度和经济体制改革过程入手，认为中国目前的开放型经济水平正面临全面深化与完善阶段。张国庆（2011）从目前新形势出发，分析了我国开放经济发展的新要求和新领域，就全面提高开放型经济水平提出了切实转变外贸发展方式、提高利用外资质量和水平、加快实施"走出去"战略等政策建议。

关于浙江制造业开放发展水平。姚利民（2006，2011）等分别以

2004年、2008年两次浙江省经济普查数据为基础，分析浙江制造业国际化现状、出口与外资对浙江制造业增长与转型升级的影响，提出了目前存在出口依赖过度与外资依赖过度现象。中国多年的开放发展，已经取得世界瞩目的成绩，但是基于传统比较优势分工的中国开放型经济持续发展受到严峻挑战，中国开放型经济规模水平与利益水平出现严重的不均衡。

关于开放型经济水平提升方向的研究。刘志彪（2012）认为，我国作为资源稀缺的国家却消耗了大量的自然资源，作为吸收最多FDI的国家却为世界上的富国进行直接或间接融资，作为"世界底层的操作工"在全球劳动力市场中抢占了发达国家低端就业岗位的同时却在高端劳动力市场为"富国"创造了大量的对外需求岗位，作为西方技术最强烈的需求者却对本国的自主创新产生了挤出效应。因此，新阶段的中国开放型经济发展不能是简单粗放的规模水平提升，而应是提升外贸外资的质量水平、追求创新与质量效益和持续发展的开放型经济新水平。

国内外还有大量文献研究了出口质量与外资利用质量。关于出口质量通常用技术复杂度和出口增加值来衡量与研究。如Lall（2006）、杜修立和王维国（2007）、杨汝岱和姚洋等（2008）、王俊秀（2011）、Rodrik（2006）、Hausmann等（2007）、Schott（2008）、Amiti和Freund（2008）、Xu和Lu（2009）、Wang和Wei（2010）等。

关于FDI质量效益水平和技术水平的研究。Kumar（2002，2005）研究了FDI质量评价，路风（2004）、Lu（2007）认为中国FDI技术质量并不高，Kumar（2005）从FDI出口信息溢出看，中国FDI的利用质量远高于印度，合资提高了国内合作伙伴吸收FDI溢出知识的机会和能力。而姚利民、唐春雨（2005）研究得出，跨国公司在中国投资的独资化有利于外资的技术溢出效益。杜群阳（2007）、郭熙保和罗知（2009）等研究FDI与创新、经济增长。

本章不同于以往文献，将利用浙江微观企业的经济普查数据，分析浙江制造业出口企业、外资企业状况，研究浙江制造业开放型经济发展现状，从开放型经济企业的规模水平、效益水平与效率水平三个层次研究开放型经济水平及提升。

三 研究思路及数据处理

1. 研究思路

（1）关于开放型经济企业。开放型经济研究视角可以从宏观和微观两种角度展开，为了充分利用浙江省经济普查数据，本章研究以浙江制造业微观企业为基础，开放型经济的微观主体代表是出口企业与外资企业，或由内资出口企业、外资出口企业与外资非出口企业三部分组成，非开放型经济的主体是内资非出口企业。

（2）关于开放型经济水平的衡量。以往较多的研究是从规模水平入手，而我们认为，规模水平是开放型经济水平的基础，效益水平是开放型经济规模水平持续提高的保障，效率水平是开放型经济水平提高的永恒驱动力。低效益与低效率水平的开放型经济发展是不可持续的。因此我们从规模水平、效益水平、效率水平三个层次切入开放型经济发展水平的研究。

（3）通过与非开放型经济企业比较，揭示开放型经济水平及地位。将浙江省制造业企业分成开放型经济企业（出口企业、外资企业）与非开放型经济企业（内资非出口企业）两大组别、四类企业（内资出口、内资非出口、外资出口、外资非出口）分别针对规模、效益、效率三类指标对开放型经济企业和非开放型经济企业进行加总统计与比较，从而揭示浙江省制造业开放型经济水平现状及水平提升状况。

（4）关于开放型经济水平的提升。利用2004年、2008年、2013年三次经济普查数据的比较，分析2004—2013年相关水平指标提升的原因。2008年刚好是国际金融危机对中国影响显现之前的一年，因此比较2004—2008年与2008—2013年的两阶段变化有重要的经济学研究意义。我国出口行业在2008年10月开始受到国际金融危机的严重影响，出口贸易开始大幅下降，而在此之前我国外资外贸企业经营活动基本受自身因素影响。此外，还比较不同阶段不同类型开放型经济主体对开放型经济水平提升的贡献差异，以揭示开放型经济水平提升的主要动力；

与非开放型企业水平提升的比较,以揭示开放型经济水平提升对浙江制造业总体水平提升的相对优势。

本章研究思路示意见图13-1。

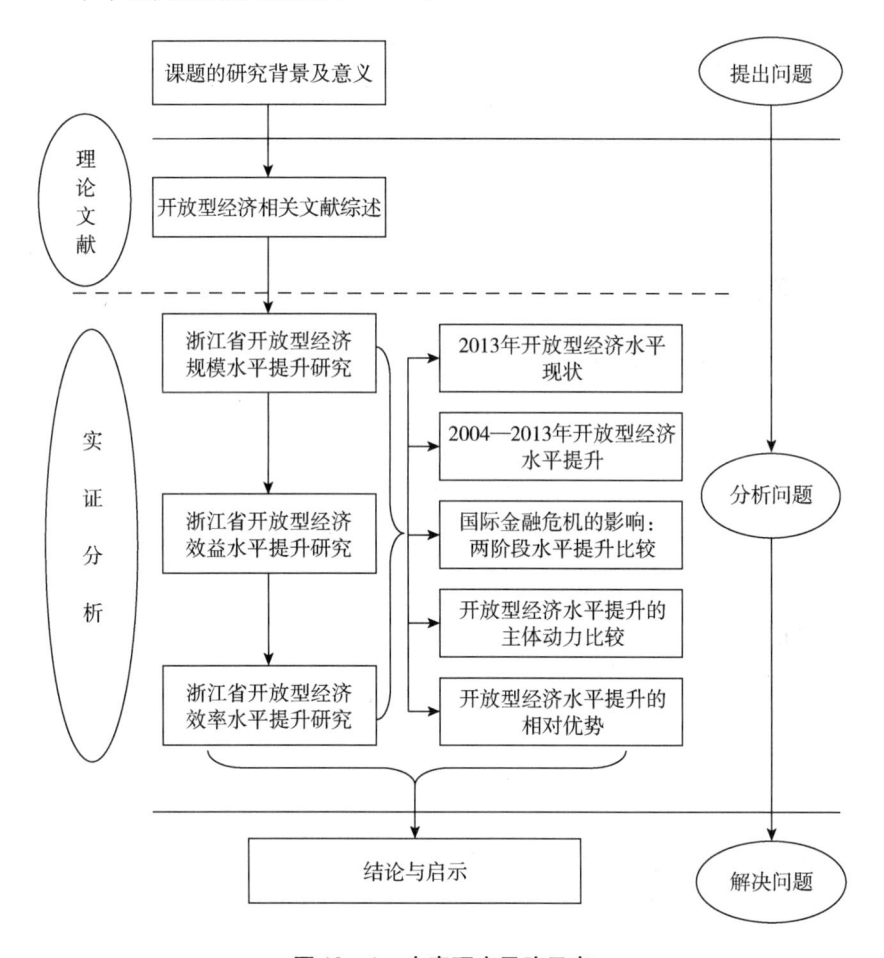

图13-1 本章研究思路示意

2. 数据处理

本章研究的制造业数据以第三次浙江省经济普查所有规模以上企业数据为基础,2008年、2004年经济普查数据为辅。由于在经济普查数据中,规模以下企业没有出口交货值一项,因此本章选择规模以上企业作为样本。其中2013年浙江省制造业规模以上企业共38920家,2008年规模以上企业共13006家,2004年规模以上企业共14651家。

考虑到三次普查规模以上企业规模标准不同和三个普查年度的物价差异，对数据做了可比性处理。2013 年规模以上企业标准由原来的主营业务收入 500 万元以上改为 2000 万元以上，同时考虑到物价因素影响，首先根据 2004 年、2008 年、2013 年各行业 PPI 数据[①]，对 2004 年、2008 年所有规模以上企业行业进行分组，将主营业务收入指标折算成 2013 年的标准。而后筛选出主营业务收入 2000 万元以上的企业，作为 2004 年、2008 年规模以上企业，与 2013 年规模以上企业进行比较。文中 2004 年、2008 年有关指标分析也用 PPI 折算处理，使各年份数据具有可比性。经过处理后，各年份企业样本数出现了较大变化，见表 13 - 1。

表 13 - 1 　　2004 年、2008 年、2013 年经过 PPI 折算前后样本数变化　　　　单位：家

	2004 年样本数 原始	2004 年样本数 处理后	2008 年样本数 原始	2008 年样本数 处理后	2013 年样本数 原始或处理后
规模以上企业总样本数	37076	14651	57936	13006	38920
其中出口企业样本数	16647	8139	22076	7457	15471
外资企业样本数	6818	3997	9272	6293	6455
内资非出口企业数（非开放型企业数）	18606	5577	33041	3852	21312
内资出口企业数	11652	5077	15623	2861	11153
外资出口企业数	4995	3062	6453	4593	4317
外资非出口企业数	1823	935	2819	1700	2138
开放型企业数	18470	9074	24895	9154	17608

四　研究方法

使用浙江省所有规模以上制造业出口企业与外资企业代表开放型经

---

① PPI 数据来源于国家统计局网站。

济企业，用规模、效益、效率三个指标来反映浙江省制造业开放型经济水平。其中规模水平主要采用规模以上企业家数、产值、出口依存度、外资依存度等指标；效益水平采用销售产值利润率、资本收益率、成本费用收益率、销售产值利税率和工业增加值率共5个指标来反映，其中前三个指标体现微观企业效益水平，后两个指标体现宏观社会效益水平；效率水平采用全要素生产率、劳动生产率、资本生产率3个指标来反映制造业开放型经济企业效率水平。

研究方法上，主要采用分类分析和计量统计分析、各组别比较等方法，研究浙江省制造业开放型经济发展水平现状及开放型经济规模水平、效益水平、效率水平的提升。具体包括：

（1）浙江省制造业开放型经济规模水平的提升研究。主要运用统计描述性及分组对比的方法分析浙江制造业开放型经济企业的整体规模水平现状，并以国际金融危机前后两个阶段三个年份普查数据做比较，揭示浙江制造业出口与外资的规模水平提升状况。

（2）浙江省制造业开放型经济效益水平的提升研究。主要利用统计描述性及分组对比的方法，分析开放型经济企业的效益水平现状，并以金融危机前后两个阶段三个年份普查数据做比较，揭示浙江制造业开放型经济企业的平均效益水平提升状况。

（3）浙江省制造业开放型经济效率水平的提升研究。主要利用统计描述性及分组对比的方法分析效率水平现状、国际金融危机前后两阶段效率水平变化情况及两阶段间效率变化的比较；同时使用企业层面截面数据做计量回归分析，揭示效率水平现状的影响因素，并使用行业层面两个截面数据的计量回归分析结果比较，得出效率水平提升的影响因素变化。

五 主要内容

主要内容有三个部分：第一，浙江制造业外向型经济的规模水平提升研究。首先介绍规模水平现状，然后对比国际金融危机前后两阶段规模水平的提升，进而得出制造业出口与外资对规模水平提升的推动作用，最后分析规模水平提升的影响因素。第二，研究浙江制造业外向型经济的效益水平与水平提升，研究思路与方法和第一部分相同。第三，研究浙江制造业外向型经济的效率水平与水平提升，研究思路与方法和第一部分相同。

第二节 浙江制造业外向型经济的规模水平提升分析

开放型经济规模水平是开放型经济发展的基础，是衡量一个国家地区或产业开放水平的重要组成。本章以浙江省经济普查数据为基础，研究浙江制造业开放型经济规模水平现状、规模水平提升的比较。

一 浙江制造业开放型经济发展的规模水平现状

不管是从企业数量、总产值看，还是从出口依存度指标看，2013年浙江制造业开放型经济的规模水平处于较高水平。

(1) 开放型经济的企业数量比例较高。2013年浙江制造业开放型经济企业数量超过45%。资料显示，2013年浙江制造业规模以上企业数量为38920家，其中开放型企业数量为17609家，非开放型企业为21311家，分别占规模以上所有企业数量的45.24%和54.76%。出口企业和外资企业在浙江制造业开放型经济中占有重要地位，其出口企业数量达15471家，占规模以上企业数量的39.75%；制造业外资企业数量为6455家，占规模以上企业数量的16.59%。详见表13-1。

(2) 开放型经济的产值比例超过六成。2013年浙江制造业规模以上企业实现的工业总产值为58102亿元，其中开放型企业工业总产值为35852亿元，非开放型企业工业总产值为22250亿元，分别占规模以上所有企业的61.70%和38.30%。从出口和外资企业来看，出口企业实现工业总产值30463亿元，占规模以上所有企业工业总产值的

52.43%；外资企业工业总产值为15331亿元，占总产值的26.39%。详见表13-2。

表13-2　2013年浙江省制造业开放型经济规模水平

单位：家，%，亿元

企业类型	企业数量	比例	工业总产值	比例
出口企业	15471	39.75	30463	52.43
外资企业	6455	16.59	15331	26.39
开放型企业	17609	45.24	35852	61.70
非开放型企业	21311	54.76	22250	38.30
规模以上所有企业	38920	—	58102	—

资料来源：根据2013年浙江省经济普查数据规模以上企业数据计算与整理。

（3）出口依存度水平行业差异大，较高水平出口依存度行业并不局限于劳动密集型产业，机电、医药也有较高依存度。出口依存度衡量出口贸易在产业规模中的相对地位和影响，也体现该行业开放发展的相对规模。本章采用各行业出口交货值与工业企业销售产值的比值来表示出口依存度。2013年浙江省制造业的平均出口依存度为19.85%，其中出口依存度最高的行业是家具制造业，为53.62%，出口依存度最低的行业为石油加工、炼焦及核燃料加工业，为0.10%，最高和最低依存度的两个行业相差较大，这体现了不同行业间出口比较优势的差异。总体而言，制造业中劳动密集型行业的外向依存度较高，而技术密集型行业则相对较低。但是，在较高水平出口依存度行业也有通信设备计算机及其他电子设备制造业，交通运输设备制造业，仪器仪表及文化办公用机械，电气机械及器材制造业、通用设备制造业与专用设备制造业等行业，体现了浙江制造业的出口比较优势行业格局。详见表13-3。

表13-3　　　　　　　　2013年浙江制造业各行业出口依存度

类型	具体行业及出口依存度
出口依存度较大的行业（出口依存度在19.85%以上），共15个行业	21家具制造业（53.62%），40通信设备计算机及其他电子设备制造业（45.37%）， 24文教体育用品制造业（43.83%），19皮革、毛皮、羽毛（绒）及其制品业（39.47%）， 18纺织服装鞋帽制造业（36.80%），42工艺品及其他制造业（33.56%）， 34金属制品业（27.62%），37交通运输设备制造业（27.53%）， 27医药制造业（26.10%），17纺织业（25.39%）， 41仪器仪表及文化办公用机械（25.07%），39电气机械及器材制造业（23.96%）， 35通用设备制造业（21.21%），36专用设备制造业（20.90%）， 29橡胶制品业（19.90%）
出口依存度较小的行业（出口依存度在19.85%以下），共15个行业	30塑料制品业（19.50%），20木材加工及木、竹、藤、棕、草制品业（18.46%）， 13农副食品加工业（15.89%），14食品制造业（14.97%）， 23印刷和记录媒介复制（11.87%），26化学原料及化学制品业（8.52%）， 15饮料制造业（8.21%），22造纸及纸制品业（6.01%）， 33有色金属冶炼及压延加工业（6.00%），28化学纤维制造业（5.95%）， 43废弃资源和废旧材料回收加工业（5.79%），31非金属矿物制品业（5.62%）， 32黑色金属冶炼及压延加工业（3.00%），16烟草制品业（0.77%）， 25石油加工、炼焦及核燃料加工业（0.10%）

（4）外资依存度总体水平较高，行业外资依存度与行业出口依存度有较高的关联性。外资依存度衡量外资在产业规模中的相对地位和影响，也体现该行业开放发展的相对规模水平。本章用各行业外资企业总产值与各行业总产值的比值来衡量各行业的外资依存度。2013年浙江省制造业外资依存度为26.42%，行业中外资依存度最高的行业是饮料制造业，依存度达51.44%。外资依存度的行业差异体现了各行业的比较优势和开放水平差异。浙江制造业中外资依存度高于平均水平的行业主要是以浙江传统劳动密集优势产业为主，资本技术密集型行业为辅。详见表13-4。在外资依存度较高的15个行业中，有较高出口依存度的行业有10个，说明外资与出口有相互促进关系。

表 13-4　　2013 年浙江省各行业外资依存度

类型	具体行业及出口依存度
外资依存度较大的行业（外资依存度在 26.42% 以上），共 15 个行业	50 饮料制造业（51.44%），40 通信设备计算机及其他电子设备制造业（50.06%） 29 橡胶制品业（49.60%），24 文教体育用品制造业（42.64%） 14 食品制造业（41.41%），21 家具制造业（41.20%） 28 化学纤维制造业（34.98%），18 纺织服装鞋帽制造业（32.62%） 26 化学原料及化学制品业（32.27%），36 专用设备制造业（30.40%） 37 交通运输设备制造业（29.20%），27 医药制造业（28.54%） 41 仪器仪表及文化办公用机械（27.07%），43 废弃资源和废旧材料回收加工业（26.83%） 39 电气机械及器材制造业（26.55%）
外资依存度较小的行业（外资依存度在 26.42% 以下），共 15 个行业	20 木材加工及木、竹、藤、棕、草制品业（24.98%），42 工艺品及其他制造业（24.91%） 17 纺织业（25.04%），22 造纸及纸制品业（24.51%） 35 通用设备制造业（23.08%），19 皮革、毛皮、羽毛（绒）及其制品业（21.25%） 30 塑料制品业（21.21%），23 印刷业和记录媒介复制（18.96%） 13 农副食品加工业（17.06%），32 黑色金属冶炼及压延加工业（16.69%） 25 石油加工、炼焦及核燃料加工（16.18%），34 金属制品业（16.05%） 33 有色金属冶炼及压延加工业（15.42%），31 非金属矿物制品业（14.41%） 16 烟草制品业（0.59%）

二　2004—2013 年开放型经济的规模水平提升

2004 年与 2013 年比较，浙江制造业开放型经济绝对规模水平显著提高，而相对规模水平有较大下降。

从工业总产值上看，开放型经济企业总产值规模增长迅速，绝对规模水平显著提高，但相对规模水平有一定下降。2013 年浙江制造业开放型企业实现的工业总产值为 35852 亿元，同 2004 年相比增长了 24662 亿元，年均增长 13.81%。开放型企业产值规模占浙江制造业规模以上企业的比重由 71.64%，下降到 61.71%。从年末从业人员数看，开放型企业年末从业人员数增长迅速，从业人员数绝对规模增长明显，但是相对比重有较大下降。2013 年浙江制造业开放型企业年末从业人员数为 441.16 万人左右，同 2004 年相比增长了 138.12 万人左右。占所有规模以上企业从业人员数比重从2004年的75.49%下降到2013年的62.76%。从出口交货值看，2013年开放型企业出口交货值为10620亿元，比2004年增加6676亿元，年均增长11.63%。详见表13-5。

表13-5　　　　　　　　浙江制造业开放型企业规模
水平变化　　　　　　单位：亿元，人，%

类型		2004年		2013年		2004—2013年		
		绝对规模	相对规模	绝对规模	相对规模	绝对变动额	相对变动额	年均增长率
工业总产值	开放型企业	11190	71.64	35852	61.71	24662	-9.93	13.81
	规模以上所有企业	15619	100	58103	100	42484	—	15.72
从业人员	开放型企业	3030414	75.49	4411619	62.76	1381205	-12.73	4.26
	规模以上所有企业	4014101	100	7029633	100	3015532	—	6.42
出口交货值	开放型企业	3944	—	10620	—	6676	—	11.63

资料来源：根据2004年、2013年浙江省经济普查数据规模以上企业数据计算与整理。

三　国际金融危机对开放型经济规模水平提升的影响

我们将浙江制造业开放型经济发展的规模水平提升分成两个阶段，第一阶段是2004—2008年；第二阶段是2008—2013年。两阶段的划分主要以2008年的国际金融危机爆发为界，比较浙江制造业外资外贸规模水平提升及提升特点。

（1）从总产值绝对规模水平看，国际金融危机几乎没有影响开放型经济的总产值绝对规模水平的增长。国际金融危机前，2004—2008年，总产值增加4778亿元，年均增长9.3%。国际金融危机后，2008—2013年，总产值增加19884亿元，年均增长17.56%。国际金融危机后由于政策的支持使得总产值增长更快了。从总产值相对规模水平看，国际金融危机大幅降低了开放型经济的相对规模水平。开放型经济总产值占比从2004年的71.64%，下降到2013年的61.71%，共下降了9.93

个百分点。其中，国际金融危机前开放型经济相对规模水平有较大提高，开放型经济的总产值占比从2004年的71.64%提高到2008年的81.38%，提高9.74个百分点；而国际金融危机后总产值相对比重大幅下降，总产值占比下降到2013年的61.71%，下降19.67个百分点。详见表13-6和表13-7。

（2）从从业人员绝对规模水平看，2008年国际金融危机在年末从业人员数已经有明显体现，导致从业人员到2008年年末下降30万人，受到国际金融危机后政策的干预，到2013年年末从业人员又大幅增加168.91万人。从从业人员相对比重看，国际金融危机的影响与对总产值占比的影响基本相同，国际金融危机之后开放型经济相对规模大幅下降。详见表13-6和表13-7。

表13-6　国际金融危机对浙江制造业开放型企业总产值及从业人员变化影响　　单位：亿元，人，%

类型		2004—2008年		2008—2013年		2004—2013年	
		绝对变动额	年均增长	绝对变动额	年均增长	绝对变动额	年均增长
工业总产值	开放型企业	4778	9.3	19884	17.56	24662	13.81
	规模以上所有企业	4005	5.87	38479	24.25	42484	15.72
从业人员	开放型企业	-307848	-2.64	1689053	10.13	1381205	4.26
	规模以上所有企业	-752445	-5.06	3767977	16.6	3015532	6.42

资料来源：根据2004年、2008年、2013年浙江省经济普查数据规模以上企业数据计算与整理。

表13-7　国际金融危机对浙江制造业开放型企业总产值及从业人员比重变化　　单位：%

	2004年(1)	2008年(2)	2013年(3)	2004—2008年(2)-(1)	2008—2013年(3)-(2)	2004—2013年(3)-(1)
工业总产值	71.64	81.38	61.71	9.74	-19.67	-9.93
从业人员	75.49	83.47	62.76	7.98	-20.71	-12.73

资料来源：同上。

(3) 从出口交货值变化看，国际金融危机对出口交货值影响不大，2004—2013年出口交货值持续增长。国际金融危机前，2004—2008年，开放型企业，出口交货值增加1657亿元，年均增长9.17%。2008—2013年，出口交货值增加5020亿元，年均增长率提高到13.65%。详见表13-8。

表13-8　金融危机对浙江制造业开放型企业出口变化的影响

单位：亿元，%

年份 企业类型	2004年 出口 交货值	2008年 出口 交货值	2013年 出口 交货值	2004—2008年		2008—2013年	
^	^	^	^	出口交货值增加	年均增长	出口交货值增加	年均增长
内资出口企业	2075	1666	6339	-409	-5.34	4673	30.64
外资出口企业	1868	3934	4281	2066	20.47	347	1.7
合计	3943	5600	10620	1657	9.17	5020	13.65

资料来源：同上。

四　开放型经济规模水平提升的主体差异比较

开放型企业由内资出口企业、外资出口企业和外资非出口企业这三种类型构成。在2004—2013年的十年间，浙江制造业增长明显，开放型经济的增长动力主要来自内资出口企业，其次是外资出口企业。但是分阶段来看，增长动力发生了明显转折，由外资推动转向了内资推动。

在工业总产值的增长贡献中，2004—2013年，内资出口企业贡献最大，贡献率为33.59%，其次是外资出口企业，贡献率为14.75%，而外资非出口企业贡献了9.71%，开放型企业共贡献了总产值增加额的58.05%。

分阶段看，2004—2008年增长贡献率最大的是外资企业，而在2008—2013年，内资企业在企业数量及总产值上的贡献上升，而外资企业的贡献有所回落。浙江制造业的规模增长出现了以外资增长为主向以内资企业为主的明显转变。

在出口方面，内资出口贡献第一，而外资出口仍然有较高增长。当然，在这十年间，由于 2008 年国际金融危机的影响，这种增长出现了比较明显的动力转换。2004—2008（国际金融危机前）年，外资贡献较大，而 2008—2013（国际金融危机之后）年，内资贡献较大。

就年末从业人员数变化看，基本与总产值的贡献率特征相同，其中在 2004—2008 年，内资企业从业人员大幅减少，而外资企业仍有较高增长。而在 2008—2013 年，浙江制造业就业增长主要依赖内资企业，虽然外部形势不太好，但是内资出口企业仍然是贡献新增就业的主体。

在出口交货值上，也同样出现了由外资推动到内资推动的转变。2004—2008 年以外资出口为主，外资出口企业贡献出口 124.76%，而内资企业出口出现负增长。2008—2013 年以内资企业出口为主，内资出口企业出口贡献 93.09%，而外资出口企业仅仅贡献 6.91%。详细数据见表 13-9。

表 13-9　　浙江制造业两阶段各类企业增长贡献率比较　　单位：%

年份	2004—2008 年			2008—2013 年			2004—2013 年		
企业类型	总产值	从业人员	出口交货值	总产值	从业人员	出口交货值	总产值	从业人员	出口交货值
内资出口企业	-12.81	-121.62	-24.70	38.42	47.34	93.09	33.59	28.81	63.87
外资出口企业	89.60	61.48	124.76	6.96	-5.38	6.91	14.75	8.62	36.14
外资非出口企业	42.53	19.23	—	6.29	2.86	—	9.71	8.38	—
内资非出口企业	-19.33	-59.09	—	48.33	55.17	—	41.95	54.20	—

资料来源：根据 2004 年、2008 年、2013 年浙江省经济普查数据规模以上企业数据计算与整理。

五　开放型经济规模水平提升的相对优势

从 2004 年到 2013 年的总产值比重比较看，浙江制造业总产值规模水平明显提高，增加 42484 亿元，年均增长率 15.72%，其中开放型企业增加 24662 亿元，增长的贡献率为 58.05%，年均增长 13.81%，而非开放型企业增长 17821 亿元，贡献率为 41.95，年均增长率 19.64%。虽然开放型企业增长额和贡献率高于非开放型企业，但是其增长率低于非开放型企业近 5.8 个百分点。可见，相对于非开放型企业增长，开放型企业的增长优势处于相对劣势。详见表 13 – 10。

表 13 – 10　浙江制造业规模以上企业制造业工业总产值比较

单位：亿元，%

年份	2004 年		2008 年		2013 年		2004—2013 年		
类型	总产值	比例	总产值	比例	总产值	比例	总产值变动额	贡献比例	年均增长率
非开放型企业	4429	28.36	3655	18.62	22250	38.29	17821	41.95	19.64
开放型企业	11190	71.64	15968	81.38	35852	61.71	24662	58.05	13.81
所有企业	15619	100	19623	100	58102	100	42483	100	15.72

资料来源：根据 2004 年、2008 年、2013 年浙江省经济普查数据规模以上企业数据计算与整理。

六　小结

（1）目前浙江制造业开放型经济规模水平处于较高水平，出口依存度近 1/5，外资依存度超过 1/4，但是行业间开放型经济规模水平差异较大，行业外资依存度与行业出口依存度有较高的关联性。

（2）浙江制造业开放型经济绝对规模水平持续提升，但是相对规模水平由升转降。在浙江制造业规模增长出现由外资企业为主向以内资企业为主的转变中，浙江制造业开放型经济规模水平提升主体也出现由外资出口为主，转向以内资出口为主的转变。相对于非开放型企业的快速增长，开放型企业规模水平提升的相对优势下降明显。

（3）国际金融危机对浙江制造业的冲击，短期内在内资企业体现明显，而外资企业相对稳定。国际金融危机之后，由于政策干预，内资企业不管是出口企业还是非出口企业快速回升，而外资企业增长缓慢。从内资出口企业与外资出口企业的变化比较中，可见 2008 年国际金融危机对内资企业的影响要显著大于对外资企业的影响。

第三节 浙江制造业开放型经济的效益水平提升分析

效益水平影响企业的持续发展。具有较高效益水平的企业，才能有积累并持续发展，才能较快提高企业规模水平。具有较高效益水平和规模水平的企业，才有能力开展技术创新和管理创新，才有能力提高企业的效率水平，增强企业的持续发展力。开放型经济的效益水平也是浙江制造业开放型经济水平的核心组成。

本章从微观效益和宏观效益指标分析浙江制造业开放型经济的效益水平现状与效益水平提升状况。

一 企业效益水平的界定

企业效益是指企业的经济效益，是企业产出与投入之间的比例关系。广义来看，企业效益还应包括企业对其所有者、员工、环境、社会等负有的责任，即在满足企业自身发展需求的同时还应顾及其对社会的贡献水平。本章将企业效益分为企业微观效益和企业社会效益。具体效益指标还可以分为绝对效益指标和相对效益指标。

根据浙江省经济普查制造业企业数据指标，我们选择的绝对效益指标有利润总额、净利润总额、税收总额、工资总额、平均工资、年末就业人数等。选择企业微观效益的相对指标有销售产值利润率、资本收益率、成本费用收益率这三个指标，分别衡量企业的获利能力、所有者投资的经济效益和资源消耗的收益水平。选择企业社会效益的相对指标有销售产值利税率和工业增加值率，分别衡量企业销售产值中所有税收与企业利润的收益水平，以及总体社会效益（包含工资收益）。各类相对指标计算公式如下：

$$销售产值利润率 = \frac{利润总额}{工业销售产值} \times 100\%$$

$$资本收益率 = \frac{利润总额 - 应交所得税}{实收资本} \times 100\%$$

$$成本费用收益率 = \frac{利润总额 - 应交所得税}{营业成本} \times 100\%$$

$$销售产值利税率 = \frac{利润和税收总额}{工业销售产值} \times 100\%$$

$$工业增加值率 = \frac{工业增加值[①]}{工业总产值} \times 100\%$$

二 浙江省制造业开放型经济的效益水平现状

一直以来，浙江省制造业开放型经济的发展是其工业经济发展的重要动力，并对制造业整体效益水平提升做出了巨大的贡献。总体上，开放型企业的微观效益指标和社会效益指标均好于非开放型企业。

（1）从绝对效益指标看，开放型企业各项指标占比都较高，贡献了大部分浙江省制造业效益额，超过 2/3。见表 13-11。

2013 年浙江省制造业开放型企业创造利润总额为 2167.79 亿元，占全体企业的 67.42%；非开放型企业创造利润总额 1047.57 亿元，占 32.58%。

关于税收总额，开放型企业实现税收总额 1885.12 亿元，占 71.28%；非开放型企业实现 759.61 亿元，占 28.72%。

关于工资总额，开放型企业支付工资总额 2001.45 亿元，占 67.58%；非开放型企业支付 960.33 亿元，占 32.42%。

关于工业增加值总额，开放型企业实现工业增加值总额 13774.85 亿元，占 68.35%；非开放型企业实现 6379.58 亿元，占 31.65%。

表 13-11　2013 年浙江省制造业企业效益指标绝对水平比较

单位：亿元，%

	利润总额	税收总额	工资总额	工业增加值总额
开放型企业	2167.79	1885.12	2001.45	13774.85

---

① 这里的工业增加值近似计算为：应付职工薪酬 + 营业税 + 增值税 + 固定资产折旧 + 营业收入 - 营业成本。

续表

	利润总额	税收总额	工资总额	工业增加值总额
非开放型企业	1047.57	759.61	960.33	6379.58
全体企业	3215.36	2644.73	2961.78	20154.43
开放型企业占比	67.42	71.28	67.58	68.35
非开放型企业占比	32.58	28.72	32.42	31.65

资料来源：根据2013年浙江省经济普查数据计算与整理，下同。

（2）从相对效益指标看，开放型企业的销售产值利润率、成本消费收益率、销售产值利税率、工业增加值率均好于非开放型企业。

2013年开放型企业的销售产值利润率为6.03%，销售产值利税率为10.35%，工业增加值率为37.24%，成本费用收益率为5.89%，均高于所有企业平均水平（5.70%，9.54%，34.69%，5.54%）和非开放型企业水平（5.11%，8.13%，30.22%，4.95%）。见表13-12。说明开放型企业在获利能力、税收贡献、投入产出效率、资源利用率等方面均要好于非开放型企业水平，然而开放型经济企业的资本收益率为25.81%，低于所有企业平均水平（26.44%），可能是由于其资本密集度过高引起的。

表13-12　　　　2013年浙江省制造业企业效益水平比较　　　　单位：%

	销售产值利润率	资本收益率	成本费用收益率	销售产值利税率	工业增加值率
开放型企业	6.03	25.81	5.89	10.35	37.24
非开放型企业	5.11	27.83	4.95	8.13	30.22
全体企业	5.70	26.44	5.54	9.54	34.69

三　2004—2013年开放型经济效益水平的提升

从2004年到2013年的十年间，浙江省制造业开放型企业微观效益和社会效益都有显著提升。然而开放型企业受制于工资和税收的持续增长以及资本投入的制约，其微观效益水平提升不如社会效益水平提升快。

(1) 从绝对效益指标看，开放型企业效益有较快增长

2013年开放型企业利润总额同2004年相比增加1501.62亿元，年均增长率为14.01%；2013年开放型企业税收总额同2004年相比增加1454.09亿元，年均增长率为17.82%；工资总额增加1483.92亿元，年均增长率为16.22%；工业增加值总额增加10504.60亿元，年均增长率为17.32%。详见表13-13。可以看出，2004—2013年开放型企业绝对收益增长明显。

表13-13　　　2004—2013年浙江制造业开放型企业
绝对效益额及增长比较　　　单位：亿元，%

	2004年（1）	2013年（2）	2004—2013年变动额（2）-（1）	2004—2013年年均增长率
利润总额	666.17	2167.79	1501.62	14.01
税收总额	431.03	1885.12	1454.09	17.82
工资总额	517.53	2001.45	1483.92	16.22
工业增加值	3270.25	13774.85	10504.6	17.32

资料来源：根据2004年、2008年和2013年浙江省经济普查数据计算与整理，下同。

(2) 从相对效益指标看，开放型企业相对效益水平有微弱的增长

2013年开放型企业销售产值利润率同2004年相比增加0.01个百分点，年均增长率为0.04%；资本收益率增加1.56个百分点，年均增长率为0.70%。开放型企业的获利水平和投资的经济效率保持微弱的增长。

2013年开放型企业销售产值利税率同2004年相比增加1.58个百分点，年均增长率为1.86%；工业增加值率增加8.35个百分点，年均增长率为2.86%。从社会效益相对指标看，开放型企业的社会效益水平都有明显的增长（见表13-14）。

表 13-14　　　2004—2013 年浙江制造业开放型企业相对

　　　　　　　效益及增长比较　　　　单位：百分点，%

	2004 年 (1)	2013 年 (2)	2004—2013 年变动额 (3) = (2) - (1)	2004—2013 年年均增长率 (4)
销售产值利润率	6.02	6.03	0.01	0.04
资本收益率	24.25	25.81	1.56	0.70
销售产值利税率	8.77	10.35	1.58	1.86
工业增加值率	28.88	37.24	8.35	2.86

注：第（1）、（2）、（4）列单位为百分比，第（3）列单位为百分点。

四　国际金融危机对开放型经济效益水平提升的影响

（一）从绝对效益指标看，开放型企业绝对效益额指标有较快增长，国际金融危机前增长较慢，而国际金融危机后增长较快

（1）2013 年与 2008 年比较。2013 年开放型企业利润总额同 2008 年相比增加了 1392.60 亿元，年均增长率为 12.10%；税收总额增加 1176.68 亿元，年均增长率为 11.49%；工资总额增加 1234.32 亿元，年均增长率为 11.24%。2013 年开放型企业工业增加值同 2008 年相比有了大幅增长，增加 10232.27 亿元，年均增长率为 16.29%。见表 13-15。

我国于国际金融危机之后采取了各项积极的宏观调控政策，包括增值税改革、稳定人民币汇率、上调出口退税率、放松商业银行的信贷限制等。这些政策降低了开放型企业的税负，提高了其利润水平，改善了社会效益水平。

表 13-15　　　2008—2013 年浙江制造业开放型企业

　　　　　　　绝对效益额及增长比较　　　　单位：亿元，%

	2008 年 (1)	2013 年 (2)	2008—2013 年变动额 (3) = (2) - (1)	2008—2013 年年均增长率 (4)
利润总额	775.19	2167.79	1392.60	12.10
税收总额	708.44	1885.12	1176.68	11.49

续表

	2008 年（1）	2013 年（2）	2008—2013 年变动额 (3) = (2) - (1)	2008—2013 年年均增长率（4）
工资总额	767.13	2001.45	1234.32	11.24
工业增加值	3542.58	13774.85	10232.27	16.29

注：第（1）、(2)、(3) 列单位为亿元，第（4）列单位为%。

（2）2008 年与 2004 年比较。2008 年开放型企业利润总额为 775.19 亿元，同 2004 相比增加 109.02 亿元，年均增长率为 1.70%；税收总额为 708.446 亿元，增加 277.42 亿元，年均增长率为 5.68%；工资总额增加 249.60 亿元，年均增长率为 4.47%。2008 年开放型企业的工业增加值为 3542.58 亿元，同 2004 年相比有小幅增加，增加 272.33 亿元，年均增长率为 0.89%。见表 13-16。开放型企业效益绝对指标有较大的增幅，其中税收总额和工资总额的增幅要远大于利润总额的增幅。

表 13-16　　2004—2008 年浙江制造业开放型企业绝对

效益额及增长比较　　　　单位：亿元，%

	2004 年（1）	2008 年（2）	2004—2008 年变动额 (2) - (1)	2004—2008 年年均增长率
利润总额	666.17	775.19	109.02	1.70
税收总额	431.03	708.45	277.42	5.68
工资总额	517.53	767.13	249.60	4.47
工业增加值	3270.25	3542.58	272.33	0.89

注：第（1）、(2)、(3) 列单位为亿元，第（4）列单位为%。

（二）从相对效益指标看，开放型企业效益水平有一定提高，其中国际金融危机前，企业微观效益出现恶化，开放型企业微观效益下降较多；国际金融危机后，效益出现改善，开放型企业效益开始改善。说明国际金融危机与政策对开放型经济效益有较大的影响和冲击

（1）2013 年与 2008 年比较。2013 年开放型的销售产值利润率同 2008 年相比增加了 1.28 个百分点，其年均增长率为 2.71%，资本收益率

增加 6.07 个百分点，年均增长率为 3.03%。2013 年开放型企业销售产值利税率同 2008 年相比增加 1.96 个百分点，其年均增长率为 2.37%，其工业增加值率增加 16.19 个百分点，其年均增长率为 6.54%。见表 13-17。

表 13-17　　2008—2013 年浙江制造业开放型企业相对效益及增长比较　　单位：%

	2008 年 (1)	2013 年 (2)	2008—2013 年变动额 (3)	2008—2013 年年均增长率 (4)
销售产值利润率	4.75	6.03	1.28	2.71
资本收益率	19.74	25.81	6.07	3.03
销售产值利税率	8.39	10.35	1.96	2.37
工业增加值率	21.05	37.24	16.19	6.54

注：第 (1)、(2)、(4) 列单位为百分比，第 (3) 列单位为百分点。

（2）2008 年与 2004 年比较。2008 年开放型企业的销售产值利润率为 4.75%，同 2004 年相比下降 1.27 个百分点，其年均增长率为 -2.60%；资本收益率为 19.74%，下降 4.51 个百分点，其年均增长率为 -2.26%。2008 年开放型企业销售产值利税率为 8.39%，同 2004 年相比下降 0.38 个百分点，其年均增长率为 -0.50%；其工业增加值率为 21.05%，下降 7.83 个百分点，年均增长率为 -3.45%。见表 13-18。

表 13-18　　2004—2008 年浙江制造业开放型企业相对效益及增长比较　　单位：%

	2004 年 (1)	2008 年 (2)	2004—2008 年变动额 (2) - (1)	2004—2008 年年均增长率
销售产值利润率	6.02	4.75	-1.27	-2.60
资本收益率	24.25	19.74	-4.51	-2.26
销售产值利税率	8.77	8.39	-0.38	-0.50
工业增加值率	28.88	21.05	-7.83	-3.45

注：第 (1)、(2)、(4) 列单位为百分比，第 (3) 列单位为百分点。

五 开放型经济效益水平提升的主体差异分析

1. 从微观效益指标看,内资出口企业是开放型经济效益水平提升最重要的力量

内资出口企业在资本收益率上一直高于另两类开放型企业。同时,内资出口企业在经历国际金融危机后在微观效益上获得了更大的提升。

同为开放型出口企业,显然外资出口企业的销售产值利润率提升更快,而内资出口企业的资本收益效率提升更高。

同为开放型外资企业,外资出口企业在微观效益水平上的提升要好于外资非出口企业。从2004年到2013年,外资非出口企业的微观效益水平均有下降,而外资出口企业在销售产值利润率上有小幅上升,而资本收益率只是小幅下降。见表13-19、表13-20。

表13-19　　　　2004年、2008年、2013年开放型企业微观效益水平对比　　　　单位:%

企业类型	2004年 销售产值利润率	2004年 资本收益率	2008年 销售产值利润率	2008年 资本收益率	2013年 销售产值利润率	2013年 资本收益率
内资出口	5.81	27.14	3.92	25.16	5.84	31.77
外资出口	6.06	21.41	5.09	18.30	6.37	21.14
外资非出口	6.89	23.88	5.36	18.55	6.19	19.99

表13-20　　　　2004年、2008年、2013年开放型企业微观效益水平变动对比　　　　单位:%

企业类型	2004—2008年变动情况 销售产值利润率	2004—2008年变动情况 资本收益率	2008—2013年变动情况 销售产值利润率	2008—2013年变动情况 资本收益率	2004—2013年变动情况 销售产值利润率	2004—2013年变动情况 资本收益率
内资出口	-1.88	-1.98	1.92	6.61	0.04	4.63
外资出口	-0.97	-3.11	1.28	2.84	0.30	-0.27
外资非出口	-1.53	-5.33	0.83	1.44	-0.70	-3.88

2. 从社会效益指标看，开放型出口企业是开放型企业社会效益提升的主要力量

2004年到2013年，开放型出口企业的销售产值利税率和工业增加值率均有提升。而外资非出口企业在社会效益水平上提升不大，在销售产值利税率指标上甚至有小幅下降。从总体社会效益水平来看，外资出口企业的社会效益水平一直高于另两种类型的企业，其提升水平也是最快的。

从开放型出口企业来看，内资出口企业的销售产值利税率一直高于外资出口企业，其最终的提升水平也高于外资出口企业。2004年到2008年，在内资出口企业的销售产值利税率小幅提升的背景下，外资出口企业的销售产值利税率却有小幅下降。2008年到2013年，国际金融危机之后外资出口企业的销售产值利税率再次上升。

从开放型外资企业来看，外资出口企业的社会效益提升水平要好于外资非出口企业。2004年到2013年，外资出口企业的工业增加值率提高12.37个百分点，远远高于外资非出口企业。具体微观效益指标水平与提升变化见表13-21与表13-22。

表13-21　2004年、2008年、2013年开放型企业社会效益水平对比　　单位：%

企业类型	2004年 销售产值利税率	2004年 工业增加值率	2008年 销售产值利税率	2008年 工业增加值率	2013年 销售产值利税率	2013年 工业增加值率
内资出口	8.73	28.32	9.31	20.51	10.84	35.62
外资出口	8.29	29.63	7.41	21.41	9.29	42.00
外资非出口	10.42	29.39	9.30	21.11	10.38	34.96

表13-22　2004年、2008年、2013年开放型企业社会效益水平变动对比　　单位：%

企业类型	2004—2008年变动情况 销售产值利税率	2004—2008年变动情况 工业增加值率	2008—2013年变动情况 销售产值利税率	2008—2013年变动情况 工业增加值率	2004—2013年变动情况 销售产值利税率	2004—2013年变动情况 工业增加值率
内资出口	0.59	-7.81	1.52	15.11	2.11	7.30

续表

企业类型	2004—2008年变动情况		2008—2013年变动情况		2004—2013年变动情况	
	销售产值利税率	工业增加值率	销售产值利税率	工业增加值率	销售产值利税率	工业增加值率
外资出口	-0.89	-8.21	1.88	20.58	1.00	12.37
外资非出口	-1.12	-8.29	1.08	13.85	-0.04	5.57

六 开放型经济效益水平提升的相对优势

1. 从效益绝对指标看，开放型企业效益增速不如非开放型企业

从微观企业利润看，2004年到2013年，开放型企业利润总额年均增长率为14.01%，而非开放型企业为18.03%，开放型企业利润总额增速小于非开放型企业。从相关社会效益指标看，开放型企业税收总额年均增长率为17.82%，大于非开放型企业的15.83%。开放型企业工资总额年均增长率为16.22%，小于非开放型企业的22.34%。开放型企业工业增加值的年均增长率为17.32%，小于非开放型企业的20.34%。见表13-23。

从效益绝对指标来看，除税收总额外，利润总额、工资总额和工业增加值指标，开放型企业效益水平提升增速都不如非开放型企业。

表13-23　2004—2013年制造业企业绝对效益水平变动对比

单位：亿元，%

	企业类型	利润总额	税收总额	工资总额	工业增加值
2004年	开放型企业	666.17	431.03	517.53	3270.25
	非开放型企业	235.59	202.37	156.43	1205.34
2013年	开放型企业	2167.79	1885.12	2001.45	13774.85
	非开放型企业	1047.57	759.61	960.33	6379.58
2004—2013年年均增长率	开放型企业	14.01	17.82	16.22	17.32
	非开放型企业	18.03	15.83	22.34	20.34

2. 从效益相对指标看,开放型企业社会效益增速明显高于非开放型企业

从微观效益相对指标来看,2004年到2013年,开放型企业的销售产值利润率年均增长率为0.04%,相对非开放型企业的-0.49%,有微弱增长。开放型企业的资本收益率年均增长率为0.70%,不如非开放型企业的2.46%,有微弱增长。不管是绝对指标还是相对指标,开放型企业的资本收益率同非开放型企业一直有相当的差距。这可能同开放型企业自身依赖资本和技术投入的经济发展模式有关。非开放型企业的微观企业利润反而有所下降。

从社会效益相对指标来看,2004年到2013年,开放型企业的销售产值利税率年均增长率为1.86%,大于非开放型企业的-0.68%。开放型企业的工业增加值率年均增长率为2.86%,大于非开放型企业的1.45%。开放型企业在社会效益方面的增速要大于非开放型企业。见表13-24。

表13-24　　2004—2013年制造业企业相对效益水平变动对比

单位:亿元,%

	企业类型	销售产值利润率	资本收益率	销售产值利税率	工业增加值率
2004年	开放型企业	6.02	24.25	8.77	28.88
	非开放型企业	5.34	22.36	8.64	26.56
2013年	开放型企业	6.03	25.81	10.35	37.24
	非开放型企业	5.11	27.83	8.13	30.22
2004—2013年年均增长率	开放型企业	0.04	0.70	1.86	2.86
	非开放型企业	-0.49	2.46	-0.68	1.45

七　小结

(1)2013年开放型经济企业的效益水平较高,总体上好于非开放型企业。从绝对指标看,开放型企业的效益指标绝对额占比较高,贡献了浙江制造业效益的大部分。从相对指标看,开放型企业相对效益指标

多数好于非开放型企业水平。

（2）从2004—2013年的效益水平变化比较看，浙江制造业开放型企业效益水平有一定提升，其中微观效益提升较慢，而社会效益提升较快。相对于非开放型企业，开放型企业的效益水平提升具有相对优势，尤其在社会效益工业增加值率和销售产值利税率等指标上，开放型企业效益提升相对优势更为明显。

（3）浙江开放型企业微观效益水平变化受到国际金融危机的影响而波动，绝对微观效益水平提高较快，而微观效益相对指标水平改善缓慢。从微观效益绝对指标看，开放型企业绝对效益额水平有较快增长，国际金融危机前增长缓慢，而国际金融危机后恢复增长较快。从微观效益相对指标看，开放型企业微观效益水平变化出现剧烈波动。2004年与2008年比较，企业微观效益出现恶化，开放型企业微观效益下降较多，而非开放型企业下降较少；2008年与2013年比较，效益出现改善，而且开放型企业效益改善好于非开放型企业。开放型企业效益变化对国际金融危机更为敏感。

（4）浙江开放型企业社会效益水平有较好提升，同样受到国际金融危机影响。从社会效益指标（工业增加值率）看，开放型企业社会效益水平有较快提升，好于非开放型企业。国际金融危机前期，开放型企业社会效益有明显下降，但是下降水平要好于非开放型企业。国际金融危机之后，开放型企业社会效益明显改善，而且开放型企业改善好于非开放型企业。国际金融危机似乎更有利于开放型企业社会效益的改善。

（5）从综合微观效益与社会效益的相对指标变化看，浙江制造业开放型企业效益水平变化提升，相对于非开放型企业，出现微观效益水平提升弱于社会效益水平提升的特征。国际金融危机前，开放型企业微观效益下降较多，而社会效益下降较少；而国际金融危机之后，微观效益改善较少，社会效益改善较多。可见，不管是国际金融危机之前还是之后，宏观环境更有利于社会效益改善，相对不利于微观效益的改善。这个特征可能与整个经济出现较高工资增长有关，因为工资的增长减少了企业微观效益而增加了企业社会效益。

第四节 浙江制造业开放型经济的效率水平提升分析

生产率提升是经济增长的驱动力，开放型经济效率水平决定着开放型经济发展水平。研究浙江省开放型制造业效率水平及提升对浙江省开放型经济水平的提高有重要意义。本章分析浙江省制造业开放型经济效率水平现状、浙江省制造业开放型经济效率水平提升及浙江省制造业开放型经济效率水平提升的影响因素。

一 生产率指标计算方法

本节基于柯布—道格拉斯生产函数的索洛模型，使用经济普查企业数据测算开放型企业劳动要素和资本要素的产出弹性；根据产出弹性，再计算出全要素生产率。

1. 样本选取

在计算 2013 年劳动力及资本产出弹性时使用的基础数据为 2013 年浙江省经济普查规模以上企业数据。样本的范围为浙江省全部规模以上制造业企业，其统计单位为企业法人。这里的制造业包括行业代码为 13—42 的所有行业。同时，本章将 2013 年的行业代码对应到 2002 年国标（GB/T 4754—2002）4 位数行业分类，即所有年份的行业分类都是在 2002 年 4 位数分类层面上统一。

以 2013 年浙江省制造业规模以上内资出口、规模以上内资非出口、规模以上外资出口、规模以上外资非出口（包括港澳台）企业层面的数据为样本，剔除资本存量、工业总产值及从业总人数缺失、或者负值、或者为零的企业后，其中内资出口企业 11143 家、内资非出口企业 20023 家、外资出口企业 4286 家、外资非出口企业 2096 家，合计 37548 家。

2. 指标的选取

（1）类似于全要素生产率 TFP 的索洛余值（ATFP）。对生产函数

($Y = AL^\beta K^\alpha$) 两边取对数,得到:

$$\mathrm{Ln}Y = \mathrm{Ln}A + \alpha \mathrm{Ln}L + \beta \mathrm{Ln}K + \varepsilon \qquad (13-1)$$

移项得到 ATFP 为:

$$\mathrm{ATFP} = \mathrm{Ln}A = \mathrm{Ln}Y - \alpha \mathrm{Ln}L - \beta \mathrm{Ln}K \qquad (13-2)$$

其中 Y 代表工业增加值,工业增加值计算同上。劳动力 L,用年末从业人数表示;资本 K,用实收资本表示。

(2) 劳动生产率,这里用单位劳动的产出值来表示,劳动生产率可以反映企业生产效率的变化趋势。以年末从业人数总和代表劳动力投入。

(3) 资本生产率,这里用每单位资本带来的工业增加值来表示,资本生产率也可以反映企业生产效率的变化趋势。

3. 2013 年、2008 年、2004 年三年浙江外向型企业劳动及资本产出弹性估计

为了估计全要素生产率水平,我们首先筛选样本,剔除了工业增加值为负数的企业。其次根据式(13-1),按照普遍的处理方法,将 A 归入误差项。最后估计出各类型企业的劳动及资本的产出弹性。统计检验显示,内资出口企业、内资非出口企业、外资出口企业、外资非出口企业的各变量对工业增加值的作用都是显著的,t 值都通过 1% 的显著性检验,方程拟合度较高。

估计结果显示,内资出口企业的劳动产出弹性在四类企业中最大(0.7847);而外资出口企业的资本产出弹性在四类企业中最大(0.2894)。内资出口企业和外资出口企业的 $\alpha + \beta > 1$,显示出这两类企业的效率更主要是来自规模经济,而内资非出口企业 $\alpha + \beta$ 值最小,反而没有规模经济,其效率的提高可能来自技术进步。具体结果见表 13-25。

表 13-25 2013 年外资及出口企业资本及劳动产出弹性

	劳动产出弹性 α		资本产出弹性 β		$\alpha + \beta$	R-squared	样本数(家)
	α 值	t 值	β 值	t 值			
内资出口企业	0.7847	125.1707	0.2411	67.0268	1.0258	0.7877	11139
内资非出口企业	0.7001	72.5350	0.2095	133.8705	0.9096	0.6480	20023

续表

	劳动产出弹性α		资本产出弹性β		α+β	R-squared	样本数（家）
	α值	t值	β值	t值			
外资出口企业	0.7178	68.0767	0.2894	44.9149	1.0072	0.7473	4285
外资非出口企业	0.7199	43.9330	0.2725	25.1064	0.9923	0.6395	2089
开放型企业	0.7498	147.188	0.259481	89.2371	1.0093	0.7652	17513

资料来源：根据2013年浙江省经济普查数据计算得出。

2004年、2008年浙江外向型经济的劳动产出弹性可以使用上述相同的方法计算，详值见表13-26、表13-27。在计算2008年的劳动产出弹性及资本产出弹性时，剔除了年末从业人数、实收资本、工业总产值为0的企业，剩余内资出口企业2860家，内资非出口企业3830家，外资出口企业4570家，外资非出口企业1664家作为样本，合计开放型企业9094家。用同样的方法筛选2004年的样本，剩余内资出口企业5068家，内资非出口企业5557家，外资出口企业3046家，外资非出口企业919家作为样本，合计开放型企业9033家。

表13-26　　2008年外资及出口企业资本及劳动产出弹性

	劳动产出弹性α		资本产出弹性β		α+β	R-squared	样本数（家）
	α值	t值	β值	t值			
内资出口企业	0.6689	51.5916	0.2938	37.3236	0.9627	0.7481	2860
内资非出口企业	0.5850	50.7478	0.2480	36.4770	0.8330	0.6262	3830
外资出口企业	0.5862	55.0467	0.3268	47.8534	0.9130	0.6652	4570
外资非出口企业	0.5858	29.7154	0.3124	24.1836	0.8982	0.5589	1664
开放型企业	0.5930	78.5269	0.3128	78.52691	0.9058	0.6627	9094

资料来源：根据2008年浙江省经济普查数据整理计算而得。

表13-27　　2004年外资及出口企业资本及劳动产出弹性

	劳动产出弹性α		资本产出弹性β		α+β	R-squared	样本数（家）
	α值	t值	β值	t值			
内资出口企业	0.5825	55.2903	0.317	48.2494	0.8995	0.6798	5068
内资非出口企业	0.5775	51.7705	0.2403	35.0385	0.8178	0.5470	5557

续表

	劳动产出弹性 α		资本产出弹性 β		α + β	R-squared	样本数（家）
	α值	t值	β值	t值			
外资出口企业	0.5422	36.6847	0.3573	37.3111	0.8995	0.5818	3046
外资非出口企业	0.4678	15.7763	0.4116	20.5835	0.8794	0.5338	919
开放型企业	0.5374	65.7328	0.3584	67.7665	0.8958	0.6261	9033

资料来源：根据2004年浙江省经济普查数据整理计算而得。

4. 2013年、2008年、2004年浙江外向型企业全要素生产率计算

根据式（13-2）和表13-25、表13-26、表13-27中的劳动产出弹性及资本产出弹性计算得出四种类型企业的全要素生产率近似值的对数。结果如表13-28。

表13-28　2004年、2008年、2013年浙江省制造业全要素生产率

年份	2004	2008	2013
内资出口企业	4.71	4.14	4.16
内资非出口企业	6.17	5.75	5.88
外资出口企业	4.37	4.36	4.12
外资非出口企业	4.56	4.83	4.56
开放型企业	4.62	4.73	4.29

资料来源：根据2004年、2008年、2013年浙江省经济普查数据及表13-25、表13-25、表13-27整理计算而得。

二　浙江省制造业开放型经济效率水平及提升

2004年以来，从生产率三个效率指标看，浙江制造业开放型企业劳动生产率、资本生产率水平有明显提高，而全要素生产率水平出现明显下降。国际金融危机影响了开放型经济效率水平变化，全要素生产率指标由升转降，资本生产率由降转升，而劳动生产率持续上升。目前多数学者认为全要素生产率指标代表效率指标更全面，从全要素生产率水平变化看，开放型企业效率水平提高相对优势明显弱于非开放型企业。

(一) 浙江省制造业开放型经济效率水平现状

根据上一节中计算出的全要素生产率近似值的对数,及劳动生产率(平均每人生产的工业增加值)、资本生产率(平均每元实收资本带来的工业增加值),得出结果,详见表13-29。

表13-29　2013年浙江省开放型企业及非开放型企业生产效率指标现状

	全要素生产率		劳动生产率(千元/人)		资本生产率	
	数值	排名	数值	排名	数值	排名
非开放型企业	5.88	1	262.99	2	1.98	2
开放型企业	4.29	2	311.67	1	1.99	1

资料来源:根据2013年浙江省经济普查数据及表13-25整理计算而得。

可以看出,2013年浙江省开放型企业的全要素生产率(4.29)不及非开放型企业(5.88),而劳动生产率(311.67千元/人)及资本生产率(1.99)均高于非开放企业(262.99千元/人,1.98)。这说明相对于非开放型企业,开放型企业的经济增长仍然依托于规模经济,而不是技术进步与效率水平的提高。

(二) 2004—2013年开放型经济的效率水平提升

比较浙江省开放型制造业从2004年到2013年的效率水平变化,可以看出浙江省开放型制造业劳动生产率与资本生产率均有较大幅度的提升,其中劳动生产率年均增长率高达14.06%,从2004年95.36千元/人提升到2013年311.67千元/人,资本生产率年均增长率也高达3.27%,从2004年每元资本可以产生1.49元增加值上升到2013年每元资本可以产生1.99元增加值。然而,从2004年到2013年浙江省开放型企业的全要素生产率却出现了下降,年均下降率为0.82%。可见浙江省开放型企业经济的增长模式并不依赖于技术水平的提高,是效率恶化型的增长模式。详见表13-30。

表 13-30　2004—2013 年浙江省开放型企业的生产效率指标比较

	2004 年（1）	2013 年（2）	2004—2013 年变动情况（2）-（1）	2004—2013 年年均增长率（%）
全要素生产率	4.62	4.29	-0.33	-0.82
劳动生产率（千元/人）	95.36	311.67	216.31	14.06
资本生产率	1.49	1.99	0.50	3.27

资料来源：根据 2013 年、2008 年、2004 年浙江省经济普查数据及表 13-25、表 13-27、表 13-28 整理计算而得。

三　国际金融危机对开放型经济效率水平提升的影响

通过比较 2004—2008 年与 2008—2013 年两阶段浙江省开放型企业三个指标的变化，可以看出，国际金融危机对三个指标的影响出现差异，国际金融危机对开放型企业全要素生产率水平产生负面影响。详见表 13-31。

表 13-31　2004—2008 年与 2008—2013 年浙江省开放型企业的
生产效率指标提升比较

	2004 年（1）	2008 年（2）	2013 年（3）	2004—2008 年变动情况（2）-（1）	2008—2013 年变动情况（3）-（2）	2004—2013 年变动情况（3）-（1）
全要素生产率	4.62	4.73	4.29	0.11	-0.44	-0.33
劳动生产率（千元/人）	95.36	124.60	311.67	29.24	187.07	216.31
资本生产率	1.49	1.08	1.99	-0.41	0.91	0.50

资料来源：根据 2013 年、2008 年、2004 年浙江省经济普查数据及表 13-26 与表 13-30 整理计算而得。

国际金融危机导致浙江省开放型企业的全要素生产率由 2004—2008 年的正 0.11，转变为 2008—2013 年的 -0.44，这说明国际金融危机导致浙江省开放型企业的全要素生产率的大幅下降。而国际金融危机前后，劳动生产率均有提高，国际金融危机后提高得更为明显；资本生产率在国际金融危机前出现 0.41 的下降,国际金融危机后反而大幅度提升,提升了 0.91。

四 开放型经济效率水平提升的主体差异分析

比较浙江省开放型经济三类企业的效率水平提升差异,可以看出,各类开放型企业在全要素生产率、劳动生产率、资本生产率的水平提升上各有差异,外资出口企业与外资非出口企业的效率提升更有优势,而国际金融危机之后内资出口企业全要素生产率提升更有优势。

1. 全要素生产率

开放型企业全要素生产率在国际金融危机前提升的主要动力为外资非出口企业,国际金融危机后影响开放型企业全要素生产率下降最明显的也为外资非出口企业。

2004—2013 年浙江省开放型经济效率水平的全要素生产率下降主要来源于内资出口企业及外资出口企业的全要素生产率下降,其中内资出口企业的全要素生产率下降得最明显。2004—2008 年,国际金融危机前阶段,开放型企业的全要素生产率表现为上升,主要动力源于外资非出口企业的全要素生产率上升。2008—2013 年,国际金融危机后阶段,开放型企业全要素生产率下降主要也源于外资非出口企业的下降,尽管开放型企业的全要素生产率下降,但是内资出口企业的全要素生产率仍然处于上升状态。总而言之,国际金融危机前,开放型企业的全要素生产率的提升动力主要来源于外资非出口企业;国际金融危机后,开放型企业中的全要素生产率下降最明显的也为外资非出口企业。详见表 13-32。

表 13-32 2004—2013 年浙江省各类型开放型企业的全要素生产率变化

	2004 年 (1)	2008 年 (2)	2013 年 (3)	2004—2008 年 变动情况 (2) - (1)	2008—2013 年 变动情况 (3) - (2)	2004—2013 年 变动情况 (3) - (1)
内资出口企业	4.71	4.14	4.16	-0.57	0.02	-0.55
外资出口企业	4.37	4.36	4.12	-0.01	-0.24	-0.25

续表

	2004年(1)	2008年(2)	2013年(3)	2004—2008年变动情况(2)-(1)	2008—2013年变动情况(3)-(2)	2004—2013年变动情况(3)-(1)
外资非出口企业	4.56	4.83	4.56	0.27	-0.27	0
开放型企业	4.62	4.73	4.29	0.11	-0.44	-0.33

资料来源：根据2013年、2008年、2004年浙江省经济普查数据及表13-28整理计算而得。

2. 劳动生产率

浙江省开放型企业劳动生产率2004—2008年、2008—2013年两阶段均有大幅提升，国际金融危机后尤为明显，国际金融危机前，劳动生产率的提升主要动力源于外资出口企业；国际金融危机后，劳动生产率的提升主要动力源于外资非出口企业。详见表13-33。

表13-33　　2004—2013年浙江省各类型开放型企业的劳动生产率变化　　单位：千元/人

	2004年(1)	2008年(2)	2013年(3)	2004—2008年变动情况(2)-(1)	2008—2013年变动情况(3)-(2)	2004—2013年变动情况(3)-(1)
内资出口企业	90.16	136.81	296.78	46.65	159.97	206.62
外资出口企业	91.09	175.79	306.86	84.70	131.07	215.77
外资非出口企业	162.74	117.15	408.50	-45.59	291.35	245.76
开放型企业	95.36	124.60	311.67	29.24	187.07	216.31

资料来源：根据2013年、2008年、2004年浙江省经济普查数据整理计算而得。

3. 资本生产率

浙江省开放型企业资本生产率2004—2013年总体上升，2004—2008年，资本生产率降低0.41，2008—2013年阶段资本生产率上升0.91。国际金融危机前，开放型企业资本生产率下降主要源于外资出口企业的资本生产率下降最多；国际金融危机后，开放型企业资本生产率上升的主要动力源于外资出口企业。见表13-34。

表 13-34　2004—2013 年浙江省各类型开放型企业的资本生产率变化

	2004 年 (1)	2008 年 (2)	2013 年 (3)	2004—2008 年变动情况 (2) - (1)	2008—2013 年变动情况 (3) - (2)	2004—2013 年变动情况 (3) - (1)
内资出口企业	1.83	1.73	2.48	-0.10	0.75	0.65
外资出口企业	1.22	0.93	1.70	-0.29	0.77	0.48
外资非出口企业	1.22	1.29	1.37	0.07	0.08	0.15
开放型企业	1.49	1.08	1.99	-0.41	0.91	0.50

资料来源：根据 2013 年、2008 年、2004 年浙江省经济普查数据整理计算而得。

五　开放型经济效率水平提升的相对优势

国际金融危机前，浙江省开放型企业的效率水平提升相较于非开放型企业的效率水平提升具有优势，但国际金融危机后，开放型企业的效率水平相较于非开放型企业已经失去了国际金融危机前的优势。开放型企业的全要素生产率水平提升相对优势弱于非开放型企业。

浙江省开放型经济效率水平提升相比于非开放型经济水平，总体来说，2004—2013 年，开放型企业全要素生产率下降多于非开放型企业，而劳动生产率与资本生产率上升多于非开放型企业。

国际金融危机前（2004—2008 年），开放型企业的全要素生产率提升高于非开放型企业，劳动生产率的提升也高于非开放型企业，同时，资本生产率两类型企业均出现了下降，但开放型企业下降的比非开放型企业少，因此，2004—2008 年，开放型企业的效率水平提升相较于非开放型企业的效率水平提升具有优势。

国际金融危机后（2008—2013 年），开放型企业全要素生产率下降，而非开放型企业全要素生产率上升，同时开放型企业的资本生产率上升也少于非开放型企业，但是劳动生产率的提升高于开放型企业。总体来说，2008—2013 年，开放型企业的效率水平相较于非开放型企业已经失去了金融危机前的优势。详见表 13-35。

表 13-35　　2004—2013 年浙江省开放型企业与非开放型
企业生产效率提升比较

		2004年 (1)	2008年 (2)	2013年 (3)	2004—2008 年变动情况 (2) - (1)	2008—2013 年变动情况 (3) - (2)	2004—2013 年变动情况 (3) - (1)
全要素 生产率	非开放型企业	6.17	5.75	5.88	-0.42	0.13	-0.29
	开放型企业	4.62	4.73	4.29	0.11	-0.44	-0.33
劳动 生产率 (千元/人)	非开放型企业	107.85	106.88	262.99	-0.97	156.11	155.14
	开放型企业	95.36	124.60	311.67	29.24	187.07	216.31
资本 生产率	非开放型企业	1.51	0.91	1.98	-0.60	1.07	0.47
	开放型企业	1.49	1.08	1.99	-0.41	0.91	0.50

资料来源：根据 2013 年、2008 年、2004 年浙江省经济普查数据整理计算而得。

第五节　出口与外资对浙江制造业效率水平影响的计量分析

一　样本选择

选取 2013 年所有规模以上企业，剔除工业总产值，实收资本及从业人数为 0 的样本，剩余 11464 家规模以上企业。本章节分析的是浙江省制造业出口、外资对浙江制造业全要素生产率水平的影响。

二　变量与实证模型

关于因变量企业生产率，我们采用下面三个指标来估计：

（1）类似于全要素生产率 TFP 的 AP（即索洛余值），对生产函数为 $Y = AL^{1-\alpha}K^{\alpha}$，两边取对数，得到：$LnY = LnA + (1-\alpha)LnL + \alpha LnK$，移项得到 ATFP：

$$AP = LnA = Ln\frac{Y}{L} - \alpha Ln\frac{K}{L} \qquad (13-1)$$

其中 α 的具体取值，参考李春顶（2010）取 $\alpha = 1/3$。

（2）劳动生产率，这里用单位劳动的产出值来表示，劳动生产率可以反映企业生产效率的变化趋势。我们可以采取劳动生产率的对数形式,这样可以更好地反映企业生产效率的变化趋势。我们用字母 LP 来表示。

(3) 资本生产率,这里用每单位资本的产出值来表示,资本生产率也可以反映企业生产效率的变化趋势。我们采取百元资本产出值的对数形式来反映企业生产效率的变化趋势,用字母 KP 来表示。

关于自变量。对于影响企业生产率的可能因素,我们总结为以下几个主要因素并对生产率的影响作出预期:

(1) 出口比例 (export)。出口比例采用样本数据中企业出口交货值占总工业销售产出的比例来表示,用 EX 表示。

(2) 外商投资比例 (foreign investment)。外商投资比例采用样本数据中企业的外商投资额占实收资本的比例来表示,用 FDI 表示。

(3) 科技研究与开发比例 (R&D)。企业对科技研究与开发的研究对企业的生产率有一定的影响,本节采用科技活动开发总支出占增加值的比例来代表这一指标。

(4) 专业技术人员比例 (professional)。一个企业专业技术人员占总从业人员的比例与企业生产率有一定关系。下文用 P 表示。

(5) 信息化水平 (information)。企业的信息化水平能正向地影响企业竞争能力,信息化水平越高,企业的生产效率越高。信息化水平的量化方法与第三节效益水平提升分析中所提到的信息化水平量化方法相同,下文用 I 表示。

关于模型。根据对各个影响因素的论述,我们构建以下三个实证模型:

(1) $AP = C + a \times EX + b \times FDI + c \times R\&D + d \times P + e \times I$

(2) $LP = C + a \times EX + b \times FDI + c \times R\&D + d \times P + e \times I$

(3) $KP = C + a \times EX + b \times FDI + c \times R\&D + d \times P + e \times I$

根据前文描述性分析,汇总各个变量的预期符号见表 13-36。

表 13-36　　　　　　　　回归方程变量的预期符号

序号	变量性质	变量名称	变量符号	预期符号		
0	因变量	企业生产率变量	AP/LP/KP	AP	LP	KP
1	自变量	出口比例	EX	−	−或+	+
2		外商投资比例	FDI	−	+	−
3		科技研究与开发	R&D	+	+	+
4		专业技术人员比例	P	+	+	+
5		信息化水平	I	+	+	+

三　实证结果

本节使用 2013 年 11464 家规模以上企业的数据进行回归分析，得出实证结果如表 13-37 所示。

表 13-37　　　　　　　　　　总体样本回归

变量系数	AP		LP		KP	
	系数	t 值	系数	t 值	系数	t 值
C（常数）	3.8806	317.4092 (***)	5.1155	369.9906 (***)	1.1411	56.3134 (***)
a（EX）	−0.1300	−13.6326 (***)	−0.3873	−25.1108 (***)	0.3847	13.7632 (***)
b（FDI）	−0.2503	5.6022 (***)	0.1384	6.6664 (**)	−1.0278	−27.3138 (***)
c（R&D）	0.0373	0.4960 (***)	0.0106	3.6249 (***)	0.5040	3.2745 (***)
d（P）	0.1803	5.1007 (−)	0.0669	8.4925 (***)	0.1381	1.9058 (***)
e（I）	0.0128	5.1007 (***)	0.0274	10.6060 (***)	0.0164	3.5042 (***)
R-squared	0.333344		0.368187		0.269556	
D−W	1.733043		1.539315		1.708843	
N	11464		11464		11464	

注：*** 表示在 1% 的显著性水平上显著，− 表示没有通过显著性检验。

表 13-37 的实证结果与数据分析及理论分析相一致。同时，可以看出所选用变量都能通过显著性检验（除了 P 值与 AP 的关系），所以不需要进行二次实证检验。根据所得到的检验结果，得出以下结论：

（1）出口对全要素生产率、劳动生产率提升具有阻碍作用，这与数据分析结果相一致，这也验证了"生产率悖论"在浙江省企业中存在。然而出口对于资本生产率起促进作用，与数据分析结果相一致，出口可以促进单位资本所产生的增加值增加。出口对于制造业全要素生产率与拉动生产水平提升的副作用，说明浙江制造业出口的劳动密集度较高以及低技术低附加值特征，在外需不足、产能过剩条件下，进一步提高出口依存度水平（出口相对规模水平）不利于浙江制造业总体效率的提升。

（2）外资企业由于有较高的资本密集度，因此外资依存度提高对于提高劳动力水平具有积极作用，而对资本生产率水平提升有阻碍作用。外资依存度提高对于制造业全要素生产率水平提升具有阻碍作用，这与王志鹏（2000）对企业生产效率的实证结果相同，说明在外需不足、产能过剩条件下，进一步提高外资依存度（相对规模水平）不利于浙江省制造业效率水平提高。

（3）企业层面而言，R&D 增加会促进企业的生产率增长，也就是每增加一单位的技术研发投入，企业的生产率就会有相应的提高。这个结果与姚洋（2010）对企业生产效率的实证结果相一致。R&D 的投入尤其对于资本生产率与全要素生产水平提升具有更积极的作用。

（4）专业技术人员所占比例对劳动生产率、资本生产率都有促进作用，对全要素生产率影响没有通过显著性检验，也说明提高专业技术人员比例可以提高企业的生产率。

（5）信息化水平与企业的生产效率也呈正相关，与理论假设结果相一致。提高企业的信息化水平可以提高企业的生产效率。

四 小结

效率水平分析主要结论有：

(1) 2013年开放型企业的效率水平相对较低。除了劳动生产率水平明显高于非开放型企业之外，开放型企业全要素生产率水平明显低于非开放型企业。

(2) 从效率水平变化看，除了开放型企业劳动生产率水平稳步提高之外，开放型企业的全要素生产率水平下降明显。

(3) 国际金融危机对开放型经济企业效率水平变化的影响，国际金融危机前全要素生产率水平上升，国际金融危机之后效率水平下降明显。

(4) 开放型企业全要素生产率水平变化出现分化。国际金融危机前全要素生产率水平提高的主力是外资非出口企业，内资出口企业下降最为显著；而国际金融危机之后，外资非出口企业下降最多。

(5) 与非开放经济企业的全要素生产率的提高相反，开放型经济全要素生产率的变化切实下降，显示了开放型企业全要素生产率水平相对变化在浙江制造业效率水平提升中的相对劣势地位。

(6) 对于2013年企业层面截面数据的计量分析显示，由于出口与外资质量水平不高、对外依赖的过度，出口依存度与外资依存度的提高对于浙江制造业全要素生产率水平提升具有阻碍作用，而目前面向内需的非开放型企业发展迅速，整体上对外依赖度下降是有利于浙江制造业效率水平提高的。这也说明浙江制造业开放型经济质量水平不高，进一步提高开放型经济相对规模水平不利于浙江制造业效率水平提高。

第六节 结论与启示

一 主要结论

浙江制造业开放型经济增长的规模水平、效益水平、效率水平变化比较汇总，见表13-38。主要结论如下：

表 13-38　开放型经济的规模水平、效益水平、效率水平变化比较

	2004年(1)	2008年(2)	2013年(3)	2004—2008年变动情况(2)-(1)	2008—2013年变动情况(3)-(2)	2004—2013年变动情况(3)-(1)
总产值（亿元）（年均增长率,%）	11190	15968	35852	4778(9.3)	19884(17.56)	24662(13.81)
总产值占所有企业总产值比重（%）	71.64	81.38	61.71	9.74	-19.67	-9.93
出口交货值（亿元）（年均增长率,%）	3944	5600	10620	1656(9.16)	5020(13.65)	6676(11.63)
出口交货值/总产值（%）	25.25	28.54	18.28	3.29	-10.26	-6.97
销售产值利润率（%）	6.02	4.75	6.03	-1.27	1.28	0.01
工业增加值率（%）	28.88	21.05	37.24	-7.83	16.19	8.36
全要素生产率	4.62	4.73	4.29	0.11	-0.44	-0.33

资料来源：根据本章有关表格数据汇总与计算而得。

（1）相对于非开放型企业，2013年浙江制造业开放型企业的相对规模水平较高、相对效益水平较好，但是全要素生产率较低。

（2）2004年到2013年的十年间，开放型经济绝对规模水平持续大幅增长，相对规模水平大幅下降；微观效益水平略微改善而社会效益水平有较大提高；而全要素生产率下降明显。

（3）比较2008年状态，国际金融危机影响开放型经济水平的变化，绝对规模水平增长更快，相对规模水平由升转降；效益水平由降转升，而且微观效益改善微弱，社会效益提高较多；而全要素生产率由升转降，而且下降较大；体现了开放型经济规模水平、效益水平与效率水平变化的不一致性，但是深入分析显示了开放型经济增长，伴随企业微观效益不佳与效率恶化的增长特征。

（4）开放型经济增长主力由外资为主转向以内资出口企业为主。相对于非开放型企业发展，开放型企业的规模水平提升与效率水平提升相对优势不足。

（5）计量分析显示，在外需不足、产能过剩的背景下，进一步提

高出口依存度与外资依存度不利于浙江制造业效率水平的提高，提高浙江制造业效率水平的途径在于提高出口、外资的质量水平，而不在于开放型经济的相对规模水平。

二 重要启示

（1）比较 2004 年到 2013 年的十年变化，结合前面开放型企业的规模水平大幅提升与效益水平微弱提升，而全要素生产率大幅下降，明显体现了浙江制造业开放型经济增长的低效益、低效率化特征（效率的恶化型增长）。

（2）国际金融危机对浙江制造业的冲击，内资企业反应更为敏感，而外资企业相对稳定。2008 年国际金融危机的影响已经显现，2004 年与 2008 年比较，内资出口企业总产值下降明显，而外资企业相对稳定；2008 年与 2013 年比较，由于应对国际金融危机的政策干预，内资企业不管是出口企业还是非出口企业都快速回升，而外资企业增长相对缓慢。可见 2008 年国际金融危机对内资企业的影响要显著大于对外资企业的影响。

（3）国际金融危机的政策干预似乎更有利于非开放型企业的效益与改善，而对于浙江制造业开放型企业的微观效益改善影响较弱，并且开放型经济的全要素生产率持续下降。这说明浙江制造业开放型经济发展具有规模水平的过剩特征。相对于面向国内市场的制造业而言，开放型经济水平提升对浙江制造业水平提升处于相对劣势地位。

（4）国际金融危机之后，国际市场低迷、外需不足、产能过剩可能是开放型经济效率持续变坏的主要原因。国际金融危机之后出口企业、外资企业效率水平进一步降低，市场需求成为制约制造开放型企业效率提升的重要因素。

（5）现有的开放型经济产业经过中国入世后（国际金融危机前）的高速发展，面对外需不足已使产能严重过剩。在外需不足、产能过剩条件下，开放型经济规模水平提升空间十分有限。要提升开放型经济水平，必须努力提高出口与外资质量水平。在出口上，努力培育出口新优势，大力发展新兴产业出口和服务贸易出口，积极拓展出口新市场与新空间。在引进外资方面，结合引技、引智项目，增加外资项目的外溢性，提高外资利用质量。

三　政策建议

（1）结合国家"一带一路"倡仪，积极提升"走出去"战略，努力拓展外需新空间。保持良好的效益、效率水平是企业在市场中实现持续提升的先决条件。浙江开放型制造业企业在保持良好的效益水平前提下，应当逐步向资本和知识技术密集型企业转型升级，并结合国家"一带一路"倡议，积极拓展出口市场新空间，提升浙江制造业在全球产业价值链中的地位。

（2）积极鼓励制造业开放型企业的技术创新。要完善以企业为主体、市场为导向、产学研相结合的制造业创新体系，加强关键技术创新，提高企业生产效率，推动浙江省制造业创新能力提升。形成进出口贸易、产业资本国际流动互动发展格局，提高浙江制造业开放型企业学习能力与创新能力。

（3）加强开放型企业的信息化网络化建设。只有更高的企业信息化水平才能适应这个生产全球化和销售全球化的时代。通过对互联网平台企业的支持可以间接促进制造业企业的信息化建设。政府和行业协会可以制订"互联网+"行动计划，推动移动互联网、云计算、大数据、物联网等与现代制造业结合，促进电子商务、工业互联网健康发展。利用全球技术知识资源提高自主创新能力，重构浙江制造业的全球价值链网络。

（4）积极提高开放型出口企业质量水平和竞争力。努力跨越浙江制造业低成本"比较优势陷阱"，转变竞争策略，积极推进差异化高品质高附加值竞争战略。积极实施出口企业品牌战略、技术创新战略，努力增加出口产品附加值，提高出口产品质量。

（5）积极提高开放型外资企业的质量水平、外溢能力和示范带动效应。积极转变引资观念，突出引资质量，注重引资、引技、引智的结合，积极利用高质量外资的外溢效应，促进浙江制造业的转型升级。

参考文献

包群、许和连、赖明勇：《出口如何促进经济增长：基于全要素生产率的实证研究》，《上海经济研究》2003年第3期。

蔡锐、刘泉：《中国的国际直接投资与贸易是互补的吗?》，《世界经济研究》2004年第8期。

曹伟：《外商直接投资对中国经济增长影响的实证分析》，《世界经济研究》2005年第8期。

曹裕、陈晓红、马跃如：《城市化、城乡收入差距与经济增长——基于我国省际面板数据的实证研究》，《统计研究》2010年第3期。

柴庆春、胡添雨：《中国对外直接投资的贸易效应研究——基于对东盟和欧盟投资的差异性的考察》，《世界经济研究》2012年第6期。

陈继勇、盛杨怿：《外商直接投资的知识溢出与中国区域经济增长》，《经济研究》2008年第12期。

陈自芳：《提升FDI外溢效应及引进外资质量的定量化探索》，《学术研究》2005年第10期。

成刚：《FDI对我国技术创新溢出的影响研究》，博士学位论文，浙江大学，2008年。

程惠芳：《国际直接投资与开放型内生经济增长》，《经济研究》2002年第10期。

仇怡、方齐云：《基于进口贸易的国际技术外溢测度与应用》，《中国软科学》2005年第10期。

戴翔：《中国出口贸易利益究竟有多大——基于附加值贸易的估算》，《当代经济科学》2015 年第 5 期。

邓军：《中国出口中增加值的来源地和目的地——基于增加值贸易的视角》2014 年第 8 期。

杜群阳：《构建浙江外贸出口竞争新优势》，《浙江经济》2014 年第 15 期。

杜修立、王维国：《中国出口贸易的技术结构及其变迁：1980—2003》，《经济研究》2007 年第 7 期。

樊秀峰、程文先：《全球价值链分工下制造企业出口附加值测算——来自中国微观企业层面数据》，《中国经济问题》2017 年第 4 期。

樊秀峰、程文先：《中国制造业出口附加值估算与影响机制分析》，《中国工业经济》2015 年第 6 期。

范柏乃、毛晓苔、王双：《中国出口贸易对经济增长贡献率的实证研究：1952—2003 年》，《国际贸易问题》2005 年第 8 期。

范柏乃、王益兵：《我国进口贸易与经济增长的互动关系研究》，《国际贸易问题》2004 年第 4 期。

方希桦、包群、赖明勇：《国际技术溢出：基于进口传导机制的实证研究》，《中国软科学》2004 年第 7 期。

冯根福、刘志勇、蒋文定：《我国东中西部地区间工业产业转移的趋势，特征及形成原因分析》，《当代经济科学》2010 年第 2 期。

傅晓霞、吴利学：《全要素生产率在中国地区差异中的贡献：兼与彭国华和李静等商榷》，《世界经济》2006 年第 9 期。

傅元海：《我国引进 FDI 质量的实证研究》，《统计研究》2008 年第 10 期。

傅元海、史言信：《我国各地区利用 FDI 质量的评估与比较：1999—2008》，《山西财经大学学报》2011 年第 33 期。

高铁梅：《计量经济分析方法与建模》，清华大学出版社 2006 年版。

高越、任永磊、冯志艳：《贸易便利化与 FDI 对中国出口增长三元边际的影响》，《经济经纬》2014 年第 6 期。

龚艳萍、郭凤华：《对外直接投资对产业技术进步的影响——文献回顾与我国的实证研究》，《中南大学学报》2009 年第 3 期。

郭庆宾、方齐云：《国外研究与开发（R&D）之溢出效果：基于我国 1985—

2005 年的经验研究》,《国际贸易问题》2009 年第 4 期。

郭庆旺、贾俊雪:《中国全要素生产率的估算:1979—2004》,《经济研究》2005 年第 5 期。

何洁:《外国直接投资对中国工业部门外溢效应的进一步精确量化》,《世界经济》2000 年第 12 期。

贺瑞、杜跃平:《地区间资本流动的分析与我国区域经济协调发展》,《商场现代化》2005 年第 12 期。

胡鞍钢、魏星、高宇宁《中国国有企业竞争力评价(2003—2011):世界 500 强的视角》,《清华大学学报》(哲学社会科学版)2013 年第 1 期。

胡俊文:《国际产业转移的基本规律及变化趋势》,《国际贸易问题》2004 年第 5 期。

胡永平、张宗益、祝接金:《基于储蓄—投资关系的中国区域间资本流动分析》,《中国软科学》2004 年第 5 期。

黄华民:《外商直接投资与我国实质经济关系的实证分析》,《南开经济研究》2000 年第 5 期。

黄菁、赖明勇、王华:《FDI 在中国的技术外溢效应:基于面板数据的考察》,《世界经济研究》2008 年第 10 期。

黄先海、张云帆:《我国外贸与外资的技术溢出效应分析》,《国际贸易问题》2005 年第 1 期。

江锦凡:《外国直接投资在中国经济增长中的作用机制》,《世界经济》2004 年第 1 期。

康赞亮、张必松:《FDI、国际贸易及我国经济增长的协整分析 VECM 模型》,《国际贸易问题》2006 年第 2 期。

赖明勇、包群:《关于技术外溢与吸收能力的研究综述》,《经济学动态》2003 年第 8 期。

赖明勇、阳小晓:《出口贸易与内生经济增长的实证研究》,《财经理论与实践》2002 年第 12 期。

李辰航:《FDI 流入对中国人力资本流动的影响分析》,《中国市场》2016

年第 1 期。

李春顶、赵美英:《出口贸易是否提高了我国企业的生产率》,《财经研究》2010 年第 4 期。

李建春、陈瑶、张宗益:《出口贸易对我国经济增长效用的地区差异性研究》,《财贸经济》2005 年第 5 期。

李俊、王立:《美国次贷危机对中国出口的影响及应对策略》,《国际贸易》2008 年第 8 期。

李平、钱利:《进口贸易与外国直接投资的技术溢出效应——对中国各地区技术进步的实证研究》,《财贸研究》2005 年第 6 期。

李强:《产业转移、人力资本积累与中部经济增长》,《数理统计与管理》2011 年第 1 期。

李琴:《FDI 流入与我国对外贸易关系的实证分析》,《世界经济研究》2004 年第 9 期。

李少华:《从技术创新谈跨国公司竞争力的提升》,《全球科技经济瞭望》2007 年第 12 期。

李小平、朱钟棣:《国际贸易、R&D 溢出和生产率增长》,《经济研究》2006 年第 2 期。

李杏、M. W. Luke Chan:《外商直接投资与对外贸易技术溢出效应比较——基于面板因果关系的研究》,《国际贸易问题》2009 年第 2 期。

李增广:《金融危机对中国出口贸易的影响及建议——基于 SWOT 视角的分析》,《经济与管理》2009 年第 12 期。

李治国:《中国区域间资本流动:基于 Feldstein-Horioka 方法的检验》,《统计研究》2008 年第 10 期。

林毅夫、李永军:《出口与中国的经济增长:需求导向的分析》,《经济学(季刊)》2003 年第 4 期。

林志帆:《中国的对外直接投资真的促进出口吗?》,《财贸经济》2016 年第2 期。

刘宏、李述晟:《FDI 对我国经济增长、就业影响研究——基于 VAR 模型》,《国际贸易问题》2013 年第 4 期。

刘琳：《中国参与全球价值链的测度与分析——基于附加值贸易的考察》，《世界经济研究》2015年第6期。

刘晓鹏：《协整分析与误差修正模型——我国对外贸易与经济增长的实证研究》，《南开经济研究》2001年第5期。

刘艳、李文秀、马鹏：《中国服务业出口的国别（地区）结构及影响因素——附加值贸易视角的解析》，《国际商务（对外经济贸易大学学报）》2017年第5期。

刘志彪：《新形势下全面提升我国开放型经济发展水平的战略及政策》，《审计与经济研究》2012年第4期。

卢进勇：《"走出去"战略与中国跨国公司崛起：迈向经济强国的必由之路》，首都经济贸易大学出版社2012年版。

罗军：《金融发展门槛、FDI与区域经济增长方式》，《世界经济研究》2016年第4期。

罗良文、阚大学：《国际贸易、FDI与技术效率和技术进步》，《科研管理》2012年第5期。

马天毅、马野青、张二震：《外商直接投资与我国技术创新能力》，《世界经济研究》2006年第7期。

迈克尔·波特：《国家竞争优势》（1990年版），李明轩、邱如美译，华夏出版社2002年版。

毛日昇：《出口、外商直接投资与中国制造业就业》，《经济研究》2009年第11期。

毛新雅、姚宇：《外商直接投资、对外贸易与经济增长——中国东部地区实证》，《工业技术经济》2009年第2期。

毛英、闫敏：《FDI对中国经济增长影响的实证研究》，《经济问题》2011年第8期。

毛蕴诗、戴黎燕：《从美日企业在世界500强的变动看其竞争力消长》，《首都经济贸易大学学报》2006年第5期。

牟俊霖：《外商直接投资的就业效应分析》，《中国人力资源开发》2009年第12期。

潘越、杜小敏：《劳动力流动，工业化进程与区域经济增长——基于非参数可加模型的实证研究》，《数量经济技术经济研究》2010年第5期。

钱学锋、熊平：《中国出口增长的二元边际及其因素决定》，《经济研究》2010年第1期。

丘凌峰：《世界500强长寿企业成功因素探析——对中国企业的借鉴意义》，《中山大学研究生学刊》（社会科学版）2008年第4期。

邱斌、杨帅、辛培江：《FDI技术溢出渠道与中国制造业生产率增长研究：基于面板数据的分析》，《世界经济》2008年第8期。

邱立成、王凤丽：《我国对外直接投资主要宏观影响因素的实证研究》，《国际贸易问题》2008年第6期。

容金霞、顾浩：《全球价值链分工地位影响因素分析——基于各国贸易附加值比较的视角》，《国际经济合作》2016年第5期。

邵燕敏、杨晓光：《全球及中国直接投资的近况和走势分析》，《科技促进发展》2016年第5期。

沈坤荣、耿强：《外国直接投资、技术外溢与内生经济增长——中国数据的计量检验与实证分析》，《中国社会科学》2001年第5期。

施炳展：《中国出口增长的三元边际》，《经济学（季刊）》2010年第4期。

石传玉、王亚菲、王可：《我国对外贸易与经济增长关系的实证分析》，《南开经济研究》2003年第1期。

石红莲：《国际金融危机对我国对外贸易的传导效应》，《国际贸易问题》2010年第1期。

宋永吉：《投资发展周期论在中国的检验——基于经济发展水平与对外直接投资的实证研究》，《当代工人》（C版）2012年第6期。

覃毅、张世贤：《FDI对中国工业企业效率影响的路径——基于中国工业分行业的实证研究》，《中国工业经济》2011年第11期。

陶长琪、齐亚伟：《中国区域经济增长不平衡的影响因素——技术效率与要素积累视角》，《21世纪数量经济学》2010年第11卷。

汪春、杨晓优：《我国1995—2008年利用FDI质量的评估——基于因子分析法的研究》,《江西财经大学学报》2011年第1期。

汪文卿、赵忠秀:《中非合作对撒哈拉以南非洲国家经济增长的影响——贸易、直接投资与援助作用的实证分析》,《国际贸易问题》2014年第12期。

王滨:《FDI技术溢出、技术进步与技术效率》,《数量经济技术经济研究》2010年第2期。

王岚:《全球价值链背景下的新型国际贸易统计体系及其对中国的启示》,《国际经贸探索》2013年第11期。

王新燕、张伟:《云南进出口和FDI与经济增长关系的实证分析》,《云南财贸学院学报》2005年第3期。

王英、刘思峰:《国际技术外溢渠道的实证研究》,《数量经济技术经济研究》2008年第4期。

王友广、陈清华、方福康:《中国分地区资本—产出比实证分析》,《北京师范大学学报》(自然科学版)2005年第1期。

王志乐:《2008跨国公司中国报告》,中国经济出版社2008年版。

王志鹏、李子奈:《外商直接投资、外溢效应与内生经济增长》,《世界经济文汇》2004年第3期。

魏浩、郭也:《中国进口增长的三元边际及其影响因素研究》,《国际贸易问题》2016年第2期。

魏后凯:《产业转移的发展趋势及其对竞争力的影响》,《福建论坛》(经济社会版)2003年第4期。

魏彦莉、郭继鸣、梁红霞:《基于DEA方法的利用外资质量的综合评价》,《电子科技大学学报》(社会科学版)2009年第2期。

温怀德、谭晶荣:《中国对外贸易、FDI对就业影响的实证研究》,《国际贸易问题》2010年第8期。

伍海华:《金融区域二元结构及发展对策》,《经济理论与经济管理》2002年第8期。

武剑、储蓄:《投资和经济增长——中国资金供求的动态分析》,《经济研究》1999年第11期。

夏明、张红霞：《跨国生产、贸易增加值与增加值率的变化——基于投入产出框架对增加值率的理论解析》，《世界管理》（月刊）2015年第2期。

冼国明、严兵：《FDI对中国创新能力的溢出效应》，《世界经济》2005年第10期。

项本武：《东道国特征与中国对外直接投资的实证研究》，《数量经济技术经济研究》2009年第7期。

项本武：《中国对外直接投资的贸易效应研究——基于面板数据的协整分析》，《财贸经济》2009年第4期。

谢泗薪、薛求知：《中国企业全球学习战略的脉络与机理》，《复旦学报》（社会科学版）2004年第3期。

徐冬林、陈永伟：《区域资本流动：基于投资与储蓄关系的检验》，《中国工业经济》2009年第3期。

徐海霞：《外商直接投资、金融市场与东道国经济增长：理论与实证》，《金融理论与实践》2016年第3期。

许和连、赖明勇：《出口导向经济增长（ELG）的经验研究：综述与评论》，《世界经济》2002年第2期。

许和连、栾永玉：《出口贸易的技术外溢效应：基于三部门模型的实证研究》，《数量经济技术经济研究》2005年第9期。

杨俊仙：《FDI的技术溢出及其影响因素分析——以山西为例》，《经济问题》2008年第8期。

杨清：《中国跨国公司成长研究》，博士学位论文，南京航空航天大学，2006年。

杨汝岱、姚洋：《有限赶超与经济增长》，《经济研究》2008年第8期。

姚丽芳：《对外贸易对我国经济增长的贡献分析》，《统计研究》2001年第9期。

姚利民：《世界大型跨国公司的竞争性投资与技术进步》，《国际商务研究》2003年第5期。

姚利民、唐春宇：《独资与合资方式的技术溢出效果比较》，《国际贸易问题》2005 年第 10 期。

姚利民、王峰：《跨国公司对江浙两地工业企业增加值率影响的分析》，《国际贸易问题》2006 年第 6 期。

姚利民、余凯丽：《中国、美国、日本对外直接投资对贸易附加值的影响对比》，《经营与管理》2016 年第 12 期。

姚利民等：《浙江省制造业国际化发展现状与转型升级研究》，浙江省第二次经济普查课题选编，浙江工商大学出版社 2011 年版。

姚利民等：《浙江省制造业开放型发展的现状分析》，浙江省第一次经济普查课题选编，http：//www.zj.stats.gov.cn/ztzl/lcpc/jjpc/dyc_1983/ktxb_1985/201408/t20140827_143796.html。

姚树洁、冯根福、韦开蕾：《外商直接投资和经济增长的关系研究》，《经济研究》2006 年第 12 期。

姚树洁、韦开蕾：《中国经济增长、外商直接投资和出口贸易的互动实证分析》，《经济学》（季刊）2007 年第 1 期。

姚枝仲、周素芳：《劳动力流动与地区差距》，《世界经济》2003 年第 4 期。

岳书敬：《FDI 与经济增长：基于联立方程的实证研究》，《现代管理科学》2008 年第 6 期。

张翠霞：《中国对外直接投资宏观经济影响因素实证分析》，《经济研究导刊》2009 年第 31 期。

张海波：《对外直接投资对母国出口贸易品技术含量的影响——基于跨国动态面板数据模型的实证研究》，《国际贸易问题》2014 年第 2 期。

张海星：《中国 FDI 与国内投资经济增长效应的比较分析》，《财经问题研究》2005 年第 11 期。

张海洋、刘海云：《外资溢出效应与竞争效应对中国工业部门的影响》，《国际贸易问题》2004 年第 3 期。

张宏、王建：《东道国区位因素与中国 OFDI 关系研究——基于分量回归的经验证据》，《中国工业经济》2009 年第 6 期。

张纪凤、黄萍：《替代出口还是促进出口——我国对外直接投资对出口的影响研究》，《国际贸易问题》2013 年第 3 期。

张璟、陈继明、刘晓辉：《区域间信贷资金流动性、金融发展与经济增长》，《投资研究》2013年第6期。

张军：《资本形成、工业化与经济增长：中国的转轨特征》，《经济研究》2002年第6期。

张为付：《影响我国企业对外直接投资因素研究》，《中国工业经济》2008年第11期。

张幼文：《新开放观对外开放理论与战略再探索》，人民出版社2007年版。

张宇、蒋殿春：《FDI、产业集聚与产业技术进步——中国制造行业数据的实证检验》，《财经研究》2008年第1期。

章艳红：《外部需求冲击对中国出口的影响》，《经济理论与经济管理》2009年第1期。

赵斌：《中央企业如何创建世界一流企业的若干思考》，《跨国经营》2012年第7期。

赵广川、郭俊峰、陈颖：《我国FDI流入的经济效率分析——基于地级市动态面板数据模型》，《南方经济》2015年第9期。

赵克杰、刘传哲：《产业技术进步溢出效应研究》，《科技进步与对策》2007年第3期。

赵伟、古广东、何元庆：《外向FDI与中国技术进步：机理分析与尝试性实证》，《管理世界》2006年第7期。

赵勇、雷达：《金融发展、出口边际与"汇率不相关之谜"》，《世界经济》2013年第10期。

朱汉清：《要素转移与产业转移的比较研究》，《经济学家》2010年第12期。

祖强、仲瑞：《我国FDI利用质量评价指标体系探究及应用》，《经济探讨》2010年第10期。

Aitken, B. and Harrison, A., Do Domestic Firms Benefit from Foreign Direct Investment? Evidence from Venezuela, *American Economic Review*, 1999, 89: 605–618.

Alberto Di Minin, Jieyin Zhang, Peter Gammeltoft, Chinese Foreign Direct

Investment in R&D in Europe: A New Model of R&D Internationalization? *European Management Journal*, 2012 (30): 189-203.

Alessandro Sterlacchini, R&D, Higher Education and Regional Growth: Uneven Linkages Among European Regions, *Research Policy*, 2008, 37 (6-7): 1096-1107.

Amiti M., Freund C., *The Anatomy of China's Export Growth*, China's Growing Role in World Trade, University of Chicago Press, 2010: 35-56. The World Bank, Policy Research Working Paper 4628, 2008.

Armington P. S., *A Theory of Demand for Products Distinguished by Place of Production*, Staff Papers, 1969, 16 (1): 159-178.

Balassa, B., Exports And Economic Growth: Further Evidence, *Journal of Development Economics*, 1978, Vol. 5.

Baldwin, J. R., and Gu. W., Trade Liberlisation: Export-market Participation, Productivity and Inovation, *Oxford Review of Economic Policy*, 2004, Vol. 30: 372-392.

Bernard A. B., Eaton, J., Jensen J. B. and Kortum, S., Plants and Productivity in International Trade, *American Economic Review*, 2003, Vol. 93. No. 4: 1268-1292.

Bernard, A. and Jensen, J. B., Exceptional Exporters Performance: Cause, Effect or both, *Journal of International Economics*, 1999, Vol. 47: 1-25.

Bernard, A. and Jensen, J. B., Exporters, Jobs and Wages in US Manufacturing: 1976-1987, *Brookings Papers on Economic Activity*, Microeconomics, 1995: 67-119.

Blassa, Bela, Exports and Economic Growth: Further Evidence, *Journal of Development Economics*, 5, 1978, No. 2, June: 181-189.

Boisot M., Meyer M. W., Which Way Through the Open Door? Reflections on the Internationalization of Chinese Firms, *Management and Organization Review*, 2008, 4 (3): 349-365.

Buckley P. J., Clegg J., Wang C., The Relationship Between Inward Foreign Direct Investment and the Performance of Domestically-owned Chinese Manufacturing Industry, *Multinational Business Review*, 2004, 12 (3): 23 – 40.

Calof, J. L. and Beamish, P. W., Adapting to Foreign Markets: Explaining Internationalization, *International Business Review*, 1995, 4 (2): 115 – 131.

Cantwell, J. A., Tolentino, P. E. E., Technological Accumulation and Third World Multinationals, *University of Reading Discussion Papers in International Investment and Business Studies*, 1990 (139): 1 – 58.

Caves, R. E., Multinational Firms, Competition and Productivity in Host-country Markets, *Economics*, 1974, 41 (5): 176 – 193.

Chaney T., Distorted Gravity: the Intensive and Extensive Margins of International Trade, *The American Economic Review*, 2008, 98 (4): 1707 – 1721.

Charles R. Hulten, Frank C. Wykoff, The Estimation of Economic Depreciation Using Vintage Asset Prices: An Application of the Box-Cox Power Transformation, *Journal of Econometrics Volume*, 1981, 15 (3): 367 – 396.

Charnes, A., Cooper W. W., Rhodes E., Measuring the Efficiency of Decision Making Units, *European Journal of Operational Research*, 1978, 2 (6): 429 – 444.

Chen, C. H., Reginal Determinants of Foreign Direct Investment in Mainland China, *The Journal of Economic Studies*, 1996 (23): 18 – 30.

Cheng L. K., Kwan Y. K., What are the Determinants of the Location of Foreign Direct Investment? The Chinese Experience, *Journal of International Economics*, 2000, 51 (2): 379 – 400.

Cheung Y., Qian, X., Empirics of China's Outward Direct Investment, *Pacific Economic Review*, 2009, 14 (3): 312 – 341.

Chow, G. C. &K. W. Li, China's Economic Growth: 1952 – 2010, *Economic Development and Cultural Change*, 2002, 51 (1): 247 – 256.

Chung W., Mitchell W., Yeung B., Foreign Direct Investment and Host Country Productivity: the American Automotive Component Industry in the 1980s, *Journal of International Business Studies*, 2003, 34 (2): 199 – 218.

Claver, E., Rienda L., Quer D., The Internationalisation Process in Family Firms: Choice of Market Entry Strategies, *Journal of General Management*, 2007, 33 (1): 1 – 14.

Clerides, S. K., Lach, S., Tybout, J. R., Is Learning by Exporting Important? Micro-Dynamic Evidence from Colombia, Mexico, and Morocco, *The Quarterly Journal of Economics*, 1998, 113 (3): 903 – 947.

Coe, D., Helpman, E. and Hoffmaister A., North-South R&D Spillover, *Economic Journal*, 1997, 107: 134 – 149.

Coe, D., Helpman, E., International R&D Spilover, *Euorpean Economic Review*, 1995, 39: 859 – 887.

Cui L., Jiang F., FDI Entry Mode Choice of Chinese Firms: A Strategic Behavior Perspective, *Journal of World Business*, 2009, 44 (4): 434 – 444.

Cui L., Jiang F., Ownership Decisions in Chinese Outward FDI: An Integrated Conceptual Framework and Research Agenda, *Asian Business & Management*, 2009, 8 (3): 301 – 324.

De Mello, L., Foreign Direct Investment-led Growth: Evidence from Time Series and Panel Data, *Oxford Economic Papers*, 1999, 51: 133 – 151.

Delgado, M., Farinas, J. and Ruano, S., Firm Productivity and Export Market: A Non-parametric Approach, *Journal of International Economics*, 2002, Vol. 57: 397 – 422.

Deng, P., Why do Chinese Firms Tend to Acquire Strategic Assets in International Expansion? *Journal of World Business*, 2009, 44 (1): 74 –

84.

Dornbusch R., Fischer S., Samuelson P. A., Comparative Advantage, Trade, and Payments in a Ricardian Model with a Continuum of Goods, *The American Economic Review*, 1977, 67 (5): 823 – 839.

Dunning, J. H., Explaining Changing Patterns of International Production: in Defense of the Eclectic Theory, *Oxford Bulletin of Economics and Statistics*, Vol. 41, Issue 4, 1979: 269 – 295.

Dunning, J. H., The Electric (OLI) Paradigm of International Production: A Restatement and Some Possible Extension, *International Journal of the Economics of Business*, 1988, 19 (1): 1 – 31.

Eichengreen, A. K. Rose, C. Wyplosz, Contagious Currency Crises, *NBER Working Paper*, No. 5681, 1996.

Eicher T. S., Helfman L., Lenkoski A., Robust FDI Determinants: Bayesian Model Averaging in the Presence of Selection Bias, *Journal of Macroeconomics*, 2012 (34): 637 – 651.

Falvey R., Foster N. & Greenaway D., Import, Export, Knowledge Spilovers and Gorwth, *Economic Leters*, 2004, 85: 209 – 213.

Farrell, M. J., The Measurement of Productive Efficiency, *Journal of the Royal Statistical Society*, 1957 (120): 253 – 290.

Feder, Gershon, On Exports and Economic Growth, *Journal of Development Economics*, Vol. 12, No. 2, 1982: 59 – 73.

Feder, On Exports and Economic Growth, *Journal of Development Economics*, 1982, 12: 59 – 73.

Feenstra, R., New Product Varieties and the Measurement of International Prices, *American Economic Review*, 1994, 84 (1): 157 – 177.

Feldstein M. and Horioka, C., Domestic Saving and International Capitalflows, *Economic Journal*, 1980 (90): 314 – 329.

Findlay, R., Relative Backwardness, Direct Foreign Investment and the Transfer of Technology: A Simple Dynamic Model, *Quartely of Journal of Economics*, 1978, February: 1 – 16.

Flam H., Helpman E., Vertical Product Differentiation and North-South Trade, *The American Economic Review*, 1987: 810 – 822.

Forbes K. J., Are Trade Linkages Important Determinants of Country Vulnerability to Crises, *NBER Working Paper*, 2002, No. 10634.

Forsgren, M., The Advantage Paradox of the Multinational Corporation, in I. Björkman and M. Forsgren (eds.) *The Nature of the International Firm*, Copenhagen Business School Press: Copenhagen, 1997.

Fosfuri A., Motta M., Ronde T., Foreign Direct Investment and Spillovers Through Workers' Mobility, *Journal of International Economics*, 2001 (53): 205 – 222.

Gao L., Liu X., Zou H., The Role of Human Mobility in Promoting Chinese Outward FDI: A Neglected Factor?, *International Business Review*, 2013, 22 (2): 437 – 449.

Gao Y., Whalley J., Ren Y., Decomposing China's Export Growth into Extensive Margin, Export Quality and Quantity Effects, *China Economic Review*, 2014, 29: 19 – 26.

Glick R., Rose A. K., Contagion and Trade: Why Are Currency Crisis Regional, *Journal of International Monetary and Finance*, 1999, 18 (4): 603 – 617.

Grog H., Greenaway D., Much Ado About Nothing? Do Domestic Firms Really Benefit from Foreign Direct Investment, *World Bank Research Observer*, 2004 (19): 171 – 197.

Grossman G. M., Rossi-Hansberg E., Trading Tasks: a Simple Theory of Offshoring, *The American Economic Review*, 2008 (5): 1978 – 1997.

Haddad M., A. Harrison, Are There Spillovers from Direct Foreign Investment Evidence from Panel Data for Morocco, *Journal of Development Economics*, 1993 (42): 51 – 74.

Hausmann, R., Hwang, J. and Rodrik, D., What You Export Matters,

Journal of Economic Growth, 2007, 12: 1 – 25.

Head K., Ries J., Overseas Investment and firm Exports, *Review of International Economics*, 2001, 9 (1): 108 – 122.

Head K., Ries J., Heterogeneity and the FDI Versus Export Decision of Japanese Manufacturers, *Japanese International Economies*, 2003 (17): 448 – 67.

Helpman E., Melitz M., Rubinstein Y., Estimating Trade Flows: Trading Partners and Trading Volumes, *The Quarterly Journal of Economics*, 2008, 123 (2): 441 – 487.

Hirschey, R., Caves, R. E., Research and Transfer of Technology by Multinational Enterprises, *Oxford Bulletin of Economics and Statistics*, 1981 (43): 115 – 130.

Hodrick R. J., Prescott E. C., Post-war U. S. Business Cycles: An Empirical Investigation, Discussion Paper No. 451, Carnegie-Mellon University, Columbus, OH (1980), (Reprinted in Journal of Money, Credit, and Banking, Vol. 29, No. 1, 1997).

Hummels D., Klenow P. J., The Variety and Quality of a Nation's Exports, *The American Economic Review*, 2005, 95 (3): 704 – 723.

Hymer, S., *The International Operations of National Firms: A Study of Direct Foreign Investment*, Cambridge, Massachusetts: MIT Press, 1960.

Johanson, J. & Vahlne, J.-E., The Internationalization Process of the firm: a Model of Knowledge Development and Increasing Market Commitments, *Journal of International Business Studies*, 1977, 8 (1): 23 – 32.

Ju, Jiandong, Justin Yifu Lin, Yong Wang, Industrial Dynamics, Endowment Structure, and Economic Growth, *Working Paper*, 2013.

Keller W., International Trade, Foreign Direct Investment, and Technology Spillovers, *National Bureau of Economic Research*, 2009.

Keller, Wolfgang, International Technology Diffusion, *Journal of Economic*

Literature, 2004, 42 (3): 752 – 782.

Keller, Wolfgang, Yeaple R. Stephen, Multinational Enterprises, International Trade, and Productivity Growth: Firm-Level Evidence from the United States, *Review of Economics and Statistics*, November 2009. http://spot.colorado.edu/~kellerw/RecentPublications.htm.

Kimura F., Kiyota K., Exports, FDI, and Productivity: Dynamic Evidence from Japanese Firms, *Review of World Economics*, 2006, Vol. 142, Issue 4: 695 – 719.

Kimura, F., K Kiyota, Exports, FDI, and Productivity: Dynamic Evidence from Japanese Firms, *Review of World Economics*, 2006, 142 (4): 695 – 719

Knut Blind, Andre Jungmittag, Foreign Direct Investment, Imports and Innovations in the Service Industry, *Review of Industrial Organization*, 2004, 25 (2): 205 – 227.

Kogut, B., & Chang, S. J., Technological Capabilities and Japanese Foreign Direct Investment in the United States, *Review of Economics and Statistics*, 1991, 73 (3): 401 – 413.

Kojima K., *Direct Foreign Investment: A Japanese Model of Multinational Business Operations*, London: Groom Helm, 1978.

Kokko, A., Productivity Spillovers from Competition Between Local Firms and Foreign Affiliates, *Journal of International Development*, 1996, Vol. 8, No. 4.

Koopman R., Wang Zhi, Wei Shang Jin, Estimating Domestic Content in Exports when Processing Trade is Pervasive, *Journal of Development Economics*, 2012, 99 (1): 178 – 189.

Kristin J. Forbes, Are Trade Linkages Important Determinants of Country Vulnerability to Crises, *NBER Working Paper*, No. 10634, 2002.

Krugman P. R., Increasing Returns, Monopolistic Competition, and International Trade, *Journal of International Economics*, 1979, 9 (4): 469 – 479.

Kueh Y. Y. , ForeignInvestment and Economic Change in China, *China Quarterly*, 1992: 637 – 690.

Kumar N. , *Globalization and the Quality of Foreign Direct Investment*, New Delhi: Oxford University Press, 2002.

Kumar N. , Quality of Flows as Important as Magnitude, http: // fecolumnists. expressindia. com/full _ column. php? content _ id = 107501. Thursday – 11 – 03, 2005.

Kwan A. C. and B. Kwok. , Exogeneity and the Export-led Growth Hypothesis: the Case of China, *Southern Economic Journal*, 1995, 61 (4): 1158 – 1166.

Lall, Sanjaya, Multinationals from India, In *The New Multinationals*, SanjayaLall, ed. Chichester: John Wiley & Sons, 1983.

Lee, Gwanghoon, The Effectiveness of International Knowledge Spillover Channels, *European Economic Review*, Vol. 50, Issue 8, 2006: 2075 – 2088.

Lee J. W. , Capital Goods Imports and Long-run Growth, *Journal of Development Economics*, 1995, 48 (1): 91 – 110.

Lei M. , Zhao X. , Deng H. , et al. , DEA Analysis of FDI Attractiveness for Sustainable Development: Evidence from Chinese Provinces, *Decision Support Systems*, 2013, 56: 406 – 418.

Lichtenberg, F. R. , and Potterie BP De La, International R&D Spillovers: A Comment, *European Economic Review*, 1998, 4: 1483 – 1491.

Lin Hui-lin and Eric S. Lin, FDI, Trade, and Product Innovation: Theory and Evidence, *Southern Economic Journal*, 2010, 77 (2): 434 – 464.

Lipsey R. E. , Weiss M. Y. , Foreign Production and Exports in Manufacturing Industries, *The Review of Economics and Statistics*, 1981: 488 – 494.

Liu Xiaming, Wang Chengang, Wei Yingqi, Causal Links Between Foreign

Direct Investment and Trade in China, *China Economic Review*, 2001, 12 (2 –3): 190 –202.

Liu, Xiaohui & Buck, Trevor, Innovation Performance and Channels for International Technology Spillovers: Evidence from Chinese High-tech Industries, *Research Policy*, 2007, 36: 355 –366.

MacDougall, G. D. A. , The Benefits and Costs of Private Investment from Abroad: A Theoretical Approach, *Economic Record*, 1960 (36): 13 –35.

Melitz M. J. , The Impact of Trade on Intra-industry Reallocations and Aggregate Industry Productivity, *Econometrica*, 2003, Vol. 71, No. 6: 1695 – 725.

Mišun J. and Tomšík V. , Does Foreign Direct Investment Crowd in or Crowd out Domestic Investment?, *Eastern European Economics*, 2002, 40 (2): 38 –56.

Misun Jan, Vladimir Tomsik, Does Foreign Direct Investment Crowd in or Crowd out Domestic Investment, *Eastern European Economics*, 2002 (40): 38 –56.

Munder Robert A. , International Trade and Factor Mobility, *The American Economic Review*, 1957: 321 –335.

Nocke, V. , Yeaple, S. , Globalization and Endogenous Firm Scope, *NBER Working Paper*, 2006, No. 12322.

Park, A. , Yang, D. , Shi, X. and Jiang, Y. , Exporting and Firm Performance: Chinese Exporters and the Asian Financial Crisis, *Working Paper*, No. 14632, 2009.

Pedersen, T. and B. Petersen, Explaining Gradually Increasing Resource Commitment to a Foreign Market, *International Business Review*, 1998, 7 (5): 483 –501.

Pedroni, P. , Critical Values for Cointegration Tests in Heterogeneous Panels with Multiple Regressors, *Oxford Bulletin of Economics and Statics*, 1999, 61 (4): 653 –670.

Petit, Maria & Francesca, Sanna-Randaccio, Technological Innovation and Multinational Expansion: A two-way link?, *Journal of Economics*, 1998, 68 (1): 1 – 26.

Potterie B., Lichtenberg F., Does foreign direct investment transfer technology across borders, *Review of Economics and Statistics*, 2001 (3): 940 – 497.

Pradhan J. P., Quality of Foreign Direct Investment, Knowledge Spillovers and Host Country Productivity: A Framework of Analysis, Working Papers (Institute for Studies in Industrial Development), http://mpra.ub.uni-muenchen.de/12336/MPRA Paper, 2006, No. 12336.

Raff, Horst & Ryan, Michael J., Firm-Specific Characteristics and the Timing of Foreign Direct Investment Projects, *Review of World Economics*, 2008, 144 (1): 1 – 31.

Ran J., Voon, Jan P. and Li, Guangzhong, "How Does FDI Affect China? Evidence from Industries and Provinces", *Journal of Comparative Economics*, 2007, 35: 774 – 799.

Rodrik, Dani, What's So Special About China's Exports?, *China & World Economy*, 2006, 14 (5): 1 – 19.

Sachs, J., Woo, W. T., & Yang, X. Economic Reforms and Constitutional Transition, *Annals of Economicsand Finance*, 2000, 1, 260 ± 274.

Schott, P. K., The Relative Sophistication of Chinese Exports, *Economic Policy*, 2008, 23 (53): 5 – 49.

Shan J. and F. Sun, On the Export-led Growth Hypothesis: the Econometric Evidence from China, *Applied Economics*, 1998b, 30: 1055 – 1065.

Shujin Zhu, Xiaolan Fu, Mingyong Lai, Ji Xuan, What Drives the Export Sophistication of Countries, *SLPTMD Working Paper*, 2010, No. 033.

Slaughter M. J., Does Inward Foreign Direct Investment Contribute to Skill Upgrading in Developing Countries?, Prepared for New School University's CEPA Conference, *Labor and the Globalization of Production*, 2002.

Slavo Radosevic, Tomasz Michiewicz, The Value Of Diversity, Foreign Dorect Investment And Employment In Central Europe During Economic Recoery, *University of Tartu of Economics and Business Administration Discussion paper*, 2000.

Solow, R. M., Technical Change and the Aggregate Production Function, *The Review of Economics and Statistics*, 1957, 39 (3): 312 – 320.

Tolentino, P. E. E., *Technological Innovation and Third World Multinationals*, London: Routledge, 1993.

Trefler, Daniel & Zhu, Susan Chun, The Structure of Factor Content Predictions, *Journal of International Economics*, 2010, 82 (2): 195 – 207.

Tsou, M. W. & Liu, J. T., The Spillover Effect from FDI: Empirical Evidence from Taiwan Manufacturing Industries, *Taiwan Economic Review*, 1997 (25): 155 – 181.

Upward R., Wang Z., J., Zheng. Weighing, China's Export Basket: The Domestic Content and Technology Intensity of Chinese Exports, *Journal of Comparative Economics*, 2013, 41 (2): 527 – 543.

Vernon, Raymond, International Investment and International Trade in the Product Cycle, *Quarterly Journal of Economics*, 1966, 80 (2): 190 – 207.

Wang, C., Hong, J., Kafouros, M., Boateng, A., What Drives Outward FDI of Chinese Firms? Testing the Explanatory Power of Three Theoretical Frameworks, *International Business Review*, 2012, 21 (3): 425 – 438.

Wang, zhi and Wei, Shangjin, What Accounts for the Rising Sophistication of China's Exports?, NBER Working Paper No. 13771, Issued in February 2008, in China's Growing Role in World Trade, Feenstra and Wei, 2010.

Wells, L. T., *Third World Multinationals——The Rise of Foreign Investment fromEmerging Countries*, MIT Press, Cambridge, MA/London, 1983.

Wesson T., A Model of Asset-seeking Foreign Direct Investment Driven by Demand Conditions, *Canadian Journal of Administrative Sciences*, 1999 (16): 4–10.

Xu, Bin and Lu, Jiangyong, Foreign Direct Investment, Processing Trade, and the Sophistication of China's Exports, *China Economic Review*, 2009, 20 (3): 425–439.

Yamakawa, Y., Peng, M. W., & Deeds, D. L., What Drives new Ventures to Internationalize from Emerging Economies?, *Entrepreneurship Theory and Practice*, 2008, 32 (1): 59–82.

Yang, X., Jiang, Y., Kang, R., & Ke, Y., A Comparative Analysis of the Internationalization of Chinese and Japanese firms, *Asia Pacific Journal of Management*, 2009, 26 (1): 141–162.

Yao Limin, Chen Chao, Zhao Jianhua, Comparison of Internationalization Promotion Patterns of Region Economic Growth in China, *International Journal of Business and Social Science*, Vol. 2, No. 13, 2011: 100–110.

Yao Limin, Wang linyun, Research on Internationalization and Industrial Growth: Based on Zhejiang Manufacturing Industry of China, *Elixir Production*, 37, 2011: 3965–3970.

Yi K. M., Can vertical Specialization Explain the Growth of World Trade?, *Journal of Political Economy*, 2003, 111 (1): 52–102.

后　　记

　　中国国际直接投资的发展水平伴随中国改革开放的深化而提高，在改革开放的前20年，中国的国际直接投资水平更多地体现在外资的流入与出口效应的粗放增长水平上。2000年之后伴随中国的"入世"，中国国际直接投资流入带动中国产业融入全球跨国公司主导的产业体系，大大提高了出口规模与产业水平。自2008年国际金融危机以来，中国国际直接投资出现了由流入转向流出的国际直接投资大发展，外资使用的质量水平不断提高的同时，对外直接投资规模高速增长。在防范金融风险与资产无序转移的政策约束下，中国对外直接投资在促进产业转型升级、推动一流跨国公司发展上已经出现较好的迹象。相信在未来全球化面临新挑战的新时代，中国国际直接投资水平在促进贸易强国、一流跨国公司培育以及实现经济与科技追赶上将发挥更显著的作用，中国国际直接投资水平不断提高的前景是可以期待的。

　　我们在中国国际直接投资发展水平的研究上还很不够，未来研究的空间还很大。尤其在中国崛起与大国博弈的背景下，国际直接投资无疑是中国在全球开放经济新体系、新格局演进中发挥作用的重要途径，大有文章可做。本书的研究是在大量专家学者研究基础上完成，我们尽量做出完整的引用标注与参考文献罗列，也感谢前人成果给予我们的研究启示。书中有些成果已经在相关学术期刊发表，在书中已有标注；在论文评审过程中，也得到过许多匿名专家的修改意见，在此深表谢意。如果本书的研究成果也能给关心该领域研究的专家学者以及研究生一些小小的启发，将是我们最大的欣慰。

后 记

本书以国家社会科学基金重大招标项目（程惠芳教授主持，项目批准号：13&ZD046）"全面提高开放型经济水平研究"子课题研究项目（姚利民负责）"中国国际直接投资发展水平研究"、教育部人文社科规划基金项目"产业国际化促进经济增长的机制与边际效应实证研究"（姚利民主持，项目批准号：11YJA790185）、浙江省第三次经济普查办公室立项资助课题"浙江制造业开放型经济发展现状与水平提升研究"（姚利民主持，2014年第02项）部分研究成果为基础整理编著而成。多数研究成果是由项目负责人姚利民与研究生王若君、余俊良、鲍超波、项婕妤、潘华锋、王爱丽、余凯丽、张海婷、冯李丹、张淑莹等共同完成。在整个研究过程中，得到浙江工业大学应用经济学科浙江省一流学科（A类）带头人、全国教学名师程惠芳教授的指导与关心，激励我们的学术进步，才有今天本书的出版。本书的出版得到浙江工业大学应用经济学学科、浙江工业大学中小企业研究院中小微企业转型升级协同创新中心出版基金资助。在出版编辑过程中，得到中国社会科学出版社卢小生主任、编辑中心副主任王曦博士的大力支持，在此，一并表示感谢。

姚利民

2019年8月